# Visioneering
비저니어링

Originally published in English under the title
## Visioneering
Copyright ⓒ 1999 by Andy Stanley
Published by Multnomah Publishers, Inc
204 W. Adams Avenue, P. O. Box 1720-Sisters, Oregon 97759 U. S. A.

All non-English rights are contracted through:
Gospel Literature International, PO Box 4060, Ontario, CA
91761-1003, USA

Korean translation copyright ⓒ 2001 by Timothy Publishing House
Kwan-Ak P.O.Box 16, Seoul, Korea

이 한국어판의 저작권은 Multnomah Publishers, Inc. 와 독점 계약한 (주)도서출판 디모데에 있습니다.
신 저작권법에 의하여 한국 내에서 보호를 받는 저작물이므로 무단 전재와 무단 복제를 금합니다.

## 비저니어링

| | |
|---|---|
| 초판 1쇄 인쇄 | 2003년 1월 30일 |
| 초판 4쇄 인쇄 | 2007년 12월 10일 |
| 재조판 2쇄 발행 | 2020년 11월 10일 |

| | |
|---|---|
| 지은이 | 앤디 스탠리 |
| 옮긴이 | 정연석 |
| 펴낸곳 | 주)도서출판 디모데〈파이디온 선교회 출판 사역 기관〉 |

| | |
|---|---|
| 등록 | 2005년 6월 16일 제 319 - 2005 - 24호 |
| 주소 | 서울특별시 서초구 서초대로 141-25(방배동, 세일빌딩 8층) |
| 전화 | 마케팅실 070) 4018-4141 |
| 팩스 | 마케팅실 031) 902-7795 |
| 홈페이지 | www.timothybook.com |

값 14,000원
ISBN 978-89-388-1547-7
Copyright ⓒ 주) 도서출판 디모데 2001 〈Printed in Korea〉

# Visioneering
## 비저니어링
느헤미야와 함께하는 비전 이루기

앤디 스탠리

정연석 옮김

"재능 있고 영감 어린 화술가인 앤디 스탠리가 아주 중요한 책을 저술했다. 이 시대 지구촌 사람들을 위해 의미 있고 동기를 부여할 수 있는 개인적인 비전을 만드는 것은 인생에서 위대한 도전이다. 이 책을 강력히 추천한다."

— 조엘 맨비(JOEL MANBY)
미국 사브(SAAB) 자동차의 회장 겸 CEO

"우리는 비전이 도대체 무엇인가에 대해 많은 혼란을 겪어왔다. 앤디 스탠리는 비전에 관심이 있는 사람들에게 예리한 통찰력으로 매우 성경적이고 실질적이며 유용한 내용을 제공하고 있다. 교회와 가정, 사업 그리고 사역에 비전이 없다면 희망도 없다. 반드시 읽어야 할 책이다."

— 론 블루(RON BLUE)
로널드 블루 앤 컴퍼니(RONALD BLUE & COMPANY)

"앤디 스탠리를 평가하는 데는 많은 시간이 필요치 않다. 이 책에서 느낄 수 있듯이 그의 명쾌한 대화법과 열정적인 스타일 그리고 성경적 통찰력은 탁월하다. 비전은 성공에 필수적이며 앤디만큼 그것을 잘 설명할 수 있는 사람은 없다."

— 존 C. 맥스웰(JOHN C. MAXWELL)
인조이 그룹(THE INJOY GROUP) 설립자

"헬렌 켈러는 앞을 못 보는 것보다 더 불행한 것은 앞을 볼 수 있으면서도 비전이 없는 것이라고 말했다. 앤디 스탠리는 사물을 있는 그대로만 보지 말고 그 너머를 보며, 하나님의 관점으로 보라고 도전한다."

— 밥 레코드(BOB RECORD)
북미 선교위원회

"앤디 스탠리의 『비저니어링』은 이론서가 아니다. 성경적이고도 실제적이며 현실적이다. 그가 사역하고 있는 노스 포인트 교회는 성장해가고 있는 활기찬 믿음의 공동체로, 하나님이 부르신 비전의 사람 앤디 스탠리가 선포하는 설교대로 실천하고 있다."

— 브라이언 라이트(BRYANT WRIGHT)
존슨 페리 침례교회 담임목사

"나의 좋은 친구 앤디를 잘 아는 사람이라면 누구나, 이 책에서 자신이 말한 대로 그가 매일 실천한다는 것도 안다. 이 책을 읽는 것은 오래된 안경을 새로운 렌즈로 갈아 끼우는 것과 같으며, 미래를 위해 하나님이 주신 비전을 더 큰 사랑으로 바라보게 되는 것이다."

— 랜디 포프(RANDY POPE)
조지아 주 델루스 퍼리미터 교회

나의 아버지 찰스 스탠리에게 이 책을 바칩니다.
나는 아버지에게서 특별한 은혜를 입었습니다.
그 덕분에 나는 내 삶을 가지고 무엇을 할 수 있고
또 무엇을 해야 하는지 볼 수 있었습니다.
이 책 역시 그 결과물입니다.

## 차례

| | |
|---|---:|
| 감사의 글 | 10 |
| 서문 | 11 |
| 1장 ǀ 비전은 잉태된다 | 25 |
| 2장 ǀ 기도하라 그리고 계획하라 | 41 |
| 3장 ǀ 자리매김하기 | 55 |
| 4장 ǀ 하나님이 이루신다 | 69 |
| 5장 ǀ 믿음, 그 본질적 요소 | 85 |
| 6장 ǀ 목록 만들기 | 97 |
| 7장 ǀ 비전 공개 Ⅰ | 113 |
| 8장 ǀ 비전 공개 Ⅱ | 123 |
| 9장 ǀ 비전의 능력 | 141 |

| 10장 | 비전은 희생을 요구한다 | 161 |
| 11장 | 비판에 대응하기 | 183 |
| 12장 | 얼라인먼트: 조정 과정 | 211 |
| 13장 | 도덕적인 권위 | 227 |
| 14장 | 방해에 대응하기 | 257 |
| 15장 | 삶은 오묘하다 | 281 |
| 16장 | 목적지 | 305 |
| 17장 | 진로 유지하기 | 323 |
| 18장 | 지도자의 임무 | 335 |

결론     347

# 감사의 글

어떤 면에서 작가는 나스카(NASCAR, 미국 개조자동차 경주대회) 레이싱의 운전자와 같다. 그들은 혼자서 운전한다. 그러나 자동차 경기는 혼자서 하는 것이 아니다. 자동차 레이스는 팀 경기다. 내가 이 책을 쓰긴 했지만, 나 혼자서 한 것은 분명히 아니다.

이 책은 나와 함께 노스 포인트 교회를 시작한 사람들의 용기와 뜨거운 열정에 힘입어 쓰였다. 리더십 팀과 운영 위원회에 특별히 감사드린다.

우리는 다 함께, 우리에게 주어진 거룩한 비전을 받아들였고 그때 놀라운 감격을 체험했다. 다른 교회를 섬기는 분들과 이 놀라운 원리를 함께 공유할 수 있는 기회를 준 멀트노마 출판사 관계자들에게 감사를 드린다. 멀트노마 가족들과 만나도록 나를 초대해준 존 반 디에스트(John Van Diest)에게 특별히 감사드린다. 그리고 나를 지도해주고 격려하여 이 책을 탈고할 수 있게 해준 친구 제프 게케(Jeff Gerke)에게 감사하다. 그는 내가 만난 가장 탁월한 편집자이다.

 서문

비저니어링(Visioneering). 이것은 새로운 말이지만 오래된 개념이자 친숙한 과정이다. 쉽사리 정의를 내리기 어려울 경우에는 때로 이야기를 통해 명확히 알게 될 때가 있다. 그렇다면 이야기부터 시작해보자.

1903년 12월 17일, 오전 10시 35분, 오빌 라이트(Orville Wright)는 최초로 평지에서 발동기를 장착하고 비행하는 데 성공함으로써 역사상 위대한 발자취를 남겼다. 또한 노스캐롤라이나 주의 키티 호크에서 12초 동안 중력을 이겨내고 37미터를 날았다.

항공 역사에서는 이 역사적인 사건이 시발점이 된다. 그러나 오빌 라이트와 윌버 라이트(Wilbur Wright) 형제에게 이 사건은 길고도 지루한 여행의 종착점이었다. 그 여행은 모든 꼬마 아이들이 갖는 평범한 꿈에서 비롯되었다. 대부분의 아이들이 날고 싶다는 욕구를 환상의 영역으로 묻어버리는 것을 라이트 형제는 실현 가능한 일로 생각했다. 그들은 날 수 있다고 믿었다. 뿐만 아니라 날아야 한다고 믿었다.

윌버 라이트는 그들의 비전이 탄생한 이야기를 이렇게 이야기했다.

> 비행에 대한 개인적인 관심은 우리의 유년기로 거슬러 올라간다. 1878년 어느 늦가을 저녁에, 아버지가 집에 돌아오셨을 때 손에 뭔가를 감추고 계셨다. 그런데 그것이 무엇인지 우리가 보기도 전에 아버지는 손에 쥐고 있던 것을 공중에 던지셨다.
> 
> 그 장난감은 우리의 예상과는 달리 바닥에 떨어지지 않았고, 방 안을 가로질러 날다가 천장에 부딪치고, 한동안 퍼덕거리더니 바닥으로 곤두박

질쳤다. 그것은 과학자들이 '헬리콥터'라고 부르는 조그만 장난감이었다. 그렇지만 우리는 거만스레 과학을 경시하며 그것을 '박쥐'라고 불렀다. 코르크와 대나무로 가벼운 틀을 만든 다음 종이로 덮고, 두 개의 날개를 달고, 고무 밴드를 꼬아서 반대 방향으로 감았던 재미있는 그 장난감을 그리 오래 갖고 놀지는 않았지만 그후로 오랫동안 기억에 남아 있었다.[1]

유년 시절의 이 경험은 그들의 마음속에 날고 싶다는 강렬한 욕구를 타오르게 했다. 그래서 그들은 자신들과 자신들의 꿈을 가로막는 방해물들을 걷어내기 시작했다. 그들이 직접 헬리콥터를 만들기 시작한 것이다. 그렇게 하는 동안 그들은 물리학의 원리를 극복했고, 이로써 그들은 최초로 성공적인 유인(有人) 비행의 길을 열게 되었다. 그들은 자신들이 할 수 있고 해야 한다고 믿는 일에 필요한 절차를 밟아나갔다. 이 과정이 바로 비저니어링의 핵심이다.

비저니어링은 꿈을 현실로 만들기 위해서 우리가 추구하는 과정이다. 그것은 생각이나 확신이 실체를 갖게 되는 과정이다. 라이트 형제의 이야기가 보여주듯, 비저니어링은 비전의 엔지니어링이다. 그것을 공식화하면 다음과 같다.

비저니어링 = 영감 + 확신 + 행동 + 결심 + 완성

## 목표

인생은 여행이다. 그리고 모든 여행에는 목적지가 있다. 이 책에서 우리는 당신의 목표에 대해서 잠시 논의하려고 한다. 천국도 아니고 지옥도 아

---

1. Orville and Wilbur Wright, "The Wright Brothërs Aeroplane," *Century Magazine*, September 1908.

닌, 이 세상을 살고 있는 당신 삶의 목표에 대해서다. 당신이 수행하는 다양한 역할이 어디까지 펼쳐질 것인지, 개인적·직업적·가정적·정신적으로 당신이 무엇을 성취할 것인지에 대해서 말이다.

모든 사람의 삶은 어디에선가 끝이 난다. 그러나 소수의 사람만이 의도한 곳에서 그들의 삶을 끝내게 된다. 그들은 비전을 가진 사람들이다. 그들은 다른 것도 가졌지만 무엇보다 확고한 비전을 가졌다. 꼭 하나의 비전일 필요는 없다. 그들이 살면서 맡는 주요 역할의 각 분야에는 비전이 있다.

인생은 다양한 측면을 내포하는 여행이다. 그래서 다양한 측면의 비전을 요구한다. 당신이 인식하고 있든 그렇지 않든 간에, 당신은 많은 비전을 가지고 있다.

10년 후 당신의 삶이 어떨지 그려보라고 하면, 당신은 꽤 분명한 그림을 그릴 수 있을 것이다. 재정적 윤곽을 어림잡아볼 수 있고, 인간 관계에서 이루고자 하는 바를 설명할 수도 있다. 또 어느 분야의 전문가가 되고 싶은지 구상해볼 수도 있다. 다르게 말하면, 현재의 모습 그 너머의 것을 보고, 당신의 삶에서 무엇을 할 수 있고 또 무엇을 해야 하는지 그림으로 그릴 수 있다. 이것이 비전이다.

분명한 비전은 반드시 이루고야 말겠다는 용기를 주고 삶의 목적지에 무사히 도착하도록 많은 기회를 만들어낸다. 또한 자신의 인생을 돌아보며 이렇게 고백하게 할 것이다. "해냈어", "성공했어", "잘 마쳤어", "내 삶이 만족스러워."

분명한 비전이 없으면 삶의 목적지에 도달한 후 이렇게 생각할 가능성이 높다. "이렇게 할 수 있었을 텐데" 또는 "이렇게 했어야 했는데." 그리고 다른 많은 사람들처럼 당신의 삶이 정말 가치 있었는지 의문이 들 것이다.

비전은 우리 삶의 사소한 일들이나 하찮은 일에도 중요한 의미를 부여한다. 이를 테면, 대의적인 상황이나 목적에 견주어본다면 우리가 하는 많은 일들은 그다지 중요해 보이지 않는다.

그러나 일상의 편린을 취하여 하나님이 주신 비전의 가마솥에 집어넣고 휘휘 저으면 갑자기 목표가 생긴다. 의미가 생긴다. 아드레날린이 솟는다.

그것은 자루에 흙을 채우는 일과 도시를 구하기 위해 둑을 쌓는 일의 차이와 같다. 자루에 흙을 채우는 일은 아무런 매력이 없고 만족도 없다. 그러나 도시를 구하는 일은 완전히 다른 것이다. 둑을 쌓는 일은 자루에 흙을 채우는 허드렛일에 의미를 부여한다. 거기에는 비전이 담겨 있다.

보통 우리의 일상적인 삶은 자루에 흙을 퍼 담는 일처럼 느껴진다. 그러나 똑같은 일상이나 책임도 비전의 렌즈로 들여다보면 완전히 다르게 보인다. 비전은 당신의 세상에 구심점을 준다. 비전은 혼동에 질서를 부여한다. 분명한 비전은 모든 것을 다르게 볼 수 있게 해준다.

특히 비전은 우리의 일상이라는 직물에 다음의 네 가지를 직조한다.

### 1. 열정

비전은 감동을 불러일으킨다. 감동을 주지 않는 비전은 없다. 당신의 백일몽을 생각해보라. 공상하는 일이 즐거운 것은 마음의 눈, 즉 이미지에 동반되는 감동이 있기 때문이다. 우리의 생각이 현실의 벽 바깥으로 나가면 우리의 느낌도 재빠르게 따라간다.

우리가 집중하는 분명한 비전이 있을 경우, 우리는 우리가 기대하는 미래나 그와 관련된 감동을 의외로 빨리 경험할 수 있다. 이런 느낌은 우리가 더욱더 비전에 집중하도록 도와준다. 그것은 다가올 일에 대한 예고편을 보여준다. 가장 무기력하고 의미 없는 일이나 일상에서 반복되기만 하던 일도, 비전에 결부시키기만 하면 좋은 것으로 느껴지기 시작한다. 비전의 대로에서 보면, 내일로 미뤄두었던 느낌도 현재의 실제 모습과 연결된다.

고등학교에 다닐 때 나는 우리 동네에 사는 여학생과는 데이트를 하지 않았다. 우리 교회는 애틀랜타의 중심부에 위치해 있어서 시내 곳곳에서 사람들이 예배를 드리러 왔다. 목사의 아들인 내가 일차적으로 영향을 받는 곳은 교회였다. 그래서 나는 교회 여학생들과 사귀었다.

불행하게도, 내가 좋아하는 여학생들은 아무도 우리 집 근처에 살지 않았다. 그들은 모두 50-60킬로미터나 떨어진 곳에 살았다. 그래서 나는 통행료와 기름값을 지불하고, 통행 금지 시간 전에 집에 도착하기 위해서 일찌감치 길을 나서야 했는데도 금요일 오후만 되면 도시를 가로질러 그들을 만나러 갔다. 그럴 만한 가치가 있었다.

어린 내 가슴에 감동이 일었고 그 일은 비용이나 수고로움 따위는 문제가 되지 않을 만큼 강렬했다. 그것이 비전이다. 나는 현상(애틀랜타 중심부에 있는 우리 집)과 반대되지만 내가 할 수 있는 일(우리 집에서 먼 곳으로 가는 것)에 헌신했다.

당신의 십대 시절도 비슷했을 것이다. '무엇을 할 수 있는가?', '무엇을 해야 하는가?'라는 생각이 그리고 그 생각과 관련된 느낌이 당신을 극단적으로 몰아갔는지도 모른다. 그중에 어떤 일은 후회하고 있는지도 모르겠다. 그러나 그런 생각과 느낌이 얼마나 힘 있고 강렬했는지 생각해보라. 그곳이 어디든 간에 거기에서 받을 수 있는 감동이 그곳까지 이르는 고된 과정을 이겨낼 수 있는 충분한 동기가 되었다.

비전은 항상 강한 감동을 수반한다. 비전이 강할수록 감동도 강하다.

### 2. 동기

비전은 동기를 제공한다. 일상이 중요해진다. 하찮은 것, 허드렛일 그리고 삶에서 반복되는 일들조차 목표에 도달하기 위한 계획적이고 가치 있는 수단이 된다. 도시를 구하기 위해 둑을 쌓는 일은 분명히 동기가 부여된 사람이 할 수 있는 것이다. 그 일은 밤을 새울 가치가 충분하다. 그러나 자루를 채운다는 명목만으로 흙을 퍼 담고 있다면, 우리는 계속 시계만 쳐다보게 될 것이다.

비전에 사로잡힌 사람은 동기가 부여된 사람이다. 동기 부여가 안 된 사람은 비전이 없거나 작은 사람이다. 아이디어가 없는 사람이 동기 부여될 가능성은 있다. 그러나 꿈이 없는 사람, 비전이 없는 사람에게 동기 부여란 있을 수 없다.

당신이 대학이나 대학원을 마쳤다면 그 일에는 비전이 큰 몫을 차지했을 것이다. 많은 사람이 그 과정을 다 마치지 못하는 이유 가운데 하나는 비전이 부족하기 때문이다. 시간 낭비일 것만 같은 모든 수업과 연구를 생각해 보라. 시험을 치르기 위해 암기하는 일이 많은 시간과 노력의 낭비라는 것을 알았지만 그래도 했다. 왜냐하면 그것을 통해 할 수 있는 미래의 일들이 있기 때문이다. 학위 그리고 학위 이상의 전문 직업을 위해 4년(내 경우에는 5년!) 동안 당신은 과학 실험, 유럽 역사, 연구 보고서 그리고 강의 시간을 견뎠다. 모든 일을 감내하면서 매진했다. 졸업과 동시에 그로 인한 보상을 생각하고 동기가 부여되어 있었기 때문이다.

그것이 비전의 능력이다.

### 3. 방향

비전이 주는 가장 실제적인 이점은 우리의 삶에 방향을 설정해준다는 것이다. 그것은 마치 교통 지도와 같다. 비전은 이렇게 의사 결정을 간단히 해준다. 비전을 실현하는 방향으로 움직이면 일단 파란불이 켜진다. 다른 모든 것이 조심스럽게 다가온다.

나는 평생 음악을 사랑했다. 하나님은 나에게 음악적인 재능을 주셨다. 고등학교와 대학교에 다닐 때 나는 밴드에서 연주를 했다. 수십 곡의 노래도 만들었다. 대부분의 음악 마니아처럼 나도 녹음 장치, 기타, 키보드, 드럼 그리고 수천 킬로미터에 달하는 케이블 선 등의 장비를 모으는 데 푹 빠져들었다. 해가 갈수록 그것은 많은 돈과 시간을 잡아먹는 취미가 되었다.

샌드라(Sandra)와 나는 결혼했고, 아내는 내게 우리 집 지하실에 조그만 스튜디오를 꾸미는 호사를 허락했다. 그런 환경에서 시간은 곧잘 멈춘다. 나는 저녁을 먹고 스튜디오에 들어가면 아침 식사 시간에 맞춰 나오곤 했다.

결혼한 지 4년 후에 앤드류(Andrew)가 태어났다. 또 스무 달 뒤에는 개릿(Garrett)이 태어났다. 앤드류가 자라면서, 나는 아이들과의 관계에 대해 진지하게 생각하기 시작했다. 무엇을 할 수 있고 무엇을 해야 하는지에 초점을 맞추자, 아이들이 십대가 되었을 때, 내가 과연 무엇을 할 수 있고 무엇을 하지 말아야 하는지에 대해 놀랍고도 분명한 그림을 그리게 되었다.

그래서 개릿이 태어나기 몇 달 전, 드디어 나는 결심했다. 어쩌면 내가 내린 가장 쉬운 결심 중 하나였는지도 모른다. 그러나 음악에 대한 나의 사랑을 아는 사람들은 큰 충격을 받았다. 나는 스튜디오의 모든 장비를 팔기로 했다. 왜냐하면 수평선에서 일고 있는 태풍의 조짐을 이미 내다볼 수 있었기 때문이다. 나는 가족과 음악 작업 사이에 틈이 벌어지리라는 것을 알았다. 결단을 내려야만 했다.

나는 가족을 향한 나의 비전 때문에 음악을 포기했다. 음악적인 포부를 추구하는 한, 내가 품고 있는 아이들과의 관계를 발전시킬 수 있는 방법은 없었다.

비전은 당신의 가치에 우선순위를 부여해줄 것이다. 분명한 비전은 당신의 스케줄과 생활 방식에 중요한 변화를 일으켜줄 것이다. 분명한 비전은 당신의 삶에서 가장 중요한 것을 이루는 길에 있는 장애물들을 쉽게 제거시켜준다. 비전은 마음에 정한 방향대로 목적을 붙들고 나아가게 하는 능력을 준다. 일단 비전을 분명히 하고 나면, 많은 결정이 내려진다. 비전이 없으면 좋은 것도 가장 좋은 것을 성취하는 데 방해가 될 수 있다.

내가 지켜본 바로는 분명한 비전이 없는 사람들은 쉽게 길을 벗어난다. 그들은 어떤 행동, 즐거움 또는 관계에서 쉽게 다른 것으로 옮겨가는 경향이 있다. 비전이 없으면 관계나 재정, 도덕적 가치에 대한 기준이 없다. 때문에 그들은 번번히 자신들의 꿈을 빼앗아버리는 어리석은 결정을 내리게 된다.

### 4. 목적

비전은 목적으로 해석된다. 비전은 당신이 아침에 일어나는 이유이다. 만일 당신이 나타나지 않는다면 중요한 일이 이뤄지지 않을 것이다. 당신은 매우 중요한 사람이다. 당신이 없으면 일이 되지 않는다. 비전은 당신의 현재와 미래 사이에 중요한 연결 고리가 된다. 그 역동성이 당신의 삶에 목적을 부여한다. 그 목적은 당신을 지체하게 만들거나 딴죽 걸 만한 장애물을 통과할 수 있는 힘을 준다.

당신의 비전은 당신에게 유일한 것이다. 무언가를 하겠다는 당신만의 특별한 열정은 다른 누구와도 공유할 수 없다. 다른 사람들은 당신의 비전에 박수갈채를 보낼 것이다. 그들은 자신들의 삶과 공유되는 비전의 일부만을 알고 공통의 비전을 나누는 영역에서 당신과 함께한다. 이처럼 당신의 비전은 당신에게만 유일하다. 이 유일성이 당신의 삶에 목적을 부여한다. 그것이 바로 당신이 아침에 일어나서 그곳에 나타나야 할 이유다.

## 하나님의 주권

예전에 이런 말을 들었거나 읽어보았을지도 모른다. 흔히 학습 교재들이 이런 식의 과대 광고를 많이 한다. "믿으면 된다!" 당신도 이 구호를 잘 알고 있을 것이다.

그러나 현실은 동기를 부여해주는 지도자가 아니다. 사람들은 대개 자기가 꾸고 싶은 꿈을 꾸고 자신이 할 수 있는 것과 해야 하는 것에 대한 그림을 그린다. 그러나 십자가에서 구주께 충성을 맹세한 우리에게는 그럴 권리가 없다. 우리는 우리의 소유가 아니다. 하나님은 우리를 값 주고 사셨다. 우리는 우리의 몸으로 하나님께 영광을 돌려드려야 한다(고전 6:19-20).

하나님께 영광을 돌린다는 것은 우리가 우리의 삶을 통해 무엇을 할 수 있고 무엇을 해야 하는가에 대한 하나님의 그림 또는 하나님이 우리에게 주신 비전을 발견하는 것이다. 하나님을 영화롭게 한다는 것은 우리가 하나님을 위해 무엇을 성취할 수 있고 성취해야 하는지 발견하는 것이다. 우리는 창조되었다. 그리고 하나님의 목적을 마음에 품고 재창조되었다. 우리가 하나님의 목적을 발견하기까지 그리고 그 목적을 이루기까지 우리 영혼은 언제나 구멍 나 있는 상태로 있을 것이다.

이 점을 염두에 두고 다음 말씀을 생각해보라.

> "우리는 그가 만드신 바라 그리스도 예수 안에서 선한 일을 위하여 지으심을 받은 자니 이 일은 하나님이 전에 예비하사 우리로 그 가운데서 행하게 하려 하심이니라"(엡 2:10).

이 점을 간과하지 말라. 우리는 그분이 만드셨다. 크게 외쳐보라. "나는 하나님이 만드셨다." 그것이 무슨 뜻인지 아는가? 우리는 하나님이 품으신 비전의 산물이라는 것이다. 우리가 무엇을 할 수 있고 무엇을 해야 하는지는 하나님이 정하셨다. 우리는 하나님이 비전을 품으신 어떤 것의 결과물이다. 그 비전은 예수님을 통해 주셨고, 계속 주고 계시며, 하나님이 그려놓으신 그림을 따라 진행되고 있다.

그러나 우리를 향한 하나님의 비전은 완성되지 않았다. 우리는 그 비전의 일부이다. 우리는 비전을 받았고 특별한 목적을 위해 다듬어졌다. 그리고 그 목적은 하나님이 우리에게 맡기신 비전대로 일하는 것이다.

하나님은 우리의 삶에 대해 비전을 갖고 계신다. 즉 하나님은 우리가 무엇을 할 수 있고 무엇을 해야 하는지, 또 우리가 무엇이 될 수 있고 무엇이 되어야 하는지에 대해 계획을 가지고 계신다.

솔직히 말하면, 우주의 하나님이 우리가 해야 할 무언가를 마음에 두고 계신다는 사실에 나는 놀랐다. 그러나 사도 바울은 하나님이 우리가 해야 하는 특별한 일을 준비해두셨다고 확신 있게 말하고 있다.

## 이 삶에 더해서

누가 뭐라고 해도 우리 그리스도인들은 우리의 은사, 능력, 경험, 기회와 우리가 받은 교육을 우리 좋은 대로 아무 방향으로나 쓸 수 있는 권리가 없다. 예수님이 갈보리 언덕에서 우리를 위해 십자가에 달려 돌아가셨을 때 우리는 그 권리를 이미 잃었다. 그런데 왜 우리는 그것을 꿈꾸는가? 그것은 하나님이 우리의 삶에 대해 비전을 갖고 계시기 때문이다.

동시에 우리에게는 비전 없이 살아갈 권리 또한 없다. 만일 하나님이 우리가 이 세상에 사는 동안 우리가 할 일에 대해서 어떤 비전을 갖고 계신다면, 우리는 그 기회를 놓치지 말아야 한다. 그 기회를 놓치는 것은 비극이다. 하나님이 우리의 삶에 대해 갖고 계신 계획을 놓치는 것은 영원의 세계에서 가장 큰 비극이다.

이 세상에서 우리가 추구할 수 있는 비전은 굉장히 많다. 그러나 우리는 하나님이 택하신 거룩한 일을 위해 특수하고도 조심스러우며 세밀하게 만들어졌다. 우리가 재창조된 것도 바로 그 일을 위해서다. 우리를 향한 하나님의 비전은 이 세상 삶을 마친 후에도 우리에게 영향을 미칠 바로 '그' 일이다. 앞으로 살펴보겠지만 하나님의 비전에는 영원한 요소가 있다. 우리의 삶을 향한 하나님의 비전은 우리에게 나타나기 오래전부터 이미 시행되고 있던 계획의 일부에 지나지 않는다.

하나님의 비전이 없다면 당신은 너무나 평범한 자리에서 죽은 위인의 초상이 박힌 초록색 종이 조각들을 모으느라 삶을 허비하다 뒤돌아보게 될 것이다. 그나마 그것을 비전이라고 말할 수 있다면 지금까지는 그것이 당신의 비전이었는지 모른다. 어쩌면 당신은 돈을 끌어 모으는 그 게임에서 어마어마하게 성공했는지도 모르겠다.

그러나 한번 생각해보자. 좀더 높은 이정표에서 돌아본다면, 당신은 성탄절 아침에 선물을 풀어본 아이처럼 느낄지 모른다. "애걔, 이게 다야?" 당신의 성공은 당신의 열정을 전혀 끌어내지 못했거나 아주 조금 끌어냈을 뿐이다. 그 성공은 단지 추억에 그칠 뿐이다.

돈이나 물질을 끌어 모으는 것은 딱 그만한 비전일 뿐이다. 사람들은 의아해하며 이 세상에 잠깐 머무르는 동안 자신들이 할 수 있었던 다른 무엇은 없었을까 생각하게 된다.

세속적인 성공은 우리의 영혼을 만족시킬 만한 삶이나 의미를 줄 수 없다. 우리가 메우고 싶은 그 구멍은 영원과 영성으로만 충족되는 영원하고 정신적인 차원의 것이다. 때문에 우리에 대해 계획하신 하나님의 다양한 비전을 발견해내고 그 일에 동참하는 것이 꼭 필요하다. 그 때문에 우리가 창조되었다. 도전하고 요구하는 정도의 시시콜콜한 비전으로는 거기에 미치지 못한다. 그런 비전이라면 우리는 항상 의문을 가질 것이다.

우리는 대단히 창조적이신 하나님을 섬긴다. 그분은 어떠한 눈송이도 똑같지 않게 만드셨다. 우리를 향한 하나님의 비전은 주조틀에 우리를 눌러 찍어낸 것이 아니다. 하나님은 다른 그리스도인의 모습에 우리를 대입시키는 일도 하지 않으신다. 우리가 하나님의 계획을 따른다면 우리의 유일성과 개성은 정점에 도달할 것이다. 그러나 사람이 세운 비전은 잠시 후면 모두 똑같아 보이기 시작한다. 우리가 미래를 향한 하나님의 특별한 비전을 발견하지 못한다면 우리의 삶은 아마도 재방송되는 프로그램 같을 것이다.

이제 시작하자. 우리는 느헤미야의 삶과 비전에 중점을 둘 것이다. 느헤미야서에 나오는 몇 가지 사건은 오늘날 우리가 처한 상황과 같다. 나는 그의 이야기에 특별한 기적이 없다는 사실에 용기가 난다. 열심히 일하고 기도하는 사이에 무대 뒤에서 하나님의 거룩한 간섭하심이 나타나는 이야기인 것이다. 그 이야기에서 상식을 벗어나는 일은 전혀 없다.

만일 우리가 마음대로 병을 고치고, 바다 위로 손을 내밀어 홍해를 가르며, 물 위를 걸을 수 있다면 목표를 성취하는 과정은 훨씬 쉬울 것이다. 그리고 초자연적인 기사를 펼치는 구약과 신약의 주인공들을 의심의 눈초리로 바라보았을 것이다.

그러나 느헤미야는 그렇지 않았다. 그는 무엇을 할 수 있고 무엇을 해야 하는지를 거룩한 눈으로 바라보았던 아주 평범한 인물이었다. 그리고 그는 전심을 다해 그것을 좇았다.

# BUILDING BLOCKS  블록 쌓기

1. 비전은 관심에서 시작된다.
2. 비전이 반드시 즉각적인 행동을 요구하지는 않는다.
3. 기회를 위해 기도하라. 그리고 하나님이 그 기도에 응답하실 것을 기대하며 계획하라.
4. 하나님은 우리의 환경을 이용하여 우리를 올바른 위치에 세우시고 우리의 삶에 허락하신 그분의 비전을 성취하도록 준비시키신다.
5. 하나님이 시작하신 일은 하나님이 이루신다.
6. 말하기 전에 준비하라. 시작하기 전에 조사하라.
7. 비전을 문제에 대한 해답으로 제시할 때는 즉시 말할 수 있어야 한다.
8. 적합한 때에 적절한 사람들에게 비전을 제시하라.
9. 다른 사람들이 우리보다 더 많이 희생하고, 더 많은 위험을 감수하기를 기대하지 말라.
10. 우리의 계획을 하나님의 비전과 혼동하지 말라.
11. 비전은 다듬어진다. 비전은 변하지 않는다.
    계획은 수정된다. 계획은 거의 그대로 유지되는 법이 없다.
12. 기도하고, 기억을 되살리며, 필요하다면 계획을 보완하여 비판에 대응하라.
13. 비전은 그것이 일치된 환경에서는 성장하지만 분열된 환경에서는 죽는다.
14. 도덕적인 권위를 포기해야 한다면 비전을 포기하라.
15. 방해받지 말라.
16. 우리가 추구하는 모든 비전에는 거룩함이 잠재되어 있다.
17. 하나님께서 주신 비전의 목적은 바로 하나님이시다.
18. 비전을 유지하려면 핵심 신조와 행동을 고수해야 한다.
19. 비전은 지속적인 관심이 필요하다.
20. 비전을 유지하려면 담대한 리더십이 필요하다.

## 1장 | 비전은 잉태된다

그림이 없는 영혼은 생각할 수 없다.
— 아리스토텔레스 —

비전은 무엇인가?

비전은 어디에서 오는가?

비전은 현재의 모습과 미래에 되어야 할 모습 사이에서 생기는 긴장감에 사로잡힌 사람의 영혼에 잉태된다. 앞으로 좀더 나아질 수 있다는 관점에서 현재 상태에 대해 좌절이나 슬픔, 분노 등의 감정을 느낀다면 그런 사람은 누구나 비전의 소유자이다. 비전은 현재에 만족하지 못하는 사람의 마음에 생긴다.

비전은 현재의 모습을 그대로 받아들일 수 없기 때문에 비롯되는 경우가 많다. 시간이 지나다보면 불만이 자라나서 무엇을 할 수 있는지에 대한 분명한 그림을 그리게 된다. 하지만 비전은 그 이상이다. 그런 식의 생각과 꿈을 비전이라고 할 수 없다.

비전에는 언제나 도덕적인 요소가 있다. 비전에는 일종의 확신이 수반된다. 비전을 가진 사람들은 모두 그것은 단순히 할 수 있는 어떤 것만을 뜻하지는 않는다고 말할 것이다. 비전은 해야 할 어떤 것이며, 이루어져야 하는 어떤 것이다. 바로 이런 도덕적인 요소 때문에 수동적인 관심에 행동의 영역이 가미되며 긴급성이 추가되는 것이다.

비전은 무엇을 할 수 있다는 분명한 마음의 그림이며, 해야 한다는 확신으로 불타오르는 것이다.

비전은 더 좋은 미래이고 목적지다. 비전은 언제나 지금과는 반대의 입장에 서 있다. 비전은 변화를 요구하고 움직임을 함축한다. 비전은 누군가 이 문제와 싸울 것을 요구한다.

비전을 실현하기 위해서 누군가는 희생을 감수해야 한다. 비전은 비전을 가진 사람을 요구한다. 비전을 가진 사람은 세상이 그렇다고 정한 인위적인 경계 바깥으로 자신의 생각과 마음을 펼쳐놓는 사람이다. 비전은 어떤 생각에 따라 행동하는 용기를 가진 한 사람을 요구한다.

그래서 우리의 이야기는 시작된다.

### 옛날 옛적에…

BC 587년 무렵, 바벨론이 유다를 공격하여 예루살렘을 파괴하고 솔로몬 성전을 부쉈다. 이것은 이 지역에 감행되었던 세 차례의 침략 가운데 마지막 공격이었다. 침략을 할 때마다 바벨론은 수많은 이스라엘 사람들을 노예로 잡아 바벨론에 억류했다. 다니엘, 사드락, 메삭 그리고 아벳느고는 첫 번째 침략 때 붙잡혀 갔다.

첫 번째 바벨론 침략이 있은 지 70년 후에, 바사 왕 고레스(그는 바벨론을 정복했다)는 유다 사람들이 예루살렘으로 돌아가 성전을 다시 건축하는 것을 허락했다.

잡혀갔던 유다 사람들이 스룹바벨의 인도 아래 예루살렘으로 돌아와 다시 성전을 지었다. 한동안 형편이 나아지는 듯했다. 이스라엘은 다시 한 번 축복을 받는 것 같았다. 그러나 이스라엘 사람들은 다니엘과 느부갓네살 왕 시대에 하나님이 그들의 조상들을 심판하셨던 죄에서 돌아서지 않았다.

성전 건축도 헌신도 중단되었다. 유다 사람들은 계속해서 주변국들의 종교적 행위와 풍습을 따랐다. 이 이야기가 시작되던 당시 예루살렘의 정치, 사회 그리고 정신적인 상태는 매우 처참했다.

한편, 바사로 돌아온 사람들로부터 조국이 곤경에 처한 이야기를 들은 느헤미야는 주저앉아 울었고 수일 동안 슬퍼했다. 나중에 보면 알겠지만 느헤미야는 느닷없이 눈물을 흘리는 사람이 아니었다. 그는 약하지 않았고 정서적으로 쉽게 동요되는 사람도 아니었다. 그러나 그는 괴로워했다. 괴로워서 수일 동안 금식하며 기도했다(느 1:4).

수천 년이 지난 후 사람들이 그토록 반기는 비전의 정수가 그의 이런 고뇌에서 탄생되리라고는 그는 전혀 예상하지 못했을 것이다. 중요한 것은 느헤미야의 비전이 처음부터 비전은 아니었다는 사실이다. 그것은 관심과 괴로움에서 비롯되었다. 조국과 동포들을 생각하면서 느낀 괴로움에서 시작되었다.

| 블록 쌓기 1 | 비전은 관심에서 시작된다. |

하나님이 주신 비전은 관심에서 시작된다. 우리는 우리의 주의를 사로잡는 어떤 일을 보거나 듣게 될 것이다. 그것이 미래와 관련된 생각을 자극하며 감정을 동요시킨다. 그러나 현실 앞에서 우리는 괴로워한다. 관심 밖에 있는 많은 일들과 다르게 이 일은 계속해서 생각난다. 우리는 우리도 모르는 사이에 그 일을 머리에 떠올린다. 그 생각에 잠을 설치기도 한다. 그 생각이 떠나지 않는다. 예루살렘이 처한 형편에 대한 관심이 느헤미야를 불타오르게 했고 그의 마음을 흔들었다. 그는 예루살렘을 생각하면서 눈물을 흘렸다. 표정이 바뀌었다. 느헤미야를 아는 모든 사람은 그에게 무슨 고민거리가 있음을 알았다. 이것은 심상치 않은 관심이었다. 그의 비전이 잉태되고 있는 것이었다.

그래서 그는 어떻게 했는가? 아무것도 하지 않았다. 밤에 도망하여 국경을 넘지도 않았다. 바사를 떠날 구실도 만들지 않았다. 심지어 알고 지내는 다른 유다 사람들에게 그 괴로움을 토로하지도 않았다.

그리고 그의 마음을 사로잡고 있는 고통에서 자신의 책임을 회피하거나 다른 데로 관심을 돌리지도 않았다. 느헤미야는 가장 어려운 제3의 방법을 택했다. 기다리기로 했다. 대부분의 사람들이 기억하지 못하는 일을 느헤미야는 알고 있었다. 할 수 있고 해야 하는 일이라도 하나님이 준비시키지 않으시면 이루어지지 않는다. 그래서 느헤미야는 기다렸다.

### 블록 쌓기 2  비전이 반드시 즉각적인 행동을 요구하지는 않는다.

나는 좋은 생각을 가진 많은 사람들과 이야기를 나누어보았다. 대부분 하나님이 그들의 마음속에 비전을 잉태시키고 계시다는 것을 느낄 수 있었다. 그들은 거의 대부분 지금이라도 당장 출발할 태세를 갖추고 있었다. 그들의 생각이 하나님께로부터 온 것임을 확신하기만 한다면 그들은 모든 시스템이 가동된다고 여기고 직업도 버린 채 즉시 시작하려 한다. 그러나 느헤미야의 이야기는 다른 수많은 성경의 사건들처럼, 분명한 비전이 반드시 출발을 알리는 녹색불은 아니라는 진실을 잘 보여준다. 사실 나는 하나님이 주신 비전을 가진 사람들이 출발점에 바짝 붙어 서서 너무 일찍 돌진하려는 장면을 많이 목격했다. 그러나 그 결과는 항상 같았다. 실패, 낙심, 개탄이었다.

비전은 즉각적인 행동을 요구하는 경우가 거의 없다. 비전은 언제나 인내를 요구한다.

## 왜 기다려야 하는가?

왜 그런가? 왜 돌진하면 안 되는가?

우리가 삶에서 비전을 발견하고 발전시키려면 그만한 시간이 걸린다. 비저니어링이란 일종의 과정이다. 때때로 그 과정은 고통스럽다. 시간이 필요하기 때문에 괴롭다. 그러나 그것은 고통에 걸맞는 가치 있는 결과를 낳는 과정이다.

출발선에서 비전이라는 엔진을 가열시키는 것이 시간 낭비라고 생각되기도 할 것이다. 해야 할 일이 산더미 같다. 사람도 구조해야 하고, 조직도 만들어야 한다. 그런데 기다리라니, 그게 도대체 무슨 소용이 있는가?

기다리는 것을 시간 낭비라고 생각하기 때문에 사람들은 빨리 움직인다. 우리는 우리가 움직이지 않기 때문에 아무것도 이루어지지 않는다고 생각하는데 실상은 전혀 그렇지 않다. 우리가 기다리는 동안 세 가지 중요한 일이 일어난다.

### 1. 우리 안에서 비전이 성숙된다

좋은 생각이라고 해서 모두 비전이 되는 것은 아니다. 그러나 모든 비전은 한 가지 생각에서 비롯된다. 온갖 고통이 비전의 소재가 되는 것은 아니다. 그러나 모든 비전은 고통에서 시작된다. 시간이 흐르면 우리는 좋은 생각과 우리의 온 삶을 던질 만한 가치가 있는 비전을 구분할 수 있게 된다. 기다리면서 우리의 감정을 살피고, 주된 관심사에서 부수적인 관심사를 골라낼 수 있는 기회를 갖게 되는 것이다. 결국 어제 관심을 끌었던 일이 오늘은 그다지 관심이 없다면, 그것은 비전의 재료가 아니었다는 이야기다. 이 장 끝 부분에서 좋은 생각과 하나님의 생각을 구분하는 법을 조금 더 살펴볼 것이다.

자궁 속에 있는 태아에게 서둘러 해결해야 할 일이 없는 것처럼, 비전 역시 서두른다고 자라거나 이루어지지 않는다. 자궁 속의 태아나 우리에게 주시는 비전 역시 그 시간 계획은 하나님의 권한이다. 하나님이 결정하신다. 비전을 너무 빨리 행동에 옮기는 것은 다 자라지 않은 아기를 출산하려는 것과 같다. 그것은 너무 위험하다. 조산아는 험한 세상에서 살아남기 어렵다. 비전도 마찬가지다. 성숙하지 않은 비전은 취약하다. 그것은 거의 실현되지 못한다. 세상은 그리 호락호락하지 않다. 결국에 그 비전은 변화하려 할 것이다. 변화는 삶의 거의 모든 영역에서 환영받지 못한다. 비전이 살아남으려면, 냉소적이고 비판적이며 엄격한 환경에 내던져지기 전에 성숙하고 건강해져야 한다. 성숙하기까지는 그만큼의 시간이 필요하다.

내가 대학생 때였다. 내게는 선교사로 부름받았다고 믿는 친구가 둘 있었다. 칩(Chip)은 우리 교회의 전도 집회에서 그 소명을 느꼈다. 데이비드(David)는 그의 삶 속에 일어난 몇몇 사건으로 하나님의 부르심을 확신하게 된 경우였다.

내가 아는 한 그 친구들은 하나님이 부르셨다고 느낀 바로 그날, 당장 서약하고 바로 출국할 수 있는 기회가 있었더라면 공항으로 향했을 것이다. 그러나 다행히도 그때는 그런 시스템이 없었다.

졸업이 가까워지면서 칩은 그 소명에 대해 점점 흥미를 잃기 시작했다. 대학을 졸업하고 그는 결혼해서 큰 도시로 나가 직장 생활을 했다. 그는 이렇게 설명했다. "그때는 하나님께서 내가 그 일을 하도록 부르셨다고 생각했지. 그러나 지금은 선교 단체를 통해서 보내는 선교사로 일해야겠다고 생각해." 그 당시 나는 그럴싸한 변명이라고 생각했다. 그러나 칩은 그의 비전에 끝까지 충실했다. 그는 자신의 교회에서 활발하게 그리고 평생 복음주의에 입각한 사역으로 헌신하고 있다.

반면, 데이비드는 필리핀에 가서 교회를 세웠다. 내가 이 글을 쓰고 있는 동안 그는 아내 캐시(Kathy)와 함께 이제 막 두 번째 교회를 인근 지역에 짓기 시작했다.

생각해보자. 사람의 마음을 휘어잡는 훌륭한 연사가 억누를 수 없는 비전을 제시한다면, 그것이 뭔지도 알기 전에 우리는 벌써부터 그 비전을 소유한 것처럼 느끼기 쉽다. 그러나 시간이 말해준다. 시간을 두고 생각해보면 그 비전이 하나님이 주신 생각인지 다른 사람의 생각인지 구분할 수 있다. 우리가 기다리는 동안, 하나님은 우리의 생각을 성숙시키시고 현실 세계에서도 살아남을 수 있는 비전으로 만드신다.

## 2. 비전을 위한 준비가 성숙된다

비전이 성숙하면서 우리도 성숙한다. 우리에게는 비전을 추구하면서도 시행할 준비가 되어 있지 않은 경우와 무엇을 해야 하는지 알기 때문에 시행 준비가 되었다고 착각하는 경향이 있다. 그러나 이 둘이 항상 일치하지는 않는다. 하나님은 비전 안에서 우리를 자라게 하신다. 어린 소녀들은 어머니의 웨딩드레스를 입어보려 하지만 아직은 맞지 않는다. 그러나 자란 후에는 맞춤옷처럼 잘 맞게 된다.

영화 〈제국의 역습〉(*The Empire Strikes Back*)을 보면, 루크가 제다이 전사 훈련을 마치기 전에 친구를 구하려고 떠나는 장면이 나온다. 요다가 그에게 기다리라고 간청한다. "루크, 자네는 훈련을 마쳐야 하네."

그러나 미래를 본 루크는 친구들의 생명이 위험하다는 것을 알았다. "제 머릿속에서 그 비전을 없앨 수가 없습니다. 그들은 제 친구입니다. 저는 그들을 도와야 합니다."

그러자 요다는 마침내 이런 최후통첩을 한다. "만일 자네가 지금 떠나서 그들을 돕는다면, 그들이 위해서 싸우고 고통받았던 모든 것을 잃게 될 걸세."

그러나 루크는 떠나기로 결심했다. 그는 할 수 있는 일과 해야 하는 일에 너무 몰두한 나머지 즉각 떠나야 한다고 생각했고 결국 떠났다. 결론이 어떻게 되었는지 기억하는가? 모든 일이 다 잘 되었다.

그러나 우리의 현실에서 준비되지 않은 행동은 대개 낭패로 끝난다.

거룩한 비전의 경우, 하나님은 마음속에서 일하시며 앞에 무엇이 놓여 있는지 아시고 그것을 준비시키신다. 루크처럼 긴급한 필요가 있을 경우 기다린다는 것이 어리석은 일처럼 여겨지기도 할 것이다. 그러나 하나님은 주권자이시다. 이것을 명심하라. 우리의 비전은 하나님의 비전 그 연장선에 있다. 그리고 하나님의 시간은 완벽하다. 사도 바울은 이렇게 말했다.

> "너희 안에서 행하시는 이는 하나님이시니 자기의 기쁘신 뜻을 위하여 너희로 소원을 두고 행하게 하시나니"(빌 2:13).

하나님의 뜻에 따라 행하도록 준비시키시기 위해 하나님은 우리 안에서 일하신다. 하나님의 목적은 하나님의 시간 계획과 일치한다. 그래서 사도 바울은 다음 구절을 기록하는 영감을 받았는지도 모른다. "모든 일을 원망과 시비가 없이 하라"(14절).

여기서 말하는 모든 일에는 기다리는 것도 포함된다. 마음에 들지 않는가? 비저니어링 과정에서 가장 쉽게 예상할 수 있는 불만은 하나님의 시간 계획에 대한 것이다. 비전이 분명하면 일단 준비가 된 것이다. 그렇지 않다면 하나님께서 왜 그 비전을 주셨겠는가?

비전이 없다면 하나님이 우리 안에서 일하시는 것도 현저히 줄어들 것이다. 직업을 갖게 되리라는 비전이 없다면 누가 대학과 대학원을 마치는 수고와 고통을 감수하려 들겠는가? 비전이 있으면 준비하는 시간도 능히 견디게 된다. 비전은 언제나 앞서 준비해나간다. 우선 비전은 우리의 능력을 넘어선다. 그 긴장의 상황에서 하나님은 우리에게 역사하실 것이다.

**좋은 생각/ 나쁜 타이밍** | 모세를 기억하는가? 그의 생각은 옳았지만 타이밍과 방법은 정말 아찔했다. 그의 비전은 이스라엘 백성을 이집트의 노예 상태에서 해방시키는 것이었다. 무엇보다 그 비전은 하나님의 것이었다. 그런데 모세는 무슨 일을 했는가? 이집트 사람을 죽였다.

한 번에 한 명씩 이집트 사람을 죽여서 이스라엘 백성을 구출해내는 데 얼마의 시간이 걸릴지 모세가 계산을 해보았는지 의문이다. 잘해도 몇 평생이 걸릴 일이다.

그래서 하나님은 어떻게 하셨는가? 하나님은 모세를 시나이 대학으로 보내셨다. 거기서 그는 4년 간 공부한 게 아니라 한 학년에 10년씩, 40년 동안 공부했다. 물론 봄 방학도 없었다.

하나님이 그에게 계획하신 비전을 갖기까지 모세는 40년이나 걸렸다. 한편 이집트로 돌아가보면, 이스라엘 백성은 여전히 이집트 감독들에게 고통 당하고 있었다. 하나님은 무슨 생각을 하고 계셨던 걸까? 사태가 급박하다는 것을 모르셨을까? 이스라엘 백성은 40년이나 기다릴 수 없었다. 하나님은 한 사람에게 비전을 주시고 왜 그를 광야로 보내셨을까?

하나님이 왜 그렇게 하셨는지 좀더 알아보자. 하나님이 일하시는 방식이 그렇다고 하면 그것으로 충분하다. 하나님은 사도 바울에게도 동일하게 행하셨다. 하나님은 이방인들을 위한 사도로 그를 사용할 것이라고 말씀하셨다(행 9:15-16). 그런 다음 하나님은 바울 역시 광야로 보내셨다(갈 1:17-18).

그렇다면 광야는 무슨 상관관계가 있는가? 나는 모른다. 그러나 하나님이 우리를 통해 하시려는 일을 희미하게 붙잡는 시간과 우리가 행동하도록 인도되는 시간 사이가 종종 광야 경험과 비슷하다는 것은 알고 있다. 광야는 언제나 시간 낭비처럼 느껴진다. 되돌아볼 수 있을 때 그 경험은 의미를 갖는다.

**우리의 주인공** | 반면 느헤미야의 출발은 비교적 쉬웠다. 그가 넉 달 동안

기도하자 드디어 바퀴가 돌아가기 시작했다. 그때까지 그는 기다렸다. 바사 왕의 시중을 드는 일이 그에게는 광야 경험이었다. 그는 엄청난 지도력의 소유자였다. 하지만 그는 매일 별다른 기술도 필요 없는 술 시중 드는 일을 해야 했다.

당신은 할 수 있겠는가? 매일 일어나서 하는 일이, 당신을 향한 하나님의 비전과는 아무 상관없는, 너무나 동떨어진 일이라면 당신은 할 수 있겠는가? 그렇다면 당신에게 좋은 친구 몇 명을 소개해줄 수도 있다. 요셉은 애굽의 감옥에서 자신의 비전을 다시 생각했고, 모세는 광야에서 양의 뒤꽁무니를 따라다니며 세월을 보냈다. 다윗 왕은 십대 시절 동굴에서 몸을 숨기며 몇 년을 보냈다. 게다가 느헤미야는 자신의 고국을 파괴시킨 장본인을 위해 술 시중을 들고 있었다. 조국의 재건을 그토록 바라면서 말이다. 용기를 내라. 하나님이 당신을 그곳에 있게 하신 것은 다 이유가 있다.

나는 당신이 처한 상황을 모른다. 그러나 성경에서 보듯 하나님이 당신 안에 그분의 비전을 키우기 위해 요구하시는 시간이 4개월에서 40년 사이, 그 어디쯤일 거라는 점이다. 만약 당신이 40년이라는 긴 시간 동안이나 준비하는 과정에 있다고 느껴진다면 여기에는 당신이 음미해볼 만한 또 다른 정보가 내재되어 있다. 준비 기간과 부름받은 과제의 규모 사이의 상관관계를 따져보아야 한다는 말이다. 애굽에서 400년이라는 시간을 노예 상태로 보낸 하나님의 백성을 인도해내려면 4년 정도의 시간으로는 안 된다. 40년 동안 준비가 필요했다.

### 3. 방법을 준비하시려 하나님이 무대 뒤에서 일하고 계신다

거룩한 비전의 경우, 하나님은 방법을 준비하시기 위해 무대 뒤에서 일하신다. 하나님의 때를 기다리는 것이 중요한 이유도 바로 이 때문이다. 기억하라. 당신의 비전은 퍼즐의 작은 조각일 뿐이다.

궁극적으로 예루살렘 밖의 갈보리 언덕 위에서 어느 어두운 오후에 벌어진 커다란 일격에 우리도 가담하고 있는 것이다. 우리의 삶을 향한 하나님의 비전은 우리보다 훨씬 크다. 하나님의 간섭과 준비하심이 없다면 우리는 우리가 맡은 어떤 일도 수행해낼 수 없다. 따라서 우리는 함부로 너무 일찍 움직여서는 안 된다.

느헤미야는 이것을 확실히 알았다. 그는 하나님의 거룩한 간섭 없이는 예루살렘 재건에 참여할 수 없다는 것을 알았다. 그래서 그는 하나님의 때를 기다리며 기도했다. 거기에 그는 한 가지를 더 했다. 그는 그 일을 많이 생각했다. 그는 그 일을 꿈꿨다. 다음 장에서도 보겠지만 그는 그만한 규모의 일을 수행하는 데 정확히 무엇이 필요한지 깊이 생각했다. 느헤미야에게 알리지는 않으셨지만 하나님은 무대 뒤에서 그 시간에도 일하고 계셨다.

## 비전을 확정함

비저니어링의 가장 어려운 측면 가운데 하나는 좋은 생각과 하나님의 생각을 구분하는 것이다. 우리는 모두 좋은 생각을 가지고 있다. 어떤 것에 관심도 있고 부담감도 느낀다. 그러나 어떤 생각을 따라 행동해야 하는지 어떻게 아는가? 분명한 것은 예루살렘이 훼파되었다는 소식을 듣고 가슴 아파한 사람이 느헤미야 혼자만은 아니었다는 것이다. 그러면 그는 자신이 그것을 위해 일해야 하는 사람인지 어떻게 알았을까?

나는 자신들이 가진 관심이나 부담의 근원을 파악해 진로를 결정하려는 과정 중에 있는 많은 사람들을 만나고 상담했다. 그들 중 많은 사람들이 다른 사람들을 천국으로 인도하는 비전을 갖게 되고 성공적으로 유지하는 것 또한 지켜보았다. 이 책을 쓰기 위해 자료를 모으는 동안 그들이 가진 생각을 성공적으로 구체화시킨 여러 그리스도인들을 인터뷰했다. 그들 중 몇 명을 소개하려 한다.

이 조사에서 나는 선한 생각과 하나님의 생각을 구별하는 두 가지 방법을 알아냈다.

### 1. 하나님이 주신 비전은 결국 도덕적인 명령처럼 느껴진다

하나님이 우리 마음의 캔버스에 무엇을 할 수 있고 무엇을 해야 하는지 그림을 그리기 시작하셨는데도 불구하고 우리가 끝까지 실행하지 않을 경우, 우리는 마치 불순종한 것처럼 느껴질 것이다. 시간이 지날수록 부담감은 커지고 우리에게 그 비전은 도덕적인 명령처럼 느껴질 것이다. 우리 안에서 자라난 부담감은 끝내 우리가 하나님이 주신 비전을 실행에 옮기지 않고는 버티기 어렵게 만든다.

기다림이 중요한 것도 바로 이런 이유 때문이다. 시간이 흐름에 따라 하나님은 하나의 생각에서 비롯된 것을 도덕적인 충동으로 바꿔놓으신다. 비전은 쉽게 사라지지 않는다. 유일한 대안은 이렇게 말하는 것이다.

"아뇨. 아닙니다. 그쪽으로는 안 갈 거예요. 이런 부담을 안고 그렇게 행동하고 싶지 않습니다."

### 2. 하나님이 주신 비전은 하나님이 세상에서 하시려는 일과 같은 선상에 있다

우리에게 주신 거룩한 비전과 이 시대를 향한 하나님의 마스터플랜 사이에는 언제나 노선이 정해져 있다. 하나님이 우리 마음에 하도록 하신 일과 대체로 하나님이 이 세상에서 하시고자 하는 일 사이에는 항상 일종의 상관관계가 성립한다.

앞서 말한 것처럼 우리는 갈보리에서 우리 인생의 계획을 세우고 독자적으로 우리 삶의 안건을 상정할 권리를 잃었다. 마치 좋은 아버지처럼 우리 하나님 아버지도 자녀를 위한 비전을 갖고 계신데 그 비전이란 우리가 이 세상에서 하나님의 사역을 돕는 것이다.

영감 있고 거룩한 모든 비전은 하나님의 마스터플랜과 결부되어 있다. 그것이 아내를 사랑하는 것이든, 자녀를 양육하는 것이든, 이웃을 전도하는 것이든, 목회를 시작하는 것이든, 회사를 차리는 것이든 간에 거룩한 부담감은 좀더 큰 그림으로 연결된다. 거기에는 우리가 해야만 하는 모든 일이 좀더 크고 넓은 의미로 함축되어 있다.

느헤미야의 비전이 그렇게 강렬했던 것도 하나님의 계획 안에서 이스라엘의 역할이 그만큼 중요했기 때문이다. 그의 마음을 아프게 한 것은 성벽의 상태가 아니라 이스라엘 백성의 정신 상태였다.

우리가 가지고 있는 고민이나 부담감이 하나님으로부터 온 것이라면 하나님의 섭리와 그것 사이에는 뚜렷한 연결 고리가 있을 것이다. 우리가 몹시 하고 싶어하는 일이, 하나님이 이 세대에 하시고자 하는 일과 어떻게 연결되어 있는지 살펴보면 이 점이 분명해질 것이다.

처음에는 연결 고리를 제대로 볼 수 없을지도 모른다. 보이지 않는다면 일단 기다리라.

## 우리의 입장

우리가 기다리는 동안에 할 수 있는 생산적인 일이 몇 가지 있다. 우선 조사하라. 6장에서 우리는 조사가 얼마나 중요한지 자세히 탐구할 예정이다. 그러는 동안에 몇 가지 질문을 하라. 비슷한 비전을 추구하는 사람에게 말하라. 독서하라. 관찰하라. 할 수 있는 모든 것을 배우라.

조사하면서 다음의 세 가지 가운데 하나를 성취할 수 있을 것이다. 첫째, 비전을 가져다주는 거룩한 근원이 무엇인지 확신하는 것이다. 둘째, 비전에 대한 좀더 깊은 정의를 내리고 비전에 집중하는 것이다. 셋째, 절대 실수하지 않도록 경고해주는 것이다.

2장에서 느헤미야가 기다리는 동안에 무엇을 했는지 함께 살펴보자. 기억하라. 비전의 타이밍은 결정적이다. 기다린다고 해서 그것이 믿음이 부족하다는 표시는 아니다. 대개 그것은 지혜롭다는 증거다.

# VISIONEERING PROJECT

**비저니어링 프로젝트 1**

1. 당신은 당신의 인생에 대해 많은 비전을 가지고 있다. 어떤 비전은 다른 것에 비해 더욱 분명하다. 그 비전에 대한 믿음을 확실히 하기 위해 다음의 분야에서 당신의 삶이 어떠해야 할지 한 문장으로 요약하여 적어보라. 다시 말해 좀더 밝은 미래를 기술해보라.

   - 직업
   - 재정
   - 배우자
   - 자녀
   - 목회
   - 기타

2. 비전은 현재의 모습과 미래에 되어야 할 모습 사이에서 생기는 긴장감에 사로잡힌 사람의 영혼에서 잉태된다. 당신은 특별한 긴장감에 사로잡혀 있는가? 만약 그렇다면, 잠시 시간을 내어 당신이 처한 딜레마를 적어보라.

   - 당신을 괴롭히고 있는 것은 무엇인가?
   - 해결 방법은 무엇인가?
   - 장차 되어야 하는 것은 무엇인가?

3. 당신이 갖는 부담감 중 어떤 것이 도덕적인 명령으로 느껴지기 시작했는가?

4. 당신이 가진 여러 비전과 하나님이 이 세상에서 하시고자 하는 일 사이에는 어떤 연결 고리가 있는가? 그 연결 고리를 적어보라. 당신의 상황이 좀더 나아진다면 하나님의 섭리를 어떻게 도울 수 있겠는가?

## 2장 | 기도하라 그리고 계획하라

비전은 보이지 않는 것을 보는 예술이다.
- 조나단 스위프트(Jonathan Swift) -

비전을 가지고 전진하는 것이 전혀 불가능해 보이는 끔찍한 기간에 대해 말해보자. 행동할 수 없는 상황이 몇 주, 몇 달, 어쩌면 몇 년 동안 계속되고, 행동이 자유롭지 않은 계절들을 맞이하게 것이다.

학교를 마칠 돈이 없다. 현재의 수입으로는 새롭게 사업을 구상해볼 엄두가 나지 않는다. 좀더 많은 경험을 쌓아야 한다고 이구동성이다. 부양할 가족에 대한 책임 때문에 자유 시간이 없다. 지역적으로 불리한 곳에 살고 있다. 갚아야 할 빚이 있다.

이런 상황 때문에 비전을 실행하지 못하는 시간이 길어질 경우 비전은 대개 죽고 만다. 전혀 일어날 것 같지 않은 어떤 일에 대해서 계속 꿈만 꾼다는 것은 매우 어려운 일이다. 게다가 현실적으로 해결해야 할 일들이 이렇게 많은 사람이, 왜 불가능한 일을 꿈꾸느라고 시간을 낭비하겠는가? 비전을 추구하는 초기 단계에는, 이렇듯 수많은 이유 때문에 할 수 있는 일과 해야 하는 일을 보지 못하고 발목을 잡힌다. 기다리는 시간이 길어진다면 아마도 비전은 불가능의 영역으로 숨어버릴지도 모른다.

### 그러는 동안에…

그러면 그 동안에 무엇을 해야 하는가? 꿈이 살아 있게 하려면 어떻게 해야 하는가? 느헤미야는 두 가지 일을 했다. 그는 기도했고 또 계획했다.

느헤미야가 예루살렘의 형편에 대한 소식을 처음 들었을 때, 그 상황을 바로잡기 위해 그가 할 수 있는 일은 아무것도 없었다. 그는 엉뚱한 곳에서, 엉뚱한 사람을 위해, 엉뚱한 일을 하고 있었다. 그의 마음대로 바꿀 수 있는 것이 하나도 없었다. 그는 자신의 비전을 위해 행동할 만큼 자유롭지 않았다.

그러나 느헤미야는 가만히 있지 않았다. 성벽이 파괴되었다는 소식을 듣고 그것을 위해 무언가를 할 수 있기까지 기다린 넉 달이라는 시간은 그에게 매우 유익한 시간이었다. 그는 자신의 비전을 추구할 수 있도록 하나님이 자유롭게 하실 그날을 준비하며 시간을 보냈다. 행동할 수 없는 동안에도 낙심하거나 마음을 흩트리지 않았다. 느헤미야는 자신의 꿈이 죽지 않도록 잘 간직했다. 그는 그 시간에 기도했고 계획했다.

### 1. 그는 기도했다

기도는 비전을 발전시키는 데 절대적으로 필요한 요소다. 왜냐하면 우리는 우리가 찾는 것은 보고 우리가 보려 하지 않는 것은 종종 놓치기 때문이다.

매년 봄이 되면 처가 식구들은 해변에 커다란 집을 빌려서 온 가족이 함께 휴가를 즐긴다. 숙모, 삼촌, 조부모님, 사촌들 할 것 없이 모두 그 주간에 각자 자기 편한 대로 나타난다. 어느 날 오후에, 처남이 상어 이빨을 보러 해변으로 내려가겠다고 말했다. 우리 아들도 무척 신이 났다.

"삼촌, 데려가줄 거예요?"

"물론이지." 두 사람은 해변으로 달려갔다.

그들이 껑충거리며 달려가는 동안에 나는 혼자서 생각했다.

'해변에 상어 이빨은 없어. 이번 주 내내 해변을 오르내렸지만 한 번도

본 적이 없는 걸. 아들 녀석의 희망이 이뤄지기는 틀렸군.'

그러나 한 시간 후에 나는 정말 깜짝 놀랐다. 그들이 한 주먹 가득히 상어 이빨을 가지고 돌아왔기 때문이다. 믿을 수가 없었다.

"그걸 어디서 구했니?"

나는 미심쩍어하면서 물었다. 아들 녀석이 자랑스럽게 대답했다.

"모래 위에 있었어요 아빠."

내가 왜 상어 이빨을 보지 못했는지 아는가? 그것을 찾지 않았기 때문이다. 상어 이빨은 오랫동안 그 자리에 있었고 그것을 발견해줄 누군가를 기다리고 있었다. 그러나 보려고 기대하지 않으면 우리는 그것을 놓친다. 그러나 기도는 계속 보게 해주며 오래된 것을 신선하게 유지시켜준다. 눈과 마음을 기대하는 상태로 유지해준다. 기도는 하나님의 손을 강제하지 않으며, 하나님의 간섭하심을 계속 보게 한다. 기도는 주변의 작은 변화까지 민감하게 알아차리게 한다. 하나님이 움직이시면 그것을 쉽게 인식한다. 기도는 하나님이 주시는 기회를 거의 놓치지 않게 해준다. 무엇을 바라본다고 해서 꼭 발견하게 되는 것은 아니다. 그러나 무언가가 있다면 그것을 볼 수 있는 가능성을 높여준다.

느헤미야는 자신의 비전에 대해 두 가지를 놓고 기도했다. 첫째, 그는 기회를 위해서 기도했다.

> "주여 구하오니 귀를 기울이사 종의 기도와 주의 이름을 경외하기를 기뻐하는 종들의 기도를 들으시고 오늘 종이 형통하여 이 사람들 앞에서 은혜를 입게 하옵소서 하였나니 그 때에 내가 왕의 술 관원이 되었느니라"(느 1:11).

느헤미야는 그의 비전을 왕 앞에서 나눌 수 있는 기회를 원했다. 그런 기회는 하나님의 거룩한 간섭하심이 있어야 한다는 것을 그는 알고 있었다. 그래서 느헤미야는 하나님께 그 일을 허락해달라고 기도했다. 그리고 느헤미야는 그와 그의 비전 사이에 서 있는 한 사람에게 자신의 비전을 제시하는 일에 성공했다.

느헤미야가 그 기도를 이때 처음 했다고는 생각하지 않는다. 아마 왕 앞에 나아갈 때마다 했을 것이다. 느헤미야는 맡은 일을 수행하기 위해 수도 없이 왕 앞에 나아갔지만, 조국에 대해 이야기할 기회는 한 번도 얻지 못했다. 그래도 느헤미야는 계속 기도했다.

우리는 기적을 바라는 기도를 하는 경향이 있다. 그러나 우리는 기회를 달라고 기도해야 한다. 초자연적인 어떤 일보다 우리에게는 기회가 더 필요하다.

당신이 부모라면 자녀에 대한 비전이 있을 것이다. 막연히 인격적인 사람이 되게 해달라고 기도하지 말고, 그들의 삶에 인격을 심어줄 기회를 달라고 기도하라. 당신의 비전은 당신을 포함한다. 당신에게는 역할이 있다. 당신이 맡아야 할 부분이 있다.

믿지 않는 친구를 위해 어떤 비전을 품고 있다면, 막연히 그를 구원시켜달라고 기도하지 말라. 그에게 예수님에 대해 말할 수 있는 기회를 달라고 기도하라. 기회를 놓고 기도하다보면, 하나님이 기회를 주실 때 놓치지 않을 수 있다.

**꿈꾸는 사람 그리고 비전을 가진 사람** | 느헤미야는 결코 하나님께 성벽을 재건해달라고 기도하지 않았다. 그는 자신이 성벽을 재건하러 갈 수 있도록 기회를 달라고 기도했다. 꿈꾸는 사람과 비전을 가진 사람의 차이가 여기에 있다. 꿈꾸는 사람은 어떤 일이 저절로 달라질 것을 꿈꾸지만, 비전을 가진 사람은 자신이 그 일을 달라지게 만들 것을 기대한다. 꿈꾸는 사람은 그렇

게 되면 얼마나 멋있을까 하고 생각하지만, 비전을 가진 사람은 그 일을 할 수 있는 기회를 찾는다.

느헤미야는 꿈이 아니라 비전을 가진 사람이었다. 그는 자신과 무관하게 하나님이 어떤 일을 하시기를 바라지 않았다. 그는 하나님과 함께 일할 수 있는 기회를 기대했고 그것을 위해 계속 기도했다. 마침내 하나님은 그에게 기회를 주셨다.

**은혜의 기도** | 기회뿐만이 아니다. 느헤미야는 은혜를 위해서도 기도했다. 느헤미야는 하나님께 아닥사스다 왕을 감화시켜서 그가 느헤미야의 비전에 관심을 갖고 도울 수 있게 해달라고 기도했다.

"오늘 종이 형통하여 이 사람들 앞에서 은혜를 입게 하옵소서"(11절 하).

은혜라는 말은 동정심 또는 자비를 뜻한다. 느헤미야는 왕이 예루살렘에 있는 유대인들의 어려움에 대해 듣고 뭔가 느끼기를 바랐다. 그러나 이것은 쉽지 않은 일이었다. 그는 자비로운 왕이 아니었다. 그의 천성에 자비란 없었다. 사실 느헤미야가 왕 앞에서 말할 좋은 기회를 맞았을 때 그는 크게 두려워했다(2:2).

하나님이 왕의 마음에 간섭하지 않으셨다면 왕은 이스라엘에 대해 한 치의 동정심도 느끼지 못했을 것이다. 어쨌거나 왕의 조상은 애초에 예루살렘 도시를 파괴한 장본인들이 아닌가. 그래서 느헤미야는 자비와 은혜를 위해 기도했다. 그는 하나님께 왕의 마음을 움직여주시기를 청했다. 하나님은 응답하셨다. 아닥사스다 왕은 예루살렘 성벽 재건에 일등 공신이 되었다.

이 점을 생각해보라. 하나님께서 아닥사스다 왕을 움직여 예루살렘의 성벽을 재건하는 역사를 후원하게 하실 수 있었다면, 하나님이 주신 비전과 우리 사이에 서 있는 사람들의 마음도 능히 변화시켜주실 수 있다. 인간적으로 말하면, 아닥사스다 왕이 느헤미야의 비전을 도울 가능성은 전혀 없었다. 그러나 기도는 사람이 할 수 없는 일을 가능하게 만드는 힘이 있다.

우리의 체험 | 1995년에 나는 애틀랜타 바로 위 알파레타 시에서 교회를 개척했다. 공식적으로 교회 부지를 찾아 나서기 전에 아내와 나는 형편이 어떤지 살펴보려고 차를 타고 나갔다. 얼마 지나지 않아, 로얄 400이라고 불리는 새로운 개발지를 발견하고 나는 아내에게 말했다.
"너무 멋지군. 우리 교회를 이런 곳에 지으면 좋겠어."
한 달 후에 나는 교회 재정 담당자와 함께 로얄 400의 소유주를 찾아갔다. 나중에 알게 되었지만 그는 그리스도인이었고 교회와 교회 기관들에 대해 무척이나 관대했다. 나는 그 만남을 낙관했고 우연의 일치를 뛰어넘는 그 무엇이 있으리라고 확신했다.
유익한 만남이 끝났다. 그런데 그는 우리를 돕고 싶지만 도울 수 없겠다고 말했다. 우리는 그 땅을 살 수 있을 거라는 희망을 가지고 만남을 시작했는데 대화를 나누는 동안 그가 로얄 400 개발지의 어느 곳도 우리에게 팔 마음이 없다는 것을 깨달았다. 그는 사무실 지역에 교회가 들어서는 것을 반기지 않는 것 같았다. 하지만 그것은 그의 권한이었다. 우리는 그와 짧은 인사를 나누고 돌아왔다.
몇 주가 지나서 우리는 그가 곧 미국 최대의 투자 기업에 개발지를 모두 매각할 예정이었다는 사실을 알았다. 그제서야 그가 왜 우리에게 땅의 일부라도 팔지 않으려 했는지 이해하게 되었다. 이 거래를 동시에 추진하고 있었기 때문이었다.
그 정보를 알려준 사람은 내게 그 투자 회사를 찾아가보라고 했다. 그들 사이에 아직 계약이 체결되지 않았던 때라 이른 감이 있었다. 그러나 우리는 뉴욕으로 가서 그들을 만났다. 10만 평의 땅을 사기 위해서였다. 그 회사를 대리하는 중개인의 반응은 회의적이었다. 회사는 그 땅을 투자 목적으로 매입하려 했고, 그 지역의 부동산 열기가 워낙 뜨거웠기 때문에 최고가의 빠른 계약 체결을 원했다. 우리에게 선택권을 줄 수 없다는 그들의 태도는 분명했다. 더욱이 그리 오랜 시간 동안 계약 체결이 미뤄질 것 같지도 않았다.

그들 입장에서 보면 우리는 다분히 위험했다. 겨우 넉 달밖에 안 된 개척 교회였고 교인들도 많지 않았다. 자산도 없었고 신용도 없었다. 거래 실적 역시 없었다. 은행 잔고도 적었다. 그런데도 우리는 500만 달러에 달하는 소유권을 구하고 있었던 것이다. 그들이 우리에게 그 기회를 줄 이유는 눈을 씻고 찾아봐도 없었다.

일이 더욱 복잡해진 것은 그 회사의 의사 결정에 참여한 몇몇 부서에서 제기한 문제 때문이었다. 그들은 교회가 먼저 들어서도록 허가할 만큼 무모한 사람들도 아니었고, 교회는 대개 부동산 시세를 떨어뜨린다는 점을 잘 알고 있었다.

산 너머 산이라고, 투자 회사 사람들을 우리가 직접 만날 수도 없었다. 모든 의사 전달은 중개인이 했다.

우리의 계획은 무모했다. 그러나 그 부지가 우리 교회를 짓기에 가장 적합한 곳임을 우리는 잘 알고 있었다. 그래서 우리는 하나님께 간절히 부르짖었다. 특별히 그 개발지를 매입할 뉴욕 회사로부터 은혜를 입게 해달라고 기도했다.

중개인을 사이에 두고 약 한 달 동안 협상을 벌인 끝에, 그들은 우리에게 기회를 주기로 결정했다. 우리는 놀랐다. 양쪽 중개인들도 놀라기는 마찬가지였다. 개발지가 실제로 그들의 소유가 되기도 전에 우리는 가격 협상에 들어갔다. 9개월 후 계약이 체결되었고 그곳은 이후 노스 포인트 교회의 본

거지가 되었다.

비전이 출발점을 이륙하기에 앞서 발생할 일에 기도를 집중하라. 당신의 비전을 가능케 하는 힘이나 자원 또는 영향력을 가진 인물들을 위해 기도하라. 그들 앞에서 은혜를 입도록 하나님께 기도하라. 그런 다음 당신의 연설을 준비하라.

### 2. 그는 계획했다

기회와 조력자들을 위해 기도할 뿐만 아니라 전략을 세우는 데도 시간을 투자해야 한다. 하지만 그 일은 어쩌면 가장 심한 시간 낭비로 여겨질지도 모른다. 우리의 비전이 외관상 나아진다고 해서 전략 개발을 소홀히 하지 말라. 더욱이 이 시점에서는 전략 개발 이외에 다른 마땅한 일도 없다.

계속해서 계획을 발전시키라. 자원을 가지고 있다면 무엇을 할 것인가? 시간을 가지고 있다면 무슨 일부터 먼저 할 것인가? 그다음에는 무엇을 할 것인가? 누군가 와서 우리의 비전을 성취할 기회를 주는 것처럼 계획하라.

엉터리같고 어리석어 보이는가? 느헤미야는 그렇게 생각하지 않았다. 그는 계획을 발전시켰다. 자신의 비전을 성취하기 위한 자원과 기회에 대해 그가 생각하는 것조차 얼마나 실소를 머금을 상황이었는지 생각해보라. 그래도 그는 계획을 세웠다. 예루살렘에 성벽을 재건하기 위한 느헤미야의 전략은 다음과 같다.

- 1단계 – 과거 이 지역에 위협이 되었던 예루살렘 성벽 재건을 위해 술 시중 드는 일을 그만하게 해달라고 왕을 설득함.
- 2단계 – 왕이 그 재건 사업에 재정적 후원을 담당하도록 설득함.
- 3단계 – 왕으로부터 주변 총독들에게 보내는 조서를 얻어 예루살렘으로 가는 길에 안전을 보장받음.

- 4단계 – 왕이 삼림 감독 아삽에게 조서를 내려 성문과 거할 집을 위한 재목을 충분히 제공하도록 왕을 설득함.
- 5단계 – 왕에게 유다 총독이라는 직위를 요청함.
- 6단계 – 조직을 만들어 예루살렘 백성들을 배치함.
- 7단계 – 건축을 시작함.

그의 계획과 비교한다면 우리의 계획은 그리 대단해 보이지 않을 것이다. 하나님이 느헤미야에게 왕 앞에서 비전을 제시할 기회를 허락하셨다면 그것으로 됐다. 그는 이미 준비가 되어 있었던 것이다. 느헤미야가 아주 진지하다고 생각한 아닥사스다 왕은 추호의 의심도 없었을 것이다. 이것은 변덕스러운 바람이나 꿈이 아니라 비전이었다. 마침내 느헤미야에게 기회가 왔을 때 그는 준비되어 있었다.

준비됨 | 최소한 우리는 삶의 주된 영역에서 무엇을 할 수 있고 또 무엇을 해야 하는지에 대해 어렴풋한 생각이나마 가지고 있다. 그러나 계획은 있는가?

적절한 기회가 오면 무엇을 해야 할지 아는가? 우리가 기도해오던 사람이 우리의 믿음에 대해 질문하면 무슨 말을 해야 할지 아는가? 갑자기 전공을 바꿀 기회가 오거나 또는 성공적인 변화를 위해서 어떤 단계가 필요한지 아는가? 자녀들을 향한 비전이 있을 것이다. 구체적인 계획이 있는가? 결혼에 대한 비전도 있을 것이다. 계획이 있는가?

대부분 준비하지 않고 기회를 맞이하면 결국 비전을 잃어버리고 만다. 과제를 마치지 않으면 이용할 수 없는 기회도 있다. 느헤미야 역시 준비하지 않았다면 기회를 놓치고 말았을 것이다. 계획 없이, 준비 없이 기회를 잡을 수 없다.

마이클 이야기 | 마이클(Michael)을 만났을 때 두 가지가 먼저 눈에 들어왔다. 그의 차와 그가 입고 있던 옷이었다. 차는 고물이었다. 그런데도 옷은 잡지 모델 같았다. 확실히 연구 대상이었다. 그는 1973년형 커다란 녹색 임팔라(Impala)를 몰았다. 요즘 차들과 비교해보더라도 굉장히 큰 차다. 또 어느 기준으로 봐도 고물이었다. 그런 고물차를 타면서도 옷은 가장 멋지게 입고 있었다. 반짝이는 구두, 가죽 벨트, 주름 하나 없는 와이셔츠, 멋진 넥타이 등 모든 것이 이지적이었다. 그런데 차는 왜 그 모양일까?

마이클에게는 비전이 있었다. 개인 사업을 하는 것이었다. 무슨 사업인지, 언제 시작할지 또 현재의 직업으로 근근이 먹고 사는 와중에 언제 회사를 차릴 수 있을지 그는 알지 못했다.

그러나 마이클은 낙심하지 않았다. 계획을 세웠다. 비전의 초기 단계에서는 드러나지 않는 몇 가지 문제가 있는 법이지만 그래도 크게 문제되지는 않는다. 그러는 동안에 그는 자기가 알고 있고 할 수 있는 일을 하기로 결심했다. 그가 아는 것은 개인 사업을 시작하려면 초기 자본이 필요하다는 것이었다.

그 점을 염두에 둔 마이클은 아내와 함께 최저 생활을 선택했다. 직업의 특성상 그는 이지적인 외모를 갖추어야 했다. 그러나 타고 다니는 차에 대해서는 사장이 별다른 간섭을 하지 않았다. 그래서 그는 임팔라를 타고 다녔다. 몇 년 더 임팔라를 탄 후에 처분하고 포드 에스코트를 샀다.

왜 그랬을까? 그는 무엇을 위해 저축했을까? 어쩌면 그도 정확히 몰랐을지 모른다. 그가 아는 것은 기회가 왔을 때 준비되어 있어야 한다는 것뿐이었다. 생활 수준을 낮추는 것이 그가 조정할 수 있는 유일한 계획 가운데 하나였다. 느헤미야처럼 그 역시 할 수 있는 일을 했다. 또한 그는 하나님께 그의 비전에 복을 주시고 기회를 허락해주시기를 기도했다.

몇 년이 지나 그에게 기회가 찾아왔다. 분명히 그 일은 목돈이 필요한 사업이었다. 그러나 마이클은 이미 준비되어 있었다. 사정을 잘 모르는 구경꾼들은 그가 운이 좋았다고 말할지 모르겠다. 그러나 마이클이 운이 좋았던 것은 아니다. 그는 비전을 가졌다. 처음부터 그가 가진 것이라고는 비전이 전부였다. 그리고 그는 일정 기간 동안 자신이 할 수 있는 일을 했다. 그는 기도했고 꿈꾸었으며 계획했다. 이제 마이클은 무슨 차든지 원하는 대로 살 수 있게 되었다. 그리고 이제 더 이상 정장을 차려입지 않아도 된다.

그리스도인이 맛볼 수 있는 기쁨 가운데 하나는 하나님이 우리를 향한 그분의 계획을 드러내실 때 이를 목도하는 것이다. 우리는 하나님이 우리의 삶을 통해 무엇을 이루려고 하시는지 모른다. 그러나 우리는 하나님께 부름 받았다. 미래에 대한 비전을 가지고 이를 위해 준비하는 것은 매우 유익한 과정이다.

그것을 실제로 구체화시킬 만한 수준에 있지 않다면 하나님이 왜 기회를 주시겠는가? 당신이 하나님이라면 누구에게 기회를 주겠는가? 바라는 것을 생각하는 사람에게 주시겠는가, 꿈꾸는 사람에게 주시겠는가, 아니면 계획하는 사람에게 주시겠는가?

하찮아 보인다는 것을 잘 안다. 하지만 대부분의 비전이 초기에는 다 하찮아 보인다는 사실을 기억하라. 케네디 대통령은 그럴 만한 기술이 발달하지 않은 시절에 이미 인간의 달 착륙에 대해 이야기했다. 비전을 현실화하는 데는 그 이상이 필요하다. 비전을 가진 사람이 할 수 있는 가장 기본적인 일은 바로 계획이다.

미리 준비함 | 교육 목사로 일할 때 나는 교회 규약을 만들기 시작했다. 애틀랜타 제일 침례교회에 필요해서가 아니었다. 나는 교회에 그런 규약이 필요한지도 몰랐다. 그러나 언젠가 나도 한 교회의 담임 목사가 되기를 소망하고 있었기 때문이다. 그것이 내가 아는 전부였다. 나는 현재 내 자리가

만족스러웠지만 평생 교육 목사로만 살지 않으리라는 느낌이 들었다. 정해둔 시간 계획 같은 것은 없었다. 사실 나는 여러 직책을 역임하면서 제일 침례교회에 머물고 싶었다.

담임 목회를 하게 될 때를 생각해보았다. 그때는 교회의 기본 골격을 토대로 나의 비전과 사명을 반영하는 사역에 집중해야 한다는 것이 내가 알고 있는 전부였다. 그래서 나는 교회의 모습을 구상하는 일에 집중했다. 나의 생각을 반영하는 그림과 도표를 만들었다. 거의 2년 동안 이 일에 매달렸다. 정직하게 말해서 나는 그것이 어디에 쓰일지 또는 쓰이기나 할지 전혀 알지 못했다.

4년 후 나는 마음에 맞는 사람들과 노스 포인트 교회를 세웠다. 처음 제기된 문제는 우리가 채택할 교회 행정의 골격이었다. 아무것도 없이 그 작업을 했더라면 어떻게 되었을지 지금은 전혀 상상이 되지 않는다. 특히 그때 부랴부랴 필요한 작업을 해야 했다고 상상해보라. 생각만 해도 끔찍하다.

내가 고심하고 계획했던 일은 보람이 있었다. 내 아이디어는 동료들에게 공감을 얻었다. 몇 군데 수정을 거친 후 내가 뼈대를 잡아놓은 기본 구조를 근간으로 새로운 교회 규약의 기본 체제가 완성되었다.

## 살아 있음

새로운 비전은 쉽게 죽는다. 분명히 그렇다. 비전을 지속시키는 사람은 소수이다. 기도하고 계획하는 일은 비전을 지속시키는 데 큰 힘이 된다. 이것은 중요하다. 비전이 죽으면 당신의 일부도 죽는다. 그러므로 기도하라. 기회를 위해 기도하라. 당신의 비전을 착수하는 데 도움을 줄 사람을 위해 기도하라. 그리고 기다리는 동안 계획하라. 전략을 세우라. 종이 위에 꿈을 그려보라. 당신이 할 수 있는 한두 가지 일을 찾아서 바쁘게 움직이라.

하나님이 어떻게 하실지 당신은 모른다. 당신 앞에 기회가 왔을 때 그것을 놓치는 위험을 감수하기보다는 차라리 아무 일도 일어나지 않더라도 준비하는 편이 낫다.

| 블록 쌓기 3 | 기회를 위해 기도하라. 그리고 하나님이 응답하실 것을 기대하며 계획하라. |

# VISIONEERING PROJECT

**비저니어링 프로젝트 2**

당신의 비전에 대해 다음 질문에 답해보라.

1. 지금 당신이 기도해야 할 일은 무엇인가?

2. 당신의 비전을 성취하도록 도울 수 있는 사람은 누구인가?

3. 그들의 생각에 어떤 변화가 일어날 때 그들이 당신을 도울 수 있는가?

4. 계획을 간단히 적어보라.
   - 1단계
   - 2단계
   - 3단계
   - 4단계

5. 지금 당신은 무엇을 할 수 있는가?

## 3장 | 자리매김하기

목표를 성취하면 우리는 활력을 얻는다.
그러나 비전은 목표보다 강력하다.
비전은 기운을 돋우고, 영감을 준다.
비전은 인간의 모든 위대한 행위를 지지해주는 힘이다.
비전은 힘을 나누어 갖는 것이며, 일종의 경외심이자 가능성이다.
- 벤자민 잰더(Benjamin Zander) -

좋은 소식으로 시작해보자. 처음 비전에 착수할 때는 하나님이 주신 모든 비전이 불가능해 보인다. 그런데도 그것이 좋은 소식이라고 한 이유는 무엇일까? 당신이 머릿속에서 소용돌이치는 어떤 생각을 추구하려 하자 당신 안에서는 의구심이 치솟았던 적이 있을 것이다. 그리고 당신이 용기를 내어 다른 사람에게 그 비전을 이야기했을 때 그는 의심스러운 눈초리로 쳐다보다가 이런 투로 말했을 것이다. "그래, 참 재미있는 생각이다." 그 뜻을 해석해보면 이렇다. "절대 불가능할 거야." 당신 역시 곧 의심을 굳히게 된다.

느헤미야도 그런 이유로 그렇게 긴 시간 동안 말문을 열지 않았던 것이다. 넉 달 동안 그는 완전히 침묵했다. 기억하라. 누가 그의 말을 진지하게 받아들였겠는가?

그는 노예였고 왕을 위해 일하고 있었다. 그는 들키지 않고 국경을 빠져 나올 수도 없었다. 더욱이 바벨론 사람들이 예루살렘 성벽을 파괴시켜버렸다. 무방비 상태의 도시는 전혀 위협적이지 않았다. 바사 사람들도 이스라엘이 다시 군사를 일으키도록 팔짱을 끼고 지켜보지만은 않을 것이 분명했다. 느헤미야가 그런 일을 생각했다면 그것은 정신 나간 짓이었다.

뿐만 아니라 그 성벽은 지난 150년 동안이나 파괴된 상태로 있었다. 예루살렘에 사는 사람들이 지금까지 성벽 재건을 위해 아무런 노력도 하지 않았는데, 느헤미야가 가면 사정이 달라질 거라고 어떻게 장담할 수 있겠는가? 그는 아무런 권위도 없었다. 그는 단지 왕의 술 시중을 드는 사람일 뿐이었다. 그가 섬기는 왕의 조상이 성벽을 파괴시킨 장본인이었다.

느헤미야가 품었던 비전의 규모나 그가 가졌을 느낌을 당신과 관련지어 생각해보라. 어쩌면 당신은 교회에 꼭 필요한 변화의 바람을 불어넣고 싶은 비전을 품은 사역자인지도 모른다. 어쩌면 당신은 믿지 않는 사람과 결혼해서 배우자를 전도할 비전을 품고 있는 사람인지도 모른다. 어쩌면 당신은 전공을 바꿀 비전을 품고 있는지도 모른다. 창업하고자 심사숙고하는 사람일 수도 있다. 어떤 경우이든지 당신이 처한 환경만 바라보면 당신은 곧 압도당하고 말 것이다. 그것을 성취할 수 있는 방법은 아무것도 보이지 않을 것이다.

하나님이 우리 마음에 어떤 일을 하도록 허락하실 때는 대부분 그런 식이다. 그 과제를 이룰 수 없을 것처럼 느껴진다. 왜냐하면 사실이 그렇기 때문이다. 하나님이 주신 비전은 우리가 품기에는 너무나 커 보인다. 그러나 우리는 조금도 놀랄 필요가 없다. 그 근원이 어디에 있는지 생각해 보라.

하나님이 우리 마음에 비전을 주실 때 우리는 대답보다 질문을 많이 한다. 항상 장애물이 놓여 있고 가진 자원도 충분하지 않다. 비전을 가진 사람은 대개 외로우며 고립감까지 느낀다. 한결같고 억제할 수 없으며 물리지 않는 욕망을 느낀다. 바람직한 것은 사명이라는 느낌이 든다는 것이다. 당신이 이를 위해 창조되었다는 느낌과 하나님이 거룩한 목적을 마음에 두시고 당신을 미지의 바다로 불러내셨다는 확신이 든다. 이 중 어떤 것이라도 당신에게 공감이 되는 것이 있다면, 당신은 거룩한 어떤 일을 하기 직전에 있는 것이다.

## 자리매김

당신에게는 "그렇다면?"이라는 질문이 생길 것이다.

"내가 거룩한 어떤 일을 시작하려고 하는데, 하나님이 내 마음에 하라고 하신 일과 별 상관도 없는 일을 하면서 이곳에 머물러야 할 이유는 무엇입니까?" 느헤미야도 예루살렘을 마음에 그릴 때마다 틀림없이 그렇게 물었을 것이다. "하나님, 제가 지금 도대체 바사에서 무엇을 하고 있습니까? 하나님은 저를 술 시중 드는 사람이 아니라 성벽을 건축하는 사람으로 부르셨습니다!"

하나님은 느헤미야가 처한 상황을 정확히 알고 계셨다. 하나님은 느헤미야에게 적절한 장소에서, 적당한 때에, 적합한 일을 하게 하셨다. 하나님은 느헤미야와 아닥사스다 왕이 눈치 채지 못하게 준비하고 계셨다. 하나님이 보여주실 일을 위해 이들의 자리를 준비하고 계셨다.

이렇게 생각해보라. 느헤미야가 어린아이였을 때부터, 하나님은 그를 궁중에서 일하도록 환경을 주장해오셨다고 생각해보라. 그곳에서 하나님은 느헤미야를 영향력 있는 바사 관리로 세우셨고, 그의 정직함과 충직함이 눈에 띄게 하셨다. 결국 느헤미야는 왕에게 천거되었고 왕의 술 시중을 드는 자리에 임명되었다.

표면적으로 하나님은 느헤미야를 자신의 꿈을 실현할 수 없는 방향으로 인도하신 것처럼 보인다. 그러나 사실은 정반대였다. 하나님은 느헤미야에게 왕 앞에서 일하는 직책을 주셨다. 그러나 그는 직책 이상의 것을 누렸다. 술 관원으로서 느헤미야는 왕과 특별한 관계를 가질 수 있게 된 것이다. 고대의 왕은 그의 생명을 매일매일 술 시중 드는 사람에게 맡겼다. 적이 왕의 잔에 독약을 타서 왕을 독살하지 못하도록 보호하는 것이 술 관원의 임무였다. 아닥사스다 왕의 선친도 믿었던 하인에게 살해당했다. 그러므로 믿는 사람에게 배신당할 가능성에 대해서 왕은 누구보다 잘 알고 있었다.

마치 총감독처럼 하나님은 무대 뒤에서 일하시며 모든 배우를 필요한 위치에 배치시키고 이제 막 커튼을 올릴 채비를 하고 계신다. 거룩하게 쓰인 각본을 따라 완벽하게 준비된 연극의 막이 올랐다. 시작을 알리는 나팔이 울리고 있었다.

물론 이렇게 말하는 것은 쉬운 일이다. 나는 느헤미야서를 끝까지 읽었고 모든 것이 어떻게 바뀌는지 잘 안다. 그러나 느헤미야는 그렇지 않았다. 왕을 몇 해 동안 잘 섬겨온 일이 이 비전을 위해 어떤 중요성을 갖는지 느헤미야는 전혀 알 수 없었다. 그가 알고 있는 것이라곤 하나님이 그와 그의 백성들을 버리셨다는 것뿐이었다. 몇 년 동안 그의 기도는 응답되지 않았던 것 같다. 나아지기는커녕 나아질 희망조차 보이지 않았다. 매일매일이 똑같았다. 아닥사스다 왕을 섬기는 동안 그는 자신의 지도력이나 조직을 정비하는 능력을 묵히고 있었다. 결국 그는 왕의 술 시중을 드는 관원에 지나지 않았던 것이다. 그러나 하나님은 자신이 원하시는 곳에 정확히 느헤미야를 세우셨다. 느헤미야는 완벽하게 자리매김되었다.

> **블록 쌓기 4** 하나님은 우리의 환경을 이용하여 우리를 올바른 위치에 세우시고, 우리의 삶에 허락하신 그분의 비전을 성취하도록 준비시키신다.

### 제발, 자리매김하라

하나님은 우리의 삶에도 같은 일을 하고 싶어하신다. 하나님은 우리의 환경을 이용하여 우리를 자리매김하기를 원하신다. 이것은 우리가 지난날을 돌아보면 쉽게 알 수 있다. 앞을 내다볼 때는 믿음으로 받아들여야 한다. 우리의 환경과 하나님이 주신 비전 사이에는 종종 가시적인 인과 관계가 보이지 않는다.

1969년에 플로리다 주 바토우 제일 침례교회에서 아버지가 목회하실 때였다. 아버지의 친구 분께서 애틀랜타 제일 침례교회에 협동 목사로 올 의향이 있느냐고 전화를 걸어오셨다.

인간적으로 말해서 그것은 그리 좋은 이동이 아니었다. 아버지는 교회에서 이제까지 담임목사직을 맡아왔으며, 일주일에 두세 차례씩 설교를 하셨다. 하나님이 자신의 삶에 허락하신 가장 중요한 비전이 설교라고 생각하시는 아버지에게는 내키지 않은 일이었다. 애틀랜타에 가면 그 기회를 잃게 될 형편이었으니 말이다.

애틀랜타 제일 침례교회는 많은 목사들이 있는 대형교회이기 때문에 아버지가 설교할 기회는 줄어들 것이다. 그리고 어쩌면 평생을 협동 목사로 남게 될지도 모른다는 위험 또한 감수해야 했다. 어느 모로 보나 애틀랜타로 가는 것은 전망 있는 일이 아니었다. 그러나 아버지는 기도하시면서 애틀랜타행을 결심하셨다.

부임한 지 몇 주가 지나서 아버지는 애틀랜타에 오기 전에 약속받은 조건이 제대로 지켜지지 않는 것을 발견하셨다. 약속된 권한도 주어지지 않았으며 기대했던 것보다 훨씬 적은 임무가 주어졌다. 심지어 사무실로 짐을 옮길 때 책상 서랍이 잠겨 있었는데, 열쇠가 어디에 있는지 아는 사람이 아무도 없었다.

되돌아보니, 우리가 애틀랜타로 이사한 것은 앞날을 위해 아버지를 새롭게 자리매김시키시는 하나님의 방법이었다. 그러나 그 당시로서는 큰 실수인 것 같았다. 바토우에서의 생활은 아주 좋았었다. 애틀랜타에서 한 달을 지내고나자 우리는 바토우가 마치 낙원처럼 느껴졌다.

우리가 애틀랜타로 이사하고 3년이 지났을 때 담임목사님이 사임하셨고, 교회는 위원회를 열어서 새 담임목사를 선출하기로 했다. 아버지도 주일 아침 위원회에 참석했다. 짐작하겠지만 많은 사람들이 아버지를 좋아했다. 그러나 불행하게도 제일 침례교회의 막후 실력자들은 그렇지 않았다.

아버지의 존재가 그들이 교회를 좌지우지하는 데 걸림돌이 되었던 것이다. 공식적으로는 아니지만 그들은 계속해서 아버지에게 사임을 요구했다. 비공식적인 자리에서 모종의 협약이 있었던 것이다. 그것은 가장 나쁜 교회 정치의 모습이었다.

다시 한 번 정황을 따져보니 모든 것이 그릇된 방향으로 진행되고 있었다. 하지만 목회적 관점에서 보면 더 이상 좋을 수 없었다. 매주마다 사람들은 아버지의 설교에 뜨거운 반응을 보였다. 예배 실황이 도시 전체에 중계되고 있는 마당에 아버지는 사임의 압력에 직면해 있었다. 하나님은 도대체 무엇을 하시려는 것일까?

드디어 올 것이 왔다. 강제로 아버지를 사임시키기 위한 목적으로 임시회의가 열렸다. 아버지는 모든 사람 앞에서 교인들이 사임에 찬성한다면 받아들이겠다고 말씀하셨다. 그것을 하나님의 뜻으로 받아들일 생각이셨다. 그러나 사임에 대해서 마음이 편치는 않았다.

결정의 밤이 지나면서 생각지도 않게 일이 꼬였다. 몇 시간 동안 밀고 당기는 설전이 있은 후에 투표가 진행되었다. 교인들은 아버지의 편이었다. 그들은 아버지의 사임에 찬성하지 않았다. 바로 그날 밤에 그들은 아버지를 담임목사로 선출했다. 아버지를 쫓아내려 한 반대파는 교회를 떠났고, 결국 CBS 지국 방송 프로그램에서 애틀랜타 제일 침례교회는 제외되었다.

반대파들이 떠나고 지역 방송국이 방송 취소를 결정했다. 그러나 그 일을 통해 인 터치 선교회(In Touch Ministries) 탄생의 토대가 놓이게 되었다. 돌이켜보면 모든 일이 하나님의 대본대로 된 것이었다. 하나님은 아버지를 후문으로 인도하시고 거기에 자리매김하게 하셨다. 그리고 세계적인 목회를 태동시키셨다.

하나님이 우리 삶의 배후에서 무엇을 하실지 우리는 모른다. 우리는 어려움이 해결되는 시점에 얼마나 가까이 와 있는지 모른다. 그러나 우리가 지금 그 위치에 있는 것은 우연이 아니다. 그렇다고 우리가 있어야 한다고 생각하는 곳에 우리가 있지 않다고 해서 문제가 되지는 않는다. 하나님은 모든 능력 위에 뛰어난 분이시다. 하나님은 "그 뜻대로 부르심을 입은" 자들에게는 모든 것이 합력하여 선을 이룬다고 하셨다(롬 8:28). 우리의 삶을 향한 하나님의 비전은 그분의 목적이다.

하나님은 우리의 환경을 이용해서 우리의 삶을 향한 그분의 비전을 성취하도록 우리를 준비시키신다. 우리가 처한 현재 환경은 그 비전의 일부이다. 우리가 시간을 허비하고 있는 것이 아니다. 우리가 사명의 수레바퀴를 돌리고 있는 것이 아니다. 우리는 광야를 방황하고 있지 않다. 우리가 있는 곳에서 하나님의 나라를 먼저 구하면, 바로 그곳이 하나님이 우리를 자리매김하신 곳이 된다. 하나님은 목적을 가지고 우리를 그곳에 두셨다. 느헤미야처럼 우리도 지금은 연결 고리를 찾기 어렵다. 그러나 때가 되면 그것은 모두 하나로 이어진다. 하나님의 일은 항상 그렇다.

## 축하합니다!

비전을 발전시켜나가는 이 단계를 아주 어렵게 만드는 것 가운데 하나가 성공과 관련된 혼동이다. 우리는 성공을 그에 주어지는 보상과 혼동하는 경향이 있다. 만약 우리가 주어진 책임을 다하면서 하나님이 원하시는 곳에 있다면 우리는 성공한 것이다. 우리는 그 어느 때보다 성공적이다. 성공에 대한 보상을 받을 수도 있지만 그렇지 못할 수도 있다. 그럼에도 불구하고 우리는 성공한 것이다.

성공은 하나님이 우리에게 부여하신 과정에 성실하게 임하는 것이다. 길을 가다보면 분명히 중요하고 즐거운 이정표가 보인다. 그러나 성공은 이정표가 아니다. 성공이란 승진이나 진급, 인정, 믿음의 가정 또는 멋진 아이들이 아니다. 그런 것들은 인생 여정에서 만나는 유쾌한 이정표에 불과하다. 성공은 그런 것들이 실현되기까지의 과정에서 성실한 태도를 유지하는 것이다. 그런데 불행하게도 우리는 보상을 받지 못한 경우 성공했다고 생각하지 않는다.

1995년에 애틀랜타 브레이브스 야구 팀이 마침내 월드시리즈를 제패했다. 그러나 그 팀이 1995년 월드시리즈 결정전 여섯 번째 게임의 9회에서 성공했다고 말할 사람은 아무도 없을 것이다. 그들은 언제 성공했는가? 그들이 그 타이틀에서 우승한 것은 분명히 이정표이자 보상이다. 그러면 그들은 언제 성공했는가? 그들은 시즌 내내 성공했다. 사실, 우승 팀이 되겠다는 굳은 결심을 하기 시작한 이전 시즌부터 그들의 성공은 시작되었다. 월드시리즈 우승은 비전의 완성이었다. 그러나 성공은 마지막 게임에서 이기고 그 기쁨을 나누기 오래전부터 시작되었다.

생각해보라. 느헤미야는 언제 성공했는가? 나는 그가 성공 비슷한 것을 언제 느꼈을지 안다. 그들이 성벽에 마지막 벽돌을 얹던 그날이었을 것이다. 그의 생애에 가장 기뻤던 날들 가운데 하루였을 것이다. 그러나 느헤미야는 그보다 훨씬 전부터 성공했다.

하나님이 주신 비전을 받아들인 그날 느헤미야는 성공했다. 왜냐하면 하나님이 느헤미야에게 그 일을 맡기실 때 그가 성실했기 때문이다. 그날 밤, 잠자리에 들어서 성벽을 재건하는 데 필요한 목록을 만드는 순간부터 그는 성공했다. 왜냐하면 하나님이 주신 비전을 위해 느헤미야는 자신이 할 수 있는 일을 했기 때문이다. 왕 앞에서 은혜를 입게 해달라고 하나님께 기도하던 그 아침에 그는 성공했다. 왕이 느헤미야의 요구를 허락하기 전에 그는 이미 성공했다. 왜냐하면 그는 하나님이 주신 비전을 위해 자기가 할 수 있는 모든 일을 하고 있었기 때문이다.

우리 아버지는 언제 성공하셨는가? 나는 아버지가 유명해진 때를 안다. 그러나 아버지는 언제 성공하셨는가? 하나님이 주신 비전을 아버지가 받아들인 바로 그날이다. 아버지는 유명해지기 전부터 성공하셨다. 초기에 성실하게 임하셨기에 훗날 성공에 대한 보상을 마음껏 누릴 수 있게 되셨다. 하나님의 눈으로 보면 지금의 아버지가 과거 어느 때보다 더 성공하신 것은 아니다.

부모는 언제 성공하는가? 자녀들이 전과 기록 없이 청소년기를 마쳤을 때인가? 자녀가 대학을 졸업할 때인가? 장성한 아들이 첫 직장에 출근할 때인가? 시집간 딸이 외손주를 안고 친정에 올 때인가? 아니다. 그런 것들은 성공한 부모가 받는 보상이고 중요한 이정표일 뿐이다. 부모가 책임감을 가지고 자녀와 좋은 관계를 맺게 되면 성숙한 성인으로 자란 자녀는 오래도록 성공한다. 책임 있는 부모로서 보낸 모든 날은 성공한 날이다.

이 구분을 잊지 말라. 부모로서 궁극적인 나의 비전은 평생 성숙한 관계를 즐길 수 있는 책임 있는 자녀를 양육하는 것이다. 그러나 나는 그 이정표에 도달하기 훨씬 오래전부터 성공한 부모가 될 수 있다.

우리가 의무를 다하는 한, 우리의 삶은 성공적이다. 우리가 가진 것으로 우리의 자리에서 날마다 성실하다면 매일매일이 성공한 날이다. 우리는 보상을 받을 것이고 분명히 성공할 것이다. 지금 우리는 우리의 비전이 실현되는 날만큼 성공하고 있다. 다른 사람은 그때까지 우리의 성공을 모를 것이다. 그렇다고 해서 길을 가다가 도중에 발생하는 일의 중요성이 줄어드는 것도 아니다.

비전의 성취 여부에 따라 성공을 측정한다면 쉽게 낙담하게 된다. 잘못된 방향으로 움직이고 있다고 생각되는 날도 있을 것이다. 성공을 성공의 보상과 혼동하는 것은 꿈을 포기하게 되는 주된 이유 가운데 하나다.

## 작은 성공을 축하하기

어떤 일이 일어나는 것을 보아야 성공으로 간주하는 것은, 스스로 실패로 간주하는 것과 오십보백보다. 그러면 쉽게 실패를 인정하게 된다. 일단 실패라고 느끼면, 비전을 포기해야 할 수만 가지 이유가 생겨난다. 결국 그것을 실패라기보다는 물러난다고 생각한다. 비전에서 물러난다고 생각하는 것은 자기 변명일 뿐이다.

한편, 성공은 있는 그대로 보아야 한다. 과정에 성실하며 그 과정에서 생기는 작은 성공을 축하해야 한다. 주변 환경을 탓하는 대신에, 그런 환경에도 불구하고 성실하게 반응하는 것을 축하하라. 현재의 환경을 불평한다는 것은 불평하는 다른 모든 경우와 마찬가지로 그것이 중심이 된다는 것이다. 그렇게 주변 상황에 집중하게 되면 앞을 바라보는 집중력이 떨어진다.

불행하게도 앞을 보지 못하고 포기해버리기 쉽다. 주변의 것에 너무 집중한 나머지 이렇게 속삭이는 작은 소리에도 넘어가기 쉽다. "당신은 도대체 누구입니까?"

"당신은 아무데도 갈 수 없을 겁니다."

"그녀는 절대로 집에 돌아오지 않을 겁니다."

"그는 그리스도인이 되려고 하지 않을 겁니다."

"당신은 그 일을 할 수 있는 방법을 절대로 찾을 수 없을 겁니다."

"그 일을 하려고 아무도 가지 않을 겁니다."

"당신의 아이들을 돌이키기에는 너무 늦었습니다."

"당신은 절대 그런 결혼을 할 수 없을 겁니다."

"아무도 당신 말에 귀 기울이지 않을 겁니다."

주변의 상황까지 동조하는 것 같을 때, 그 작은 소리를 무시하기란 어렵다. 우리의 비전에 대해 적대적인 환경 안에서 균형 잡힌 관점을 다시 회복한다는 것은 거의 불가능하다.

그러나 심사숙고하며 살아가는 것은 이보다 더욱 어렵다. 하나님이 무엇을 이루실지 심사숙고하고, 난국을 돌파하려면 얼마나 더 나아가야 하는지 심사숙고하며, 포기하지 않았더라면 무슨 일이 일어났을지 심사숙고해보는 것은 더욱 어려운 일이다.

## 기다리는 시간

『내가 틀렸다』(I Was Wrong)라는 책에서 짐 백커(Jim Bakker)는 그가 감옥에서 겪었던 끔찍한 절망을 묘사했다. 가장 깊은 절망 가운데 있을 때, 그는 친구인 밥 가스(Bob Gass) 목사로부터 용기를 북돋워주는 편지를 받았다. 밥은 하나님이 짐을 버리지 않으셨다고 믿었다. 수감 생활은 짐의 삶에 허락하신 하나님의 비전 중 일부라고 밥은 확신했다. 나중에는 짐도 그렇게 확신하게 되었다. 짐은 감옥에서 보낸 어두웠던 날들 때문에 자신의 삶에 일어난 놀라운 변화를 그 책에 기록했다.

짐은 45년 형을 선고받았으며 감옥 안에서는 목회를 할 수 없기 때문에 절망했다. 아무리 긍정적으로 생각해봐도, 그는 45년 동안 목적도 없고 결실도 없이 그저 세월을 낭비해야만 하는 상황에 처하게 되었다. 그의 절망을 공감하리라 생각한다.

밥은 편지를 통해 어쩌면 짐에게 의례적인 말처럼 들렸을지 모르는 글을 남겼다. 그러나 그 말은 진실이었다. "기다리는 시간은 낭비가 아닙니다."[1] 짐도 믿기 어려웠거니와 느헤미야도 믿기 어려웠을 거라고 생각한다. 그러나 하나님이 그 마음에 비전을 넣어주신 모든 사람에게 기다리는 시간은 낭비가 아니다. 그 시간은 어렵고 고통스러우며 혼란스럽다. 그러나 낭비되는 시간은 아니다.

하나님은 그분이 원하시는 곳에 우리를 있게 하신다. 하나님은 전략의 대가이시다. 우리는 하나님의 전략상 중요한 구성 요소이다. 그분은 머리이시고 우리는 몸의 한 부분이다. 그분은 조정하시고 우리는 그 조정에 복종해야 한다.

하나님은 우리의 환경을 통해 우리를 자리매김시키시고 그분의 비전을 성취하도록 준비시키신다.

---

1. Jim Bakker, *I Was Wrong* (Nashville, Tenn.: Nelson Books, 1996), 22.

# VISIONEERING PROJECT

비저니어링 프로젝트 3

1. 당신이 현재 상황에 성실한 태도를 유지한다면 어떤 결과를 기대할 수 있는가?

2. 하나님이 그분의 비전을 위해 당신을 준비시키신다는 사실을 믿기 어렵게 만드는 상황은 무엇인가?

3. 느헤미야는 이 질문에 틀림없이 이렇게 대답했을 것이다. "나는 바사 왕의 술 관원입니다." 그러나 바로 그 점이 하나님이 당신에게 비전을 주셔서 사용하시는 방법이다. 하나님의 비전을 성취하도록 당신을 자리매김시키기 위해 현재 환경을 사용하시는 하나님의 능력에 대해 당신의 믿음을 표현해보라.

## 4장 | 하나님이 이루신다

조직의 비전은 자북극(magnetic north)의 역할을 한다.
― 『리더십 챌린지』(*The Leadership Challenge*) ―

크리스(Chris)에게는 비전이 있다. 그의 비전은 던우디 고등학교에 다니는 모든 학생에게 복음을 전하는 것이었다. 크리스는 마지막 학년이 시작될 무렵 나에게 그 비전에 대해 이야기했다. 나는 화요일 오후마다 제자 훈련을 하기 위해 그를 만났다. 젊은 목사인 나는 그의 열심이 놀랍기도 하고 부끄럽기도 했다. 내 학창시절을 기억하니 더 부끄러웠다. 고등학교 졸업을 앞두고 나는 '비전'에 대해 그렇게 적극적이지도 않았고 구체적으로 설명을 하지도 못했다. 크리스는 자신의 비전을 내게 말했고, 우리는 그것을 이룰 수 있는 방법을 찾기 시작했다.

우리를 가로막은 장벽은 남달랐다. 크리스는 우리가 생각하는 부류의 학생이 아니었던 것이다. 그는 학급 회장도 아니었고, 스포츠 팀에 속해 있지도 않았으며, 치어리더를 사귀지도 않았다. 유명하지도 않았고 다른 아이들처럼 옷을 잘 입지도 않았다. 크리스는 단지 스케이트를 타는 학생일 뿐이었다.

애틀랜타 부근의 어느 지역에서는 스케이트 선수가 되면 중·고등학교에서 최고가 될 수도 있다고 한다. 그러나 던우디에서는 그렇지 않았다. 던우디 고등학교에서 스케이트 선수는 그다지 주목받지 못했다. 우선 사람이 많지 않아서 몇 명 되지 않은 인원으로는 주의를 끌 수 없었다. 전혀 인기가 없던 크리스는 평생 학생들 앞에서 연설할 수 있는 기회가 없을 것 같았다. 그에게는 탁월한 재능이 없었다. 그가 가진 것은 오직 비전뿐이었다.

그러나 크리스는 낙담하지 않았다. 그는 하나님이 자신에게 주신 비전을 생각했다. 전교생이 학교를 졸업하기 전에 한 번은 꼭 복음을 듣게 하는 것이 자신의 책임이라고 느꼈다. 그래서 우리는 상상할 수 있는 모든 방법을 강구했다. 모든 학생에게 편지를 쓰는 것도 생각해보았다. 전화를 거는 방법도 토론했다. 모든 학생의 사물함에 쪽지를 넣자고도 제안했다. 그러나 이 모든 아이디어가 썩 내키지 않았다. 한 해가 지났지만 크리스의 비전은 전혀 성과가 없었다.

그러나 크리스는 느헤미야처럼 자신이 할 수 없는 일은 하나님이 하신다고 믿으면서 자신이 할 수 있는 일에 최선을 다했다. 그는 졸업하기 전까지 모든 기회를 이용해 자신의 믿음을 다른 학생들과 나누었다. 그러다가 마크(Mark)라는 아이와 믿음을 나눌 기회가 있었다.

마크는 전에 어머니와 함께 마이애미에서 살았었다. 그가 어렸을 때 부모는 이혼을 했고 아버지는 애틀랜타로 이사했다. 청소년이 된 마크는 방황했다. 술과 마약에 빠졌고 학교에서도 낙제를 받았다. 고등학교 1학년이 끝날 즈음 그의 어머니는 더 이상 참을 수 없었다. 어머니는 마크의 짐을 꾸려서 애틀랜타에 있는 아버지에게 보냈다.

마크는 마이애미에 있는 친구들과 헤어지고 싶지 않았다. 그는 정말 아버지와 살기 싫었다. 그에게 삶은 항상 그런 식이었다. 이 점을 염두에 두고 던우디 고등학교에서 보냈을 그의 첫 날을 상상해보라. 그는 모든 수업에 10분씩 늦게 나타났다. 그러다보니 아무도 마크에게 먼저 손을 내밀지 않았다. 단 한 사람, 크리스만 빼고 말이다.

크리스에 대해 특이한 점 하나는 아무도 그를 위협하지 않는다는 것이다. 물론 마크도 그랬다. 크리스는 마크를 있는 모습 그대로 보았다. 그는 마크를 분노와 아픔이 있는 한 아이, 친구와 구세주가 필요한 사람으로 보았다. 크리스는 마크에게 다가가 자신을 소개하고 학교를 안내해주었다. 나중에 알았지만 그들은 같은 장르의 음악을 좋아하고 있었다. 마크는 드러머였고 크리스는 베이스 연주자였다. 주말에 크리스는 마크를 집으로 초대해 같이 지냈다.

그즈음 크리스는 자신의 비전이 끝났다고 생각하고 있었다. 학생들 앞에서 그가 복음을 나눌 수 있는 길은 없었다. 하나님이 방법을 허락하지 않으셨다. 이제 그가 할 수 있는 최선의 일은 그 해가 다 가기 전에 가능한 많이 일대일로 전도하는 것이었다.

그는 하나님이 그 비전을 포기하지 않으셨음을 전혀 몰랐다. 하나님은 여전히 무대 뒤에서 일하고 계셨다. 크리스의 비전을 성취하기 위해 마크가 핵심적인 역할을 할 준비를 하고 계셨던 것이다.

어느 날 밤, 몇 시간째 음악을 듣고난 늦은 시각에 마크는 크리스에게 마음을 열었다. 마이애미에서의 생활을 크리스에게 모두 털어놓았다. 애틀랜타에 오기 싫었던 것도 다 이야기했다. 그리고 세상을 증오한다고 말했다.

마크의 말이 끝나자, 열일곱 살 고등학생인 크리스는 자신이 아무리 나쁜 일을 해도 사랑해주시는 하나님 아버지를 믿는다고 증거했다. 크리스는 예수님이 우리의 죄를 위해 돌아가셨기 때문에 마크의 죄도 모두 용서받을 수 있다고 말해주었다. 그날 밤 마크는 예수님을 믿게 되었고 크리스천이 되었다. 그때 크리스는 마크에게 자신이 다니는 교회의 멋진 목사님(바로 나!)과 교회에 대해서 이야기해주었다. 다음 주일에 마크는 우리 교회 고등부에 등록했다.

고등학교 시절이 그렇게 지나갔다. 크리스는 졸업 후 대학에 진학했고 마크는 던우디 고등학교를 1년 더 다녔다. 나는 마크에게 제자 학교에 등록하라고 권했다. 마크가 제자 학교에 다니는 동안 우리는 좋은 친구가 되었다.

그러던 어느 수요일 밤, 성경 공부를 막 시작하려고 할 때 마크가 몹시 놀란 표정으로 달려와서 말했다. "목사님, 믿기지 않으실 거예요." 마크의 목소리가 떨리고 있었다. "이번 학교 집회 때 전교생 앞에서 연설을 하라는 요청을 받았어요."

매년 봄 방학 직전 금요일 오후에, 던우디 고등학교에서는 전교생을 대상으로 음주 운전의 위험성에 대해 학생들에게 경각심을 고취시키는 집회를 열었다. 보통 유혈이 낭자한 이야기를 해줄 사람을 초대하는 것이 상례였다. 그들은 머리가 깨졌거나 뼈에 금이 갔거나 부러져서 장기간 병원에 입원한 이야기를 들려주기 때문이다. 가끔 초청 연사가 한두 군데의 흉터를 보여주기도 했다.

그것은 학생들이 봄 방학을 맞아 여행할 때 주의를 준다는 차원에서 시작된 일이었다. 학교에서는 음주 운전 사고가 난 완전히 찌그러진 차를 운동장에 가져다놓고 시청각 자료로 사용하기도 했다.

그런데 교장 선생님인 달워스(Dolworth) 여사는 마크가 던우디 고등학교에 오기 전에 술과 마약에 중독되어 있었다는 사실과 그의 삶에 엄청난 변화가 생겼다는 사실을 알게 되었다. 그녀는 그 집회에서 유명 연사들의 뒤를 이어 학생인 마크가 나오는 것도 좋겠다고 생각했다. 교장 선생님은 마크를 불러서 그의 이야기를 해달라고 제안했다.

마크는 내게 물었다. "제 이야기를 모두 해야 할까요?"

나는 웃으며 대답했다. "마크, 나는 학교에서 연설할 때 내가 어디에서 일하는지 밝히지 않는단다. 청소년 상담가로서 나를 소개하지. 하나님이 네게 아주 특별한 기회를 주신 것 같구나. 넌 학생이야. 네가 하고 싶은 말은 뭐든지 할 수 있어. 나는 네가 학생들에게 네 이야기를 모두 다 들려주었으면 좋겠구나."

집회가 있던 금요일 오후에 던우디 고등학교 체육관으로 걸어 들어가던 그때를 나는 영원히 잊지 못할 것이다. 쿵쾅거리는 심장 소리가 귀에까지 들리는 듯했다. 나는 연설할 때 거의 긴장하지 않는다. 그러나 마크가 단 위에 서자 너무 긴장이 되었다.

체육관은 만원이었다. 빈 자리를 찾아볼 수가 없었다. 학생들과 교직원 모두가 체육관에 모여 있었다. 달워스 교장 선생님이 주 연사를 소개했다. 던우디 고등학교를 몇 년 전에 졸업했다는 그는 자신의 이야기를 잘 풀어나갔다. 물론 매우 자극적인 내용이었다. 학생들이 좋아했다. 그러나 결론은 어처구니없었다. 자동차가 부서지고 생명을 위협하는 사고에 대해 30분 동안이나 이야기하더니 이렇게 말하는 것이었다. "그러니까 학생 여러분, 하나가 되십시오. 여러분에게는 친구가 있습니다. 감사합니다." 그리고 그는 자리에 앉았다.

모두들 점잖게 박수를 쳤다. 그때 달워스 교장 선생님이 체육관 중앙으로 걸어가서 마이크를 잡았다. "이제 우리 던우디 고등학교의 학생 한 명을 소개하려고 합니다. 그는 자신의 삶에 일어난 몇 가지 변화에 대해서 몇 분간 증거할 것입니다. 마크 한나를 소개합니다."

나는 숨이 멎는 것만 같았다. 마크는 무대 중앙으로 천천히 걸어나와 스탠드에서 마이크를 뽑아 들고 말하기 시작했다. "던우디 고등학교에 전학 왔을 때, 저는 모든 것을 그리고 모든 사람을 증오했습니다." 그는 마이애미에서 있었던 불행한 삶에 대해서 이야기했다. 자신의 분노와 술과 마약에 빠졌던 경험도 이야기했다.

체육관은 찬물을 끼얹은 듯 조용했다. 내 심장이 너무 세게 뛰어 주변 사람들을 방해할 것만 같다는 생각이 든 것을 제외하면 모든 것이 조용했다.

마크는 계속 말했다. "그런데 어느 날 크리스 폴리라는 친구가 저를 찾아왔고 자기 집으로 초대했습니다. 그날 밤 저는 지나온 삶을 크리스에게 다 말했습니다. 모든 사람을 다 죽여버리고 싶다고 고백했습니다. 크리스는 듣고만 있었습니다. 그러더니 예수님이 저를 사랑하신다고 말했습니다. 저의 모든 죄를 용서하시기 위해 예수님이 십자가에서 어떻게 돌아가셨는지를 설명해주었습니다. 저 같은 사람도 용서받을 수 있다고 크리스는 말했습니다. 그날 밤 저는 크리스와 함께 기도했습니다. 그리고 제 삶이 변화되었습니다."

"그렇다고 모든 것이 쉬워지지는 않았습니다. 저는 제 자신과의 싸움을 계속해야 했습니다. 그러나 이제는 혼자 싸우지 않아도 됩니다. 질문이 있으시다면, 나중에 다시 기쁘게 말씀드리겠습니다. 감사합니다."

말을 마친 그는 마이크를 다시 스탠드에 꽂고 제자리로 천천히 돌아갔다. 그가 걸어가는 동안 학생들은 모두 기립 박수를 쳤다. 박수와 환호성은 몇 분 동안이나 계속되었다. 나는 그 자리에 더 이상 있을 수 없었다. 체육관을 나온 나는 주차장으로 걸음을 옮겼다.

밖으로 나왔을 때 나는 방금 일어난 일이 얼마나 의미심장한 것인지를 깨달았다. "주님, 이건 크리스의 작품이죠! 그렇지 않습니까?"

이 책을 쓰면서, 자신이 할 수 없는 일은 하나님이 하실 거라고 믿으며 자기가 할 수 있는 일에 충실했던 크리스를 떠올리면 눈물이 난다. 크리스의 관심은 하나님 아버지의 관심과 일치했다. 그래서 하나님은 그 비전이 현실로 이루어지기까지 보이지 않는 곳에서 계속 일하셨던 것이다.

## '어떻게' 이전에 '무엇'

크리스와 마크의 이야기는 중요한 원칙을 보여주고 있다. '무엇'이 '어떻게'보다 중요하다는 점이다. 우리는 하나님이 그 일을 어떻게 이루실지 알기 전에, 하나님이 우리 마음 가운데 명하신 것이 무엇인지 깨닫는다. 크리스는 거의 2년을 기다렸다. 하나님의 역사하심, 즉 '어떻게'는 너무 늦게 나타나 크리스는 자기가 생각한 일이 이루어지지 않았다고 여겼다. 크리스는 이미 졸업을 했으니 말이다. 그러나 하나님의 계획은 실패하지 않았다. 처음부터 우리는 하나님의 계획을 따라잡을 수 없다. 그분의 '어떻게'는 크리스의 계획과는 무관하게 이루어졌지만 그의 충실함과는 매우 밀접한 관계가 있었다.

느헤미야가 경험한 것도 이것이었다. 그는 하나님이 자기를 무엇을 위해 부르셨는지 알았다. 그러나 하나님이 어떻게 또는 언제 그 일을 이루실지의 단서는 없었다. 4개월 동안 아무 일도 일어나지 않았다. 그리고 어떤 일이 곧 일어날 것 같은 징후 역시 보이지 않았다. 그는 침묵 속에 지냈다. 인간적으로 말하면 그는 이 비전이 땅을 박차고 날아오를 가망이 없다는 것을 알았다.

그러나 하나님은 계획을 갖고 계셨다. 하나님은 왕의 시중을 드는 자리에서 느헤미야를 어떻게 빼낼지 아셨다. 하나님은 재정 계획도 가지고 계셨다. 성벽을 재건하는 일의 전모를 내다보셨다. 하나님은 그 일을 완성할 수 있는 '어떻게'를 모두 구비하고 계셨다. 하나님께 필요한 것은 단지 '누가'라는 문제였다. 느헤미야는 하나님이 그의 마음에 주신 부담을 받아들이고 자기 것으로 만들어 하나님의 '누가?'라는 질문에 대답하고 있다.

많은 비전이 '무엇'과 '어떻게' 사이에서 사라진다. '어떻게' 그 일이 이루어질지 우리 눈에 보이지 않으면 우리가 가진 '무엇'도 자칫 우리 마음에서 사라져버리기 쉽다. 왜 우리는 고민에 빠지는가? 왜 계속 좌절한 상태로 있는가? 느헤미야는 왜 가장 친한 친구를 잃어버린 듯 심각한 표정을 짓고 있는가(2:1)? 우리는 때로 우리의 눈높이를 낮추어 비전을 버리고, 맞출 수 있는 표적을 향해 방아쇠를 당기는 실수를 범한다.

바로 이런 이유 때문에, 비전을 어떻게 성취할 것인지 방법을 찾아내려고 너무 골몰하는 것은 위험하다. 우리는 우리가 할 수 있는 최선의 계획을 세워야 한다. 그러나 기억하라. 거룩한 비전에는 거룩한 간섭하심이 필요하다.

> **블록 쌓기 5**　　하나님이 시작하신 일은 하나님이 이루신다.

이 구절을 욕실 거울에 한두 달 동안 붙여놓아야 할지도 모르겠다. '어떻게'는 하나님께 전혀 문제가 되지 않는다. 그것은 우리에게만 문제일 뿐이다. 그러나 '어떻게'는 하나님의 전공 분야다. 만약 신약과 구약을 통틀어 우리에게 주시는 가장 강력한 가르침이 있다면, 그것은 하나님께 어려운 일 같은 것은 존재하지도 않는다는 사실이다. 그분이 시작하신 일은 그분이 이루신다.

가브리엘 천사가 마리아에게 나타나 앞으로 일어날 일을 말해주었다. 마리아는 그런 상황에서 누구라도 던졌을 질문을 한다. "어떻게요?"

> "마리아가 천사에게 말하되 나는 남자를 알지 못하니 어찌 이 일이 있으리이까"(눅 1:34).

천사의 대답을 기억하는가? "대저 하나님의 모든 말씀은 능하지 못하심이 없느니라"(37절).

하나님께 '어떻게'는 전혀 문제가 되지 않는다. 하나님이 우리의 마음에 무엇인가를 하라고 하실 때는, 그것이 성취되도록 하나님은 이미 배후에서 일하고 계신다. 그동안 우리는 하나님께 충실히 행하면서 허락하신 비전에 집중해야 한다. 우리의 삶에 허락하신 하나님의 비전을 어떻게 이룰 것인지 알아내는 것은 우리의 책임이 아니다. 우리의 책임은 우리가 아는 것을 행하고, 우리가 할 수 있는 일을 하는 것이다. 그다음에는 기다려야 한다.

잠시 돌이켜보자. 하나님이 거룩한 비전을 주신 사람에게 그 비전을 이룰 방법을 찾는 책임까지 부여하셨다는 이야기가 성경에 나오는가? 모세가 이집트에 있던 이스라엘 백성들을 구출할 방법을 찾아내야 했는가? 홍해를 건너는 방법이나 광야를 가로지르는 방법도 그가 찾아내야 했는가? 사울을 몰아내고 이스라엘의 왕위를 이어갈 방법을 찾아내는 것이 다윗의 책임이었는가? 예수님이 제자들에게 5천 명을 먹이라고 말씀하셨을 때, 보리떡 다섯 개와 물고기 두 마리를 가지고 그들을 먹일 수 있는 방법을 찾아내는 것이 제자들의 책임이었는가? 땅끝까지 복음을 전파할 수 있는 방법을 찾아내는 것이 사도들의 책임이었는가?

아니다. 하나님은 모든 상황에서 모든 일을 인도하시고 그와 관련된 사람들이 하나님의 역사하심을 깨달을 수 있게 하셨다. 그들은 평범한 사람들이었다. 그들은 하나님이 그들의 마음에 허락하신 비전에서 결코 눈을 떼지 않았고 그들이 할 수 있는 일을 했다.

### 좋은 생각 대 하나님의 생각

좋은 생각에 대해 대화를 나눈다면 우리에게는 서로 다른 견해들이 있을 것이다. 좋은 생각은 우리의 잠재력이나 관계나 자원에 한정된다. 단순히 좋은 생각을 추구한다면, 우리는 그것을 성취할 방법을 찾아내기 위해 많은 시간과 힘을 들여야 할 것이다.

그와 반대로, 거룩한 비전은 하나님의 잠재력과 자원으로만 한정된다. 다시 말하면 모든 것이 가능하다는 말이다. 단순히 좋은 생각이라면 우리는 그 일이 일어나도록 '만들어야' 한다. 하지만 하나님이 우리에게 비전을 주시면 우리는 물러서서 그것이 이루어지는 것을 '지켜보면' 된다. 그런데 문제는 가끔씩 오랜 시간 물러서 있어야 한다는 것이다. 하나님이 언제 어떻게 간섭하실지 우리는 정확히 알 수 없다. 그러므로 우리는 하나님이 주신 비전에 계속 집중하고 있어야 한다. 우리는 하나님이 무엇을 하도록 우리를 부르셨는지 집중해야 한다. 하나님이 그것을 어떻게 이루실지에 집중하는 것이 아니다.

비전에 집중하고 있으면 계속 하나님께 집중하게 된다. 비전은 우리에게 순종할 것을 깨우쳐준다. 하나님이 일하지 않으시면 아무런 진전도 없음을 우리는 계속해서 알게 된다. 그렇기 때문에 비전을 가진 사람은 기대감을 가지고 살아간다. 그들은 하나님이 어떤 일을 하실지 고대한다. 그들은 그 말이 갖는 가장 참된 의미의 믿음을 붙잡고 살아간다. 즉, 하나님이 하기로 약속하신 일, 약속했다고 그들이 믿는 일은 반드시 하나님이 하신다고 믿으며 살아간다.

거룩한 비전의 빛 안에서 우리가 드리는 매일의 성실함은 새롭고 중요한 의미를 갖는다. 이제 성실함은 단순히 성실하기 위한 성실함만이 아니다. 거기에는 무언가 중요한 것이 있다. 비전을 가진 사람이 행동하지 않으면 중요한 무언가를 얻을 수 없다. 비전을 가진 성도들은 자신의 계획과는 무관하게 하나님의 방법이 드러날 것을 알고 살아간다. 그러나 그것이 그 사람의 성실함과 무관하게 나타나지는 않을 것이다. 이렇듯 성실함은 비전을 성취하는 데 반드시 필요하다.

어떤 사람이 더 이상 그리스도의 대의를 따르지 않는다는 것은 하나님으로부터 비전을 받지 않았으며, 거룩한 소명의 느낌도 없다는 것이다. 그런 사람은 비전을 잃어버렸거나 가진 적도 없다. 비전을 가진 성도는 비전에 대한 강렬한 믿음과 구주에 대한 성실함을 보인다. 그들에게 '어떻게'라는 문제는 장애가 되지 않는다. 그것은 단지 하나님이 가장 잘하시는 것, 즉 불가능한 일을 하실 수 있는 기회일 뿐이다.

주님의 제자 베드로는 집중력을 잃어버리기 쉬운 사람들의 좋은 예다. 물 위를 걸었던 사건을 기억하는가? 물 위를 어떻게 걸어갈지 염려하지 않는 동안에는 그도 괜찮았다. 배 밖으로 나오라고 그를 불러내신 분께 집중하는 동안에는 좋았다. 자신이 할 수 없는 일은 예수님이 하시리라 믿으며 자신이 할 수 있는 일을 하는 동안 그는 물 위를 걸을 수 있었다.

그러나 집중력을 잃어버린 순간 베드로는 물이 무서워졌다. '무엇을', '누가'에만 집중하던 베드로가 갑자기 '어떻게'라는 자신의 생각에 집중하자 그는 물 속으로 빠져들어갔다. 베드로는 어떻게 물 위를 걷는지 몰랐다. 그러나 베드로가 올바르게 집중하고 있었을 때 그것은 관심 사항이 아니었다. 그가 예수님께 초점을 맞추고 있는 한 '어떻게'는 중요하지 않았다.

우리도 마찬가지다. 하나님이 우리 마음속에 비전을 주셨으면, 우리를 부르신 그분이 우리에게 하라고 하신 일에만 전념해야 한다. 우리의 책임은 우리가 할 수 있는 것을 하며 나머지 부분은 하나님이 채우시도록 기다리는 일뿐이다. 느헤미야는 자신이 할 수 있는 것을 했다. 하나님은 그분의 일을 하셨다. 그래서 결국 비전이 성취되었다.

'어떻게'는 하나님의 전공 분야다.

- 하나님은 어떻게 남편/아내/상사/이웃의 마음을 움직일지 아신다.
- 하나님은 어떻게 아이들을 보호할지 아신다.
- 하나님은 어떻게 기도 후원자들을 모을지 아신다.
- 하나님은 어떻게 사업을 번창시킬지 아신다.
- 하나님은 어떻게 학비를 마련해야 하는지 아신다.
- 하나님은 어떻게 상처를 극복할지 아신다.
- 하나님은 어떻게 결혼의 위기를 넘어 화합할 수 있는지 아신다.
- 하나님은 어떻게 목회를 시작할지 아신다.
- 하나님은 어떻게 교회를 변화시킬지 아신다.

## 돌격!

일이 어떻게 이뤄질 수 있을까 하는 문제에 직면할 때, 어떤 사람들은 포기하라는 유혹을 받기도 하지만 또 어떤 사람들은 반대로 더욱 거침없이 전진하기도 한다. 그들은 크리스천 해병대들이다. 그들에게는 어떤 과제도 두렵지 않다. 어떤 산도 높지 않고 어떤 문제도 어렵지 않다. 그들에게 생명의 말씀은 빌립보서 4장 13절이다. "내게 능력 주시는 자 안에서 내가 모든 것을 할 수 있느니라." 그들은 하나님이 일단 비전을 주셨으면 그것은 앞으로 가라는 녹색 신호등이라고 생각하며 행동한다. 하나님은 모든 것을 하실 수 있고, 그들 안에 하나님이 계시므로 그들에게도 불가능한 것이 없다고 생각한다.

그들은 호랑이 꼬리를 잡거나 슈퍼맨의 망토에 매달리거나 태풍에 휩쓸리는 것도 두려워하지 않는다. 그들에게는 무서운 것이 없다. 솔직히 말하면 나는 그런 종류의 용기를 실천하는 사람들이 부럽다. 대의를 위해 몸을 던지는 그들은 칭찬받을 만하다. 그러나 종종 그 타이밍이 끔직할 때가 있다.

베드로도 그런 식으로 행동한 적이 있다. 아무도 예수님을 체포하지 못하게 하려고 로마 병사들의 귀를 모두 잘라버릴 듯한 기세로 그분 곁에 서 있으려 했다. 그런 사람들은 대개 사명감으로 가득하다. 그러나 얼마나 많은 경우 큰 혼란을 초래하고 말았던가!

일단 방향이 정해지면 우리도 즉각 돌격 준비를 할 것이다. 우리가 느헤미야였다면, 아마도 예루살렘의 황폐함에 대해서 들은 바로 그날 당장 짐을 꾸렸을지도 모른다. 해질녘 즈음에는 벌써 성벽 너머로 걸어가고 있었을지 모른다. 하나님은 우리에게 성벽을 재건하라는 임무를 맡겨주시지 않았는가. 하지만 우리는 그 방법을 모른다. 그럼에도 뜻이 있는 곳에 길이 있다고 믿는다. 더욱이 하나님의 뜻이 있는 곳에는 하나님의 길이 있을 것이다. 그러나 우리 백성에게 관심도 없는 왕에게 머리를 조아리며 바사에 살고 있는 한, 우리는 결코 성벽을 재건할 수 없을 것이다.

설령 모든 사람이 비전을 독려하는 우리의 연설에 공감하고 우리의 허세에 감명을 받는다 하더라도 우리는 분명 그 일을 할 수 없을 것이다.

**때가 되기 전에는 아직**

몇 년 전에, 내 아내와 친구들은 교회의 몇몇 젊은 여성들에게 영적인 부담감을 느끼며 관심을 기울인 적이 있다. 특별히 그들은 자신들의 어머니와 지리적으로 멀리 떨어져 살고 있거나, 어머니와의 관계나 의사 소통에 어려움을 느끼는 사람들이었다.

아내는 자신이 연장자로서 젊은 여성들을 지도한다는 생각으로, 여성 목회를 시작하는 것에 대해 내게 의견을 물었다. 나는 매우 좋은 생각이라고 말했다. 나는 아내에게 수십 가지의 '어떻게'라는 질문을 던지기 시작했다.

"도움이 필요한 여성들을 어떻게 찾을 계획이오?"

"그들을 도울 수 있는 사람들은 어떻게 찾을 계획이오?"

"돕는 사람들을 어떻게 훈련시킬 계획이오?"

"그 프로그램을 얼마 동안 진행할 거요?"

"누가 책임을 맡을 거요?"

"두 사람씩 어떤 방식으로 짝 지을 거요?"

"그 사람들에게 맞는 커리큘럼은 가지고 있소?"

비전이 막 태동하는 단계에서 이런 종류의 질문은 가장 좋지 않다. 우리가 주의를 기울이지 않는다면 한 사람의 비전이 사라져버릴 수도 있다. 물론 내가 밉살스럽게 굴려고 의도한 것은 아니었다. 나는 궁금해서 질문한 것뿐이었다. 그냥 작은 관심이었다.

물론 아내는 질문에 하나도 답하지 않았다. 대신 그녀는 엄청난 대답을 했다. "기도하고 계획하는 데 1년 정도 시간을 가지려고 해요."

그들은 여성 목회를 시작하기 위해 1년을 기다리겠다고 했다. 교회 사역을 하면서 이런 경우는 처음이었다. 습관적으로 우리는 준비도 되기 전에 일을 시작한다. 동역할 사람도 만들어놓지 않고 사역을 공표해버린다. 그러고는 아무도 그 일에 헌신하지 않는다고 1년 동안 불평하며 지낸다.

열두 달 동안 아내와 동료들은 기도하며 계획을 세웠다. 그 해 연말에 그들은 자신들의 계획을 발표했다. 첫날부터 하나님은 그들에게 전략을 주셨다. 젊은 여성들이 활성화되기 시작했고, 집회를 통해 나이 든 여성들이 체계적으로 훈련되기 시작했다. 함께 짝을 이룬 여성들끼리 얼마나 완벽한 조화를 이루었는가에 대해서 수많은 이야기가 들려왔다. 그것이 5년 전의 일이다. 그들 중 많은 사람들은 지금까지 만남을 유지하고 있다. 하나님은 우리 교회에서 '어떻게' 여성 목회를 시작해야 할지 알고 계셨다. 하나님은 다만 마운드에 발을 딛고 똑바로 서서 올바른 투구를 해줄 투수가 필요했을 뿐이었다.

하나님이 우리를 인도해주시기를 기다릴 때 놀라운 일들이 일어난다. 거룩한 비전은 우리가 어떤 일이 일어나도록 만드는 것과 상관이 없다. 그것은 하나님이 무슨 일을 일으키셨는지와 관련이 있다. 예수님은 제자들에게 이렇게 설명하셨다.

> "나는 포도나무요 너희는 가지라 그가 내 안에, 내가 그 안에 거하면 사람이 열매를 많이 맺나니 나를 떠나서는 너희가 아무 것도 할 수 없음이라"(요 15:5).

그러면 또 이렇게 말하고 싶을지 모른다. "그렇다면 이제 기다리기만 하자. 분명히 나는 무언가를 할 수 있다." 사실이다. 하지만 그 일이 영원한 결과를 가져오지는 못한다. 단, 당신의 삶을 향한 하나님의 비전만은 영원한 결과들로 가득 차 있다.

우리 자신의 능력만 믿는다면 그 일은 곧 엉망이 되고 말 것이다. 그러나 하나님의 일은 하나님의 방법으로 하나님의 때에 이뤄지기 때문에 언제나 성공할 것이다. 우리는 성공의 근원이신 하나님을 바라보아야 한다.

## 다시 한 번 더

앞에서 한 이야기를 놓쳐버렸다면 '어떻게'는 하나님께 문제가 되지 않는다는 점을 기억하라. 만약 하나님이 문제라고 생각하시는 것이 있다면 그것은 우리의 문제다. 우리는 '어떻게'라는 질문에 압도되거나 자아 도취에 빠져 흥분한 상태로 행동을 저지르기 쉽다.

만약 '어떻게'라는 의문을 감당할 수 없다면 이 점을 기억하라. 당신은 하나님의 무한하신 능력 한가운데로 초대받았다. 하나님이 당신의 마음에 허락하신 비전을 성취하기 위해 필요한 모든 것을 당신이 찾아야 한다고 하나님은 요구하지 않으신다.

반대로, 만약 당신이 왕성한 자존감에 도취되어 그 일을 하기 위해 필요한 모든 것을 이미 당신이 가지고 있다고 생각된다면 바로 이 점을 기억하라. 그 일은 하나님의 것이다. 하나님이 당신을 부르셨다. 하나님이 당신을 의지하시는 것이 아니다. 당신은 기도하는 사람이다. 당신 혼자서 하는 일이 아니다.

어떤 경우든 하나님은 우리가 그분을 신뢰하기 원하신다. '어떻게'라는 질문에 하나님이 대답하실 것을 믿고 기다리기 원하신다.

ID# VISIONEERING PROJECT 비저니어링 프로젝트 4

1. 당신은 보통 도전에 대해 어떻게 대응하는가?

 ____ 쉽게 압도당한다.
 ____ 앞으로 돌진하는 경향이 있다.
 ____ 내 질문이 응답될 때까지 앞으로 나가지 않는다.
 ____ 기타:

2. 당신이 느헤미야의 입장이라고 상상해보라. 만약 하나님이 예루살렘 성벽을 재건하라는 비전을 주신다면, 당신은 어떻게 반응할 것 같은가?

3. 나는 비전을 추구하는 사람들과 함께 시간 보내기를 좋아한다. 나는 그런 대화를 통해서 항상 도전을 받고 용기를 얻는다. 당신은 비전을 추구하는 사람 가운데 누구를 알고 있으며 존경하는가?

그런 사람과 대화할 수 있는 시간을 마련하라. 그리고 그들이 비전을 추구하는 초기 단계에서 '어떻게'라는 질문에 어떻게 대처했는지 들어보라.

## 5장 | 믿음, 그 본질적 요소

"믿음의 시련이 인내를 만들어 내는 줄 너희가 앎이라."
— 야고보서 1:3 —

우리는 거룩한 비전을 통해 분명하고 온전한 믿음을 갖게 된다.

영적으로 말해서 믿음이란, 하나님은 스스로 계신 분이며 하나님이 약속하신 일은 모두 이루신다고 확신하는 것이다. 믿음은 힘이나 능력이 아니다. 믿음이란 하나님께 하나님의 뜻에 반하는 어떤 일을 하시도록 강제하는 수단도 아니다. 그것은 단순히 하나님의 특성과 인격에 대한 확신의 표현이자 그분의 약속과 구원에 대한 적절한 응답이다.

비전을 품고 소유하는 것은 그 자체로 믿음의 행동이다. 진정한 의미에서 믿음으로 사는 것이다. 우리가 비전을 초기에, 아직 어떤 일이 '발생'하기 전에 붙잡는다면 우리는 하나님의 특성과 인격에 대한 확신을 사람들에게 증거하게 된다. 거룩한 비전을 추구하는 것은 진정한 예배의 행위이다. 그것은 우리가 하나님을 믿는다고 선언하는 것이다. 그것은 하나님의 일이 매우 중요하다는 사실을 드러내는 것이다. 그리고 하나님은 영광을 받으신다.

믿음을 따라 행동하는 것은 결국 헌신과 찬양과 경배를 의미한다. 믿음을 따라 행동하는 것은 하나님은 스스로 계신 분이며 약속하신 일을 모두 이루실 것을 믿는다는 의미이다. 하나님이 말씀하신 대로 우리의 삶을 결정하는 것보다 그분을 더 영화롭게 하는 일은 없다. 특별히 우리가 다르게 응답할 수 있는 환경에 있는 경우 이 진리는 더욱 빛난다.

반대의 상황이 강할수록 하나님이 받으시는 영광은 더 크다. 다시 말해서 비전이 성취될 가능성이 낮을수록 그것을 헤쳐나가는 우리의 믿음이 더 많이 요구된다. 결국, 믿음이 클수록 하나님께 더 큰 영광을 돌려드릴 수 있게 되는 것이다.

그렇다면 느헤미야는 하나님을 영화롭게 하기 위한 최상의 것을 준비하고 있는 셈이었다. 그의 비전은 모든 방향에서 역풍을 맞고 있었다. 만일 그 일이 잘못되더라도 하나님의 특별한 보증이라고 내보일 아무것도 없었다. 물론 이것은 하나님 편에서 본다면 좋은 소식이다. 그러나 느헤미야에게는 그의 믿음을 시험하는 아주 호된 시련이었다.

## 믿음의 유산

느헤미야는 믿음과 비전의 긴장 가운데서 살았던 성경의 수많은 인물 가운데 한 사람에 불과하다. 성경 말씀은 이런 관계를 붙잡고 씨름한 사람들의 이야기로 가득하다. 우리가 그렇게 자주 칭송하는 성경의 영웅들은 단순히 믿음을 가진 사람들이 아니라 비전을 가진 사람들이었다. 그들은 상황에 굴하지 않고 할 수 있는 일과 해야 하는 일에 헌신했다.

노아와 그의 가족이 하나님께 순종하여 방주를 지음으로써 하나님께 돌린 영광을 생각해보라. 노아의 믿음이 그의 비전에 불을 붙였다. 그는 하나님의 말씀을 그대로 받아들였다. 노아는 믿음의 사람일 뿐 아니라 비전의 사람이었다.

"**믿음**으로 노아는 아직 보이지 않는 일에 경고하심을 받아 경외함으로 방주를 준비하여 그 집을 구원하였으니 이로 말미암아 세상을 정죄하고

**믿음**을 따르는 의의 상속자가 되었느니라"(히 11:7, 강조 추가).

아브라함의 경우도 마찬가지였다. 그는 하나님이 복을 주셔서 모래처럼 셀 수 없이 많은 자손으로 번성케 하실 비전을 가졌다. 그것은 오로지 믿음에 근거한 비전이었다. 아브라함은 하나님이 자신을 어디로 인도하실지 알지 못했다. 사라도 아이를 가질 수 없었다. 그런데도 아브라함에 대해 어떤 말이 기록되었는지 주목해보라.

"믿음으로 아브라함은 부르심을 받았을 때에 순종하여 장래의 유업으로 받을 땅에 나아갈새 갈 바를 알지 못하고 나아갔으며"(8절).

그의 믿음이 비전에 불을 붙였다. 큰 믿음이 없었다면 아브라함은 앞으로 전진하지 못했을 것이다. 그 비전은 하란에서 사라졌을 것이다. 그러나 아브라함은 하나님을 믿었다. 그는 하나님이 약속하신 대로, 새 땅과 복의 근원이 될 자손을 주시리라는 약속을 믿었다. 그는 볼 수 있어서 믿은 것이 아니다. 그의 믿음은 하나님의 성품에 근거한 것이었다. 만약 하나님이 나라가 있으리라 하시면 나라가 있을 것이라고 믿었다. 하나님은 아브라함의 믿음으로 영광을 받으셨다.

이와 같은 유형이 여리고 성에서의 여호수아, 기드온과 미디안 사람들, 다윗이 왕위에 오르기까지 겪은 갖가지 이야기 속에서 발견된다. 그들은 자신들이 할 수 있는 일과 해야 하는 일에 대한 비전을 받았다. 그리고 그들은 하나님의 말씀이 신실하심을 믿으며 전진했다.

비전을 추구하는 데는 믿음이 필요하다. 커다란 비전을 추구하는 데는 큰 믿음이 필요하다. 비전은 때때로, 우리의 믿음을 시험하기도 하고 긴장시키기도 하며 소진시키기도 한다. 이런 상황에서도 우리가 비전에 순종하면, 하나님은 영광을 받으시고 크게 기뻐하신다.

우리가 기다리고 기다리며, 믿고 믿는 동안에, 하나님은 당신의 충실한 종들이 올려드린 영광을 기쁘게 받으신다. 하나님은 당신의 말씀에 기꺼이 순종하는 우리 안에서 기뻐하신다. 비전이 성취될 가능성이 희박한 상황에서도 하나님을 바라보는 우리의 모습을 보고 기뻐하신다. 우리는 우리의 믿음과 지속적인 충실함으로 하나님께 큰 영광을 올려드려야 한다. 하나님은 영광을 받기에 합당한 분이시다.

진리를 향한 이 일들에 대해 나는 자세히 다루려고 한다. 그러나 그 전에 지금 말하고 싶은 것은, 하나님이 영감을 주신 비전은 궁극적으로는 하나님께로 돌아가도록 인도한다는 것이다. 우리의 역할이 무엇이든 간에 하나님이 주신 참된 비전에서 우리는 결코 주연이 될 수 없다. 주연은 하나님이시다.

## 한편 바사에서는

바사로 돌아가보자. 느헤미야의 믿음은 무한히 뻗어나가고 있었다. 그는 모든 일이 하나님께 달려 있음을 잘 알고 있었다. 말할 것도 없이 하나님은 그를 통해 받으신 영광을 기뻐하셨다.

그런데 그때 전혀 예상치 못한 일이 벌어졌다. 느헤미야가 아닥사스다 왕의 시중을 들 때 왕은 그에게 근심이 있음을 발견했다. 이때 느헤미야는 왕 앞에서 처음으로 자기의 감정을 드러냈다(느 2:1). 왕 앞에서 기쁜 표정 이외의 다른 표정을 짓는 종은 내쫓기는 것이 관례이나 느헤미야는 쫓겨나지 않았다. 왕은 느헤미야에게 그토록 마음이 상한 이유가 무엇인지 물어보았다.

자칫 그 일로 직책뿐 아니라 목숨까지 걸어야 할지 모르는데도, 느헤미야는 여태까지 보이지 않던 용기 있는 행동을 취했다. 느헤미야는 자기 고국의 황폐한 상황을 간결하고도 구체적으로 고하기 시작했다.

아닥사스다 왕이 느헤미야의 대답을 듣고나서 긴 침묵을 지켰을 거라는 생각이 든다. 그런 다음 왕은 느헤미야에게 놀라운 질문을 던졌다. 그 질문으로 느헤미야는 자신이 기도하며 기다려왔던 기회를 얻게 되었다. 이것은 엄청난 순간이었다. 그리고 느헤미야는 두 번 다시 이런 기회를 갖지 못하리라는 것을 알았다.

"왕이 내게 이르시되 그러면 네가 무엇을 원하느냐 하시기로"(4절 상).

느헤미야의 심장은 밖에까지 들릴 정도로 쿵쾅거렸을 것이다. 그 당시 이 세상에서 모든 것을 할 수 있는 권력자 앞에서, 느헤미야가 자신의 계획을 털어놓을 수 있는 기회였다. 그의 대답은 무엇이었을까? "내가 곧 하늘의 하나님께 묵도하고"(4절 하).

그 모든 과정에서 느헤미야는 자신의 믿음을 벗어나지 않았다. 심지어 평생 출세하며 살 수 있는 기회를 만나서도 자신의 유익을 도모하지 않았다. 그는 철저히 자기를 부인했다. 느헤미야에게는 독립심이나 남자다움이나 하나님 앞에 우쭐대는 마음이 전혀 없었다. 그는 자기 힘의 근원이 되시는 분께 온전히 복종했기 때문에 그날 왕궁 안에서 엄청난 기회를 맞이했을 때도 마음의 중심이 흔들리지 않았다. 그는 하나님께 기도하기 전에는 한 마디도 내뱉지 않았다.

우리가 가진 비전의 출발 선상에서, 하나님이 우리 안에 자라나기 원하시는 믿음이 바로 이런 것이다.

그의 이런 태도는 왕에게 청하는 마지막 장면에서 다시 한 번 볼 수 있다.

"내가 또 왕에게 아뢰되 왕이 만일 좋게 여기시거든 강 서쪽 총독들에게 내리시는 조서를 내게 주사 그들이 나를 용납하여 유다에 들어가기까지 통과하게 하시고 또 왕의 삼림 감독 아삽에게 조서를 내리사 그가 성전에 속한 영문의 문과 성곽과 내가 들어갈 집을 위하여 들보로 쓸 재목을 내게 주게 하옵소서 하매 내 하나님의 선한 손이 나를 도우시므로 왕이 허락하고"(7-8절).

누구를 신뢰하는지 주목하라. 느헤미야는 이 순간을 가능하게 만든 것은 자신의 인내나 자신의 준비나 자신의 화술이나 다른 사람을 감화시키는 자신의 인격 때문이 아니라는 것을 알았다. "내 하나님의 선한 손이 나를 도우시므로 왕이 허락하고." 오직 하나님만이 이 상황을 주장하셨다. 느헤미야는 신뢰받기에 합당하신 그분을 신속히 의뢰했다. 느헤미야는 성공의 근원을 의식했다.

## 하나님, 감사합니다
## 제가 여기서부터 감당할 수 있습니다

공공연한 성공만큼 우리의 관점을 왜곡시키는 것도 없다. 성공에 따르는 보상으로 인해 겸손한 사람이 폭군이 되기도 하고, 자아 도취에 빠지기도 한다. 성공한 사람들 가운데는 하나님이 도우시지 않았다면 어떻게 되었을지를 잊어버리고 살아가는 사람들이 많다.

세속적인 성공만이 사람을 파멸로 몰아가는 성공은 아니다. 어떤 분야에서 성공적인 비전을 가지고 출발했다 하더라도 파멸로 곤두박질칠 수 있다. 말하자면 목사직도 그런 경우가 될 수 있다. 하나님이 목회자로 자신을 불렀다고 믿는 사람들이 목회에서 성공하리라는 믿음에 주저하는 빛을 보이는 것은 정말 아이러니가 아닐 수 없다.

우리 믿음의 깊이와 진실성이야말로 부분적으로는 우리의 성공을 좌우하는 능력을 결정짓는다. 믿음은 우리 자신의 불완전함과 하나님의 완전하심에 초점을 둔다. 회화적으로 말하면 성숙한 믿음이란 원근화법의 균형을 유지하는 것이다.

이상하게 들릴지 모르지만, 우리의 꿈이 현실화되기 시작할 때 우리는 믿음의 행보를 유지하기가 어려워진다. 소망이 현실로 바뀌기 시작하면 우리의 믿음도 우리가 꿈꾸던 것으로 옮겨가고, 우리 비전의 근원이신 분에게서 조금씩 떨어져나가기 쉽다.

대성공을 계속해서 거두고도 복종하는 마음과 겸손함을 유지할 수 있는 비전가는 드물다. 그래서 하나님은 비저니어링의 초기 단계에서, 우리 믿음의 토대를 넓히시고 강화시키시며 키우시고 성숙시키시느라 부수적인 일까지 도맡아 하시는 것이다. 우리가 멀리까지 갈 수 있는 능력은 거기에 달려 있다.

한번 생각해보자. 우리가 하나님께 맡길 것이 얼마 없다면 하나님을 신뢰하는 일이 훨씬 더 쉬울 것이다. 우리가 잃을 것이 무엇인가? 그러나 믿음이 자라고 마침내 비전이 구체화되고 있음을 알 수 있을 정도가 되면, 우리 마음속에는 어느새 이런 생각이 자리잡는다. "하나님이 나를 여기까지 보내셨어. 그러나 이제부터 이것을 유지하는 것은 내 몫이야." 그런 다음 우리는 아무런 의식 없이 전략을 바꾸고 우리가 주장하기 시작한다.

어느 날 오후에 잭(Jack)이라는 사람이 나를 찾아왔는데, 자기 회사에서 생긴 개인적인 문제로 내게 상담을 청했다. 예전에 직원이었던 사람이 불만을 품고 자기를 고소했다는 내용이었다. 잭도 맞고소를 하는 중에 결국 문제가 불거진 모양이었다.

그를 어떻게 도와야 할지 정확히 모르면서 나는 이렇게 말했다. "잭, 당신은 처음에 어떻게 일해서 회사를 이만큼 키웠습니까?" 그는 웃으면서 뒤로 물러앉더니 하나님이 그에게 이 회사를 위한 비전을 주셨던 놀라운 이야기를 들려주었다. 하나님은 매단계마다 잭이 비전을 추구하도록 길을 열어

주셨고, 회사를 키워서 수백만 달러의 사업체가 되게 하셨다.

내가 다음 말을 재촉한 것도 아닌데 그는 머리를 절레절레 흔들면서 말을 이어갔다. "이 친구를 고소하면서 나는 사업을 할 수 없습니다. 누군가를 고소해가면서까지 사업을 하지는 않겠습니다." 그러고나서 그는 소송이 삶의 한 방편이자 사업 확장에 전형이 되어온 사실을 고백했다. 그는 계속해서 말했다. "이렇게 출발하지는 않았습니다. 사업을 하면서 고소는 하지 않았습니다." 다시 한 번 그는 머리를 흔들었다.

계속 대화를 나누면서 우리는 같은 생각을 하게 되었다. 그리고 그 생각은 분명해졌다. 지금 이 자리에 오기까지 어디에선가부터 잭이 주도권을 가졌다는 것이다. 잭은 하나님이 그가 원하는 곳에 오게 하실 수 있지만 그렇게 하려면 자신이 열심히 일해야 한다는 생각에 사로잡혀 있었다. 우리가 생각하는 것처럼 잭은, 마치 그것이 하나님이 감당하시기에 너무나 벅찬 일인 것처럼 자신이 책임을 져야 한다는 압박감에 지고 말았던 것이다.

성공에는 우리가 하나님을 의지하는 마음에서 떠나게 하는 요소가 있다. 성공의 산고 끝에 우리는 성공을 유지하는 책임을 떠안으면서 특별한 뜻도 없이 하나님 중심에서 자기 중심으로 옮겨가고 만다.

그렇기 때문에 우리의 믿음을 하나님께 붙들어매기 위해서, 우리의 비전이 출발되기도 전에 하나님은 충분히 그분의 시간을 사용하시는 것이다. 하나님은 우리가 출발점에서부터 과열되어 멈춰버릴 만큼 엔진의 회전율을 높이신다. 우리의 믿음이 하나님 안에, 오직 하나님 안에만 있을 때까지 우리에게 그렇게 하신다. 왜냐하면 그렇게 해야만 비전을 통해 진정한 성공을 바라볼 수 있기 때문이다.

비전이 클수록, 우리는 우리의 능력이 아닌 하나님의 능력을 의지해야 한다. 비전이 클수록, 성공에 대한 보상을 누려야 한다는 압박감이 더해진다. 그러나 하나님이 우리에게 성공에 따르는 보상을 주시기 전에, 우리는 틀림없이 하나님을 더욱 신뢰하게 될 것이다. 하나님은 우리의 믿음을 긴장시키면서 거기까지 이끌어가신다. 그래야만 우리의 믿음이 자라고 하나님이 받으시기에 합당한 영광을 돌려드릴 수 있기 때문이다.

그러므로 용기를 내라. 우리가 경험하는 고통은 예사로운 것이다. 우리가 느끼는 외로움은 예상된 것이다. 밤에 잠을 이루지 못하고 천장을 올려다보면서 왜 이 지경이 되었느냐고 한탄하는 것도 그런 과정의 일부이다. 그런 경험을 통해 결국 우리는 이런 결론에 도달하게 될 것이다. "하나님이 함께하지 않으셨다면 저는 실패하고 말았을 것입니다!" 우리가 정확히 거기에 이르기를 그리고 머물기를 하나님은 원하신다. 비전의 사람들은 믿음의 사람들이다. 그런 사람들의 믿음을 통해서 하나님은 영광을 받으신다.

## 믿음의 도약

우리 집 뒤에는 18미터 정도의 벽돌로 된 방호벽이 있다. 다섯 살이 된 앤드류(Andrew)는 걸을 수 있게 되자 그 벽을 따라 걷겠다고 안달했다. 오늘 오후에 앤드류는 드디어 첫발을 내디뎠다.

벽의 양쪽 끝은 높이가 약 0.9미터이다. 가운데로 갈수록 1.5미터로 높아진다. 한가운데쯤은 2.5미터 높이가 된다. 제일 높은 2.5미터 벽은 약 9미터 정도 계속된다.

아빠가 지켜볼 때가 아니면 절대 벽에 올라서지 않겠다고 약속하고, 또 곁에서 지켜보던 다른 어른들이 당부하시는 소리에 답하는 소리를 듣고 나서 나는 조심스럽게 0.9미터 높이의 벽 위에 앤드류를 세워주었다. 앤드류는 조금도 주저하지 않고 걸어나갔다. 그러고는 애를 써서 1.5미터 높이로 올라가더니 역시 거침없이 지나갔다.

그러나 가장 높은 곳에 이르자 그때까지 보여준 자신감이 약해졌다. 벽을 걸어가다가 멈추어 서서 나를 내려다보았다.

"아빠, 더 이상 가고 싶지 않아요."

나는 즉시 팔을 뻗으면서 말했다.

"뛰어내려."

앤드류는 벽을 보았다. 그리고 나를 내려다보더니 다시 벽을 돌아보았다. 다시 한 번 나를 내려다보더니 무릎을 조금 굽히면서 이렇게 말했다.

"아빠가 날 잡아줄 거죠?"

"아니, 마지막 순간에 몸을 피해서 땅바닥에 곤두박질치게 할 거야."

물론 농담이다.

"그래, 앤드류. 내가 널 꼭 잡아줄 거야."

더 이상 주저하지 않고 앤드류는 내 팔 안으로 뛰어내렸다. 땅에 내려놓으려 하자 앤드류는 내 목에 매달렸다. 그래서 나는 얼마동안 그 자리에서 앤드류를 안고 서 있었다. 우리는 참으로 소중한 시간을 가졌다.

뛰어내릴 때 앤드류는 여전히 두려워했다. 그러나 나를 믿는 앤드류의 마음이 뛰어내리는 두려움보다 더 강했고, 용기 있는 앤드류의 행동이 나를 영예롭게 했다. 내가 자기를 잡을 수 있을지에 대해서는 추호도 의심하지 않았다. 나에 대한 앤드류의 믿음이 두려움을 능가할 수 있느냐가 관건이었다. 나는 그 순간 느낌이나 환경에 상관없이 우리의 믿음을 따라 행동할 때, 하나님 아버지의 마음이 어떠실까 하는 것을 조금이나마 체험했다.

벽이 높을수록 영광도 높아진다.

커다란 비전은 높은 벽과 같다.

# VISIONEERING PROJECT

비저니어링 프로젝트 5

1. **다른 사람들의 성공을 평가하라** | 내게는 두 명의 조언자가 있다. 그들에게 내가 끌린 첫째 이유는 그들이 가진 비전의 규모 때문이다. 그 중 한 사람은 종종 이렇게 말한다. "앤디, 큰일을 위해 무슨 일을 하고 있지?" '큰일'에 대한 그의 정의를 고려할 때 나는 대개 좋은 대답을 찾느라 쩔쩔맨다.

두 사람 모두 자신이 선택한 분야에서 상당한 성공을 거두었다. 둘 다 국가적인 존경까지 받을 정도다. 그러나 그들은 자신들의 성공 배후에 궁극적으로 누가 계시는가를 잊지 않는다. 나는 이 때문에 그들을 좋아한다. 그들은 성공을 위해 불순종하지 않았다. 그들은 참으로 겸손한 사람들이다.

당신에게도 이런 사람들이 있는가? 당신이 알고 있는 사람 가운데 최소한 15년 이상 예수님을 믿고, 자기 분야에서 성공을 거두고 있으며, 하나님 안에서 왕성한 믿음을 보여주는 사람이 있다면 이번 장과 관련해서 그 사람과 대화를 시도해보라. 다음의 질문을 던져보라.

- 어떻게 시작하셨습니까? (비전과 성공과 관련해서)
- 당신이 시작할 때, 하나님께서 당신을 인도하신다고 느꼈습니까?
- 만약 그랬다면 당신은 무엇을 했습니까?
- 그 길을 가는 동안 믿음이 성장하게 된 경험을 이야기해주십시오.
- 성공에 따른 보상 때문에 우쭐해지지는 않았습니까?
- 성공이 균형을 이루도록 만들어준 특별한 사건이 있었습니까?
- 만약 그때로 돌아간다면 당신은 어떻게 다르게 하겠습니까?

2. **기도를 평가하라** | 대부분의 크리스천들은 하나님께 간섭해달라고 아예 요청조차 하지 않는다. 그들은 대개 이렇게 생각한다. 그들은 하나님이 특별히 어떤 일

# VISIONEERING PROJECT

을 하실 것을 기대하지 않는다. 특별히 하나님이 어떤 일을 해주실 필요도 느끼지 못한다. 하나님이 시작하셨으면 그 이후에는 자신들이 알아서 해야 한다고 믿는다. 그리고 그들은 모든 것이 잘되고 있다고 믿으며 살아간다.

이 주제에 대해서 좀더 알고 싶다면, 당신의 기도에 귀를 기울여보라. 당신이 하나님께 무엇을 요청하는지 귀를 기울여보라. 무엇을 위해 기도하는가? 당신은 밤낮으로 무엇을 위해 기도하는가? 당신이 파악한 그것은 무엇인가? 그것은 다름 아닌 당신 자신의 열정이다. 그것이 당신에게 가장 중요한 것이다. 꽤 섬뜩하지 않은가? 약간 당혹스럽기도 하고 자기 중심적이라는 생각이 드는가?

최근 어떤 사람이 당신의 기도 제목을 물었을 때 어떻게 대답했는가? 잠시 생각할 시간을 가져야만 했는가? 당신의 대답은 자신을 좀더 분발하게 하는 무엇이 었는가? 아니면 하나님께 의뢰하는 일과 사람과 비전을 생각하며 두 눈을 빛냈는가? 하나님 나라를 제외하고, 또 당신의 건강도 제외하고 당신이 의도적으로 하나님께 의뢰하는 것은 무엇인가?

## 6장 | 목록 만들기

일 년을 들여 거두려면 곡식을 심고
십 년을 들여 거두려면 나무를 심고
백 년을 들여 거두려면 사람을 키우라.
– 중국 속담 –

우리가 마지막으로 살펴본 것은 우리의 주인공이 궁중 복도를 따라 바퀴가 달린 끌차를 밀고 있는 장면이었다. 아닥사스다 왕은 예루살렘 성벽을 재건하겠다는 비전을 이루도록 느헤미야를 보내주었다. 그 걸음은 짜릿했다. 사건이 일어나기 시작한 것이다. 비전의 돛을 이제 막 달아 올렸다.

느헤미야는 왕의 삼림에서 나무를 베어가도 된다는 편지를 가지고 있었다. 뿐만 아니라 느헤미야가 통과하는 지방의 총독들에게 보내는 편지도 가지고 있었다. 이것만 있으면 예루살렘까지 안전하게 갈 수가 있었다. 게다가 왕은 군대 장관과 마병을 주어 느헤미야의 여행길을 수행하게 했다.

그다음 다섯 달 동안 느헤미야는 자신의 비전에 푹 빠져 지냈다. 얼마나 스릴 넘치는 시간이었을까! 여러 해 동안 왕의 수하로서 반복되는 일상을 보내던 느헤미야는 마치 새장에 갇혀 있던 새가 자유를 얻은 느낌이었을 것이다. 오랜 세월이 지나 처음으로, 어쩌면 평생 처음일지도 모르는 기회가 다가온 것이다. 조직을 구성하는 느헤미야의 능력이 빛을 발하려는 때가 오고 있었다.

몇 주일이 지나서 그의 측근들은 성문 재건에 쓰일 목재들을 베기 위해 길을 나섰다. 벌목 작업이 끝난 뒤 그들은 다시 예루살렘을 향해 길을 떠났다. 천오백 킬로미터도 넘는 먼 길이었다.

예루살렘에 도착하면 어떤 일을 만나게 될지 느헤미야는 전혀 알지 못했다. 그의 마음속에는 하나님의 명령만이 자리 잡고 있었다. 예루살렘 백성들의 도움 없이는 결코 성공할 수 없다는 사실도 그는 잘 알고 있었다. 다시 말해 느헤미야는 자기 마음대로 할 수 없는 상황을 맞이하고 있던 것이다. 출발은 웅장했지만 느헤미야는 이 모든 계획이 수포로 돌아갈지도 모르는 가능성에 직면해 있었다. 출발이 아무리 대단했어도 하나님이 개입하지 않으시면 성벽 재건은 불가능할 것이다. 느헤미야는 이 원리를 잘 알고 있었다.

## 말하기 전에 걸으라

마침내 멀리 지평선으로 예루살렘의 윤곽이 나타났다. 느헤미야에게는 그토록 그리워하던 도시를 실제로 마주하게 되는 감동적인 순간이었을 것이다. 느헤미야가 처음으로 고향 땅을 밟아보는 때였다. 그는 예루살렘 소식을 듣고서 울었었다. 그런 그의 눈앞에 예루살렘이 보였을 때 어땠을까? 두말할 것도 없이 울었을 것이다.

느헤미야 일행은 눈에 띄지 않게 조용히 도착하지 않았다. 바사의 관리가 말을 타고 호위를 받으며 마을에 나타나는 것은 흔한 일이 아니었다. 게다가 그 많은 목재들은 또 어떤가?

느헤미야 일행이 예루살렘에 도착했다는 소식은 일행의 마지막 말이 성문을 통과하기도 전에 온 도시에 퍼졌다. 이들이 누구이고, 왜 왔으며, 누가 책임자인지 아무도 몰랐다. 느헤미야 역시 아무에게도 말하지 않았다(2:12).

느헤미야는 최소한 3일 동안은 어느 누구에게도 자신의 비전을 말하지 않았다. 상상해보라. 좋은 생각이 있을 때 우리는 입을 다물고 3분도 참기 어렵다. 그러나 느헤미야는 자신의 의도를 알리기에는 너무 이르다고 판단했다. 대신 느헤미야는 상황판을 작성하느라 여념이 없었다.

> "내 하나님께서 예루살렘을 위해 무엇을 할 것인지 내 마음에 주신 것을 내가 아무에게도 말하지 아니하고 밤에 일어나 몇몇 사람과 함께 나갈새 내가 탄 짐승 외에는 다른 짐승이 없더라 그 밤에 골짜기 문으로 나가서 용정으로 분문에 이르는 동안에 보니 예루살렘 성벽이 다 무너졌고 성문은 불탔더라"(느 2:12-13).

느헤미야는 비전을 제시하기 전에 준비부터 했다. 말을 타고 시내로 가서 자신의 의도를 공표하지 않았다. 대신 그는 먼저 상황부터 조사했다. 그는 그 순간의 감정에 치우치지 않았다. 매우 흥분했을 것이 틀림없지만 그는 평상심을 유지했다.

**블록 쌓기 6**     말하기 전에 준비하라. 시작하기 전에 조사하라.

하나님이 우리의 마음에 무엇인가를 처음 불어넣어주실 때, 어느 누구에게도 말하지 않아야 한다. 우선, 어느 누구도 우리만큼 그 일에 흥분하지 않을 것이다. 그들은 열심이 부족하기 때문에 우리가 시작도 하기 전에 지쳐서 포기하게 만들지도 모른다. 너무 서둘러서 비전을 제시하면 대개의 경우 환영받지 못한다.

뿐만 아니라 우리의 생각을 공개적으로 발표하기 전에 보통 해야 할 작업이 있다. 우리가 무엇을 하려고 하는지 사람들 앞에서 말하기 전에, 느헤미야처럼 사실 확인이나 조사 등 몇 가지 숙제를 미리 해야 할 필요가 있다. 기억하라. 즉각적인 행동이 반드시 필요한 것은 아니다. 오히려 깊이 있는 사전 조사가 먼저 필요하다.

무리하게 비전을 조장하려 행동하는 것은 그 원인이 무엇이든지 현명하지 않은 행동이다. 먼저, 지혜가 명령하는 곤란한 질문부터 처리한다고 해서 믿음이 부족하다는 증거는 아니다.

우리가 어떤 반대에 부닥칠지 아는 것이 지혜다. 기본적으로 우리는 하나님이 주신 비전의 규모에 압도당할지 모른다. 그러나 놀라고 위축되는 위험을 감수하고서라도 전진하기 전에 알아야 할 사항은 모두 아는 것이 중요하다. 예수님도 제자들에게 이것에 대해 말씀하셨다. "너희 중의 누가 망대를 세우고자 할진대 자기의 가진 것이 준공하기까지에 족할는지 먼저 앉아 그 비용을 계산하지 아니하겠느냐"(눅 14:28). 다시 말해서 진상을 파악하라는 말이다. 말하기 전에 준비하라.

느헤미야가 한밤중에 말을 타고 나간 것은 신념이 부족해서가 아니었다. 다른 생각을 하려 했던 것도 아니다. 그가 성벽을 조사한 것은 이제 막 그 프로젝트를 하기 위해 결심하려고 한 것도 아니었다. 그가 이미 그 프로젝트에 그만큼 헌신하고 있었기에 조사했다. 마침내 그 일을 함께할 백성들 앞에서 자신의 의도를 공표했을 때, 느헤미야는 그들이 직면하게 될 대적이 무엇인지 정확하게 알았다. 그랬기 때문에 그 프로젝트가 얼마나 어마어마한 것인지를 두고 아무도 그를 비난하지 않았던 것이다.

우리가 일단 비전을 발표하면, 그것은 공개적인 토론에 붙여지고 비평을 받게 된다. 우리가 비전을 나누면 사람들은 '어떻게?'라는 질문을 해댈 것이다. 그때 만약 우리가 사전에 적절히 조사하는 시간을 갖지 않는다면, 우리의 열정은 누군가에 의해 산산이 부서지는 위험에 직면하게 된다. 모든 것은 우리가 그들의 질문에 대답을 못하기 때문에 일어난다.

대부분의 경우, 비전을 합리적이고 구체적으로 표현하지 못한다면 그 비전은 정신 나간 생각쯤으로 치부되고 말 것이다. 그렇기 때문에 계획을 공표하기 전에 우리가 알아야 할 것은 모두 다 아는 것이 중요하다. 모든 비전이 실제적이지 않다는 느낌은 어쩔 수 없다. 비저니어링 초기 단계에서는 우리가 받게 될 많은 질문에 대한 답이 없을지도 모른다. 그러나 우리의 비전을 공개하여 수많은 질문을 받기 전에 우리가 알아야 할 것은 가능한 모두 알아야 한다.

이 원칙이 쉽고 간단해 보인다고 생각할 수도 있지만 새로운 생각으로 들떠 있는 상황임을 간과해서는 안 된다. 어떤 생각을 세상에 공표했다가 '비전'을 둘러싸고 있는 현실에 혼란을 느끼는 사람들을 나는 지금까지 많이 보았다. 그러나 그들이 겪는 치명적인 혼란은 먼저 그들이 과제를 충실히 이행했더라면 피할 수도 있는 것이었다.

## 충돌 피하기

조사하는 일은 다음 세 가지 중 적어도 한 가지 유익을 가져다줄 것이다. 우리가 가진 비전의 근원이 거룩함을 확신시켜주거나, 진일보한 개념 정의와 집중력을 제공하거나, 아니면 그 비전에 대해서 우리가 잘못한 일들을 지적해줄 것이다.

### 확인된 비전

하나님이 비전을 확인하는 데 어떻게 사전 조사를 사용하셨는가에 대한 극적인 예가 여호수아서에 있다. 그때 이스라엘 백성들은 사십 년 동안의 광야 생활을 막 끝낸 직후였다. 이 여행은 하나님이 부여하신 비전의 크기에 이스라엘 백성들이 모두 압도당한 후 하나님이 시작하신 일이었다. 모세는 정탐꾼들을 가나안 땅에 보내어, 그들이 요단 강을 건넌 후에 어떤 대적을 만날 것인지 정보를 얻고자 했다. 모세가 정탐꾼들을 보낸 것은 가나안 땅으로 들어갈 것인지 결정하기 위함이 아니었고, 가나안 땅으로 들어갔을 때 무슨 일을 만날 것인지 미리 파악하려는 것이었다.

정탐꾼들이 돌아와서 보고하자 이스라엘 백성들은 중단하기로 결정했다. 그들은 이집트로 돌아가는 것이 최선이라고 결론지었다. 이것은 하나님이 계획하시던 바가 아니었다. 그래서 하나님은 그들을 광야로 보내셨고 마침내 의심했던 세대는 거기에서 모두 죽고 말았다. 그러고나서 하나님은 다시 여호수아에게 고개를 돌려 말씀하셨다. 아마 이런 말씀이셨을 것이다. "좋다. 한 번 더 시도해보자. 내 백성들을 가나안으로 데리고 가라."

하나님이 작정하신 일에 절대로 '만약'은 없다. 보통 중요한 주제는 '누가'이다. 누가 앞으로 전진하여 그 비전을 붙잡고 믿음으로 돌진할 것인가?

이제 여호수아가 이스라엘 백성들을 가나안 땅으로 인도할 차례다. 여호수아는 모세처럼 그들이 맞닥뜨릴 상황에 대한 정보를 얻기 위해서 약속의 땅으로 다시 정탐꾼들을 보냈다. 놀랍게도 가나안 사람들이 이스라엘을 심히 무서워하고 있음을 발견하고 사기가 충천했다. 사실 가나안 사람들은 이스라엘의 하나님이 어떻게 홍해를 가르셨는가에 대하여 계속 이야기하고 있었다.

정탐꾼들이 돌아와서 이렇게 보고했다.

"또 여호수아에게 이르되 진실로 여호와께서 그 온 땅을 우리 손에 주셨으므로 그 땅의 모든 주민이 우리 앞에서 간담이 녹더이다"(수 2:24).

여호수아는 바로 이 말을 듣기 원했던 것이었다. 비전이 확인되었다. 모든 시스템이 가동되었다. 바로 그 다음 날, 그들은 여호수아가 태어나기도 전에 하나님이 이미 그들에게 허락하신 진군을 시작했다. 그것은 하나님의 일이었다. 정탐꾼들이 가져온 정보로 그것이 확인되었다.

첫 번째 정탐꾼 그룹과 두 번째 정탐꾼 그룹의 기본적인 차이는 그들이 본 내용이 아니었다. 그들이 본 것을 어떻게 해석하느냐의 차이였다. 두 그룹 모두 높은 성벽과 철통 같은 도시를 똑같이 보았다. 장대한 거민들과 비옥한 땅을 똑같이 보았다. 모세가 보냈던 정탐꾼들은, 이스라엘의 군사적인 규모와 능력이라는 관점으로 수집된 정보를 해석했다. 그때 결론은 "이집트에 있었더라면 더 좋았을 텐데"라는 것이었다.

그와 달리 여호수아의 정탐꾼들은 수집된 정보를 다르게 해석했다. 그들은 그 과업의 가능성을 평가하려 하지 않았다. 그들은 이스라엘 군대가 가나안의 세력을 물리칠 가능성이 있는지 없는지 판단하기 위해 그곳에 간 것이 아니었다. 그들은 자신들의 비전을 성취할 적절한 장소는 어디이고 적당한 시기는 언제인지 증거를 확보하고 확인하려 했을 뿐이다. 그들은 그냥 바라만 본 것이 아니었다. 귀를 기울였다. 그리고 마침내 그들이 조사한 바를 확신했다.

기억하라. 하나님이 주신 비전을 실용주의적 관점에서만 바라보면 불가능하게 보일 때가 있다. 그러나 좀더 깊이 조사해보라. 그것이 하나님으로부터 온 비전이라면 당신이 수집한 정보 어딘가에 확신할 수 있는 요소가 섞여 있을 것이다. 설령 현격한 차이를 보이고 승산이 없을 것만 같더라도 앞으로 전진하려는 불타는 열정을 가지고 있다면 당신은 거룩한 어떤 일에 손을 뻗게 될 것이다.

## 규정된 비전

사전 조사는 비전을 확인해줄 뿐만 아니라 비전에 집중하게 하며 더욱 깊은 의미를 규정한다. 느헤미야의 원래 계획은 예루살렘 주변의 성벽을 파괴되기 전의 설계와 크기로 재건하는 것이었는지도 모른다. 그러나 파괴된

자취를 조사하고나자 그는 계획을 수정했다. 그는 범위를 좁혔다. 결국 느헤미야의 인도로 재건된 성벽은 예전의 성벽보다 상당히 작아졌다.

만약 느헤미야가 파괴된 성벽을 원래의 크기와 장엄함으로 재건하겠다고 발표했다면 그가 얼마나 비웃음을 당했을지 상상해보라. 먼저 그것은 하나님이 그에게 허락하신 일이 아니다. 느헤미야의 비전은 될 수 있을지 몰라도 하나님의 비전은 아니다. 둘째, 그는 성공하지 못했을 것이다. 사람들은 일찌감치 불가능한 일이라고 확실했을 것이다. 그들은 서둘러 포기해버렸을 것이다.

**내슈빌 또는 버스트** | 매트(Matt)에게는 크리스천 음악을 하고 싶은 불타는 열정이 있었다. 그는 고등학교에 다니면서 처음 그런 느낌을 받았다. 그만한 나이에 대부분 그렇듯이, 매트는 자신이 잘 다룰 수 있는 악기가 무엇인지 찾기 시작했다. 기타를 쳐보았지만 그에게 맞지 않았다. 베이스 기타를 샀다. 그것도 곧 흥미를 잃었다. 마지막으로 그는 드럼으로 결정했다.

학교를 졸업할 때가 되자 그는 드럼 연주로는 생계를 꾸릴 수 없다는 생각이 분명해졌다. 절대로 시인하고 싶지 않은 일이지만 사실 그에게는 음악가가 될 만한 달란트가 없었다. 그럼에도 불구하고 그는 크리스천 음악 세계에 몸담고 싶다는 열정을 잃지 않았다.

쉽게 짐작할 수 있겠지만, 사람들은 그에게 어릴 적 꿈은 이제 그만 포기하고 실제적인 직업을 가질 수 있도록 대학에 입학하라고 권했다. 그는 마케팅을 공부하기 위해 오번 대학교에 입학했다. 그런데 대학 1학년 때, 그는 그때까지 한 번도 생각지 못한 사실을 알게 되었다. 크리스천 음악과 관련한 비즈니스 분야가 있다는 것이었다.

이전에 기대하지 못했던 세계가 펼쳐지자 그 뒤에 가려진 '세계'에 대해 그는 더 많이 알게 되었고, 알면 알수록 점점 더 흥미를 느꼈다. 오번대학교에서 1년을 보낸 후에 그는 내슈빌에 있는 벨몬트 대학교로 옮겨, 크리스천 레코드 회사에 인턴 사원으로 지원했다. 이런 식으로 일이 연결되어 3년 만에 그는 미국 최고의 크리스천 음악가 중 한 사람을 위한 광고 담당자로 일하게 되었다.

크리스천 음악 산업의 사업적 측면을 조사하던 중 매트는 비전의 방향을 수정했다. 하나님은 그가 조사에 집중하는 동안 자리를 옮겨주시고 집중력을 강화시켜주셨다. 매트가 현상 이면의 것을 보는 시간을 갖지 않았더라면 그는 아마 자신의 비전을 포기했을지도 모른다. 자신이 음악에 관련된 일을 할 수 있는 가능성이 전혀 없다고 결론지었을 것이다. 만약 그랬더라면 그 일은 너무나 큰 비극이 될 뻔했다.

이 세상에는 비전을 추구하는 단 하나의 대로를 찾듯이, 한 가지 질문만 붙잡고 살아가는 사람들이 너무나 많다. 작은 실패에 낙심해서 하나님이 당신에게 부어주신 그 비전에서 멀어지는 일이 없도록 하라. 조사해보라. 주변을 크게 둘러보라. 선 바깥을 생각해보라.

통로가 단 하나만 있는 목적지는 거의 없다. 당신의 비전도 마찬가지다. 만약 처음 시도가 막혔다면 다른 길을 찾아보라. 너무 일찍 포기하지 말라. 당신의 삶을 향한 하나님의 비전과 당신 사이에 가로막힌 문을 열 수 있는 열쇠를 발견하는 길에서 지금 당신은 멀리 떨어져 있는지도 모른다. 하나님은 이 기간 동안 당신이 비전을 더욱 분명히 하거나 어쩌면 방향을 수정하게 하실 것이다.

## 중단된 비전

클레이턴(Clayton)은 자신의 아들에 대한 비전을 가지고 있었다. 꼬마 클레이(Clay)가 아빠처럼 올스타 쿼터백 선수로 자라는 것이었다. 그런데 문제가 있었다. 클레이는 올스타가 될 만한 재능이나 체력이 없었다. 더욱 절망적인 사실은 클레이가 미식축구에 전혀 관심을 보이지 않는다는 것이었다. 사실 클레이는 스포츠에는 아예 흥미조차 없었다. 몇 년 동안 나는 부자 간에 팽팽한 긴장이 조성되는 것을 보았다. 처음에는 클레이도 아빠의 기대에 맞춰서 자신이 할 수 있는 모든 일을 했다. 6학년 때까지는 아빠의 기대에 잘 맞추는 것 같았다. 그러나 일단 중학교에 들어가자 클레이는 계속되는 강압을 원망하기 시작했다. 상황을 더욱 나쁘게 만든 것은 클레이의 코치가 클레이는 미식축구에 재능이 없다고 판단한 것이다. 그러나 아버지는 그 말을 곧이듣지 않았다. 아버지는 클레이가 미식축구를 거부할 때까지 계속 압력을 넣었다. 그러자 여러 해에 걸친 반란이 시작되었다. 만약 클레이턴이 조금만 더 주의 깊게 살펴보았더라면, 다른 모든 사람이 알았던 사실을 그도 곧 깨달았을 것이다. 클레이에게는 올스타 선수가 될 사명이 없었다. 만약 클레이턴이 자신의 비전을 일찍 중단하고 클레이의 재능을 살릴 수 있도록 격려해주었더라면, 몇 년 동안 이어진 갈등이나 가슴앓이는 피할 수 있었을 것이다.

조사해보면 우리의 비전은 처음부터 비전이 아니었다는 결론을 내릴 수 있다. 물론 아주 좋은 생각이었는지 모른다. 아니면 클레이턴의 경우처럼 나쁜 생각이었을 수도 있다. 우리가 비전이라고 생각해온 것이 사실은 다른 사람의 비전일 수도 있다. 감동을 주는 연사가 우리에게 '부름받았다'는 느낌을 갖게 해서, 그의 특별한 비전에 동참하게 만들었는지도 모른다. 절절한 스토리에 통계 자료를 조금 섞고 스크린에 사진 몇 장을 비춰주면 나도 금방 그 일에 동참할 준비가 되어버린다.

할 만한 가치가 있는 일과 개인의 비전을 구분하는 것은 매우 중요하다. 다른 사람들과 마찬가지로, 나는 가치 있는 일을 위해 기부도 하고 자원봉사도 한다. 그러나 그것이 반드시 하나님이 주신 비전은 아니다.

애틀랜타 빈민 지역에서 자라는 아이들을 위해 독특한 목회를 시작한 카렌(Karen)이라는 친구가 있다. 마약에 찌든 아이들을 구출해내기 위해 하나님께서 그 기관을 어떻게 사용하셨는지를 들을 때마다 내 가슴이 용솟음친다.

나는 내가 도울 수 있는 일이라면 무엇이든 기꺼이 하겠다고 여러 차례 친구에게 말했다. 기부금을 낼 여러 명을 소개해주기도 했다. 그러나 카렌과 나는 같은 비전을 나누고 있지는 않다. 친구는 그런 아이들을 위해 무엇을 할 수 있고 또 무엇을 해야 하는지에 몰두하고 있다. 그리고 나는 진심으로 친구의 비전은 하나님이 주신 것이라고 믿는다. 그러나 그것이 '내' 삶을 향한 하나님의 비전은 아니다.

조사는 좋은 사역과 하나님이 주신 비전을 구분하는 데 도움을 준다. 조사를 하는 동안 우리는 비전을 확신하거나, 비전을 분명히 하거나, 심사숙고하게 될 것이다. 앞으로의 전망을 철저히 예측해본 후에 우리가 무엇을 할 수 있을지 더욱 분명한 그림을 그릴 수 있고, 우리가 무엇을 해야 하는지 뜨거운 열정을 갖게 된다면 더 이상 바랄 것이 없다.

당신이 사전에 조사를 끝내고나서도 그 일에 대해 일반적인 관심을 유지한다고 하자. 그럼에도 어쩌면 그것도 하나님께서 인도하시는 일이 아닐지 모른다. 필요를 인식한다고 해서 그것이 반드시 비전이 되는 것은 아니다. 어떤 사람들이 처해 있는 환경에 대해 일반적으로 느끼는 비애감은 비전이 아니다. 그것은 열정이다. 비전은 언제나 열정을 포함한다. 그러나 열정은 비전의 한 가지 요소일 뿐이다.

결정하기 전에 몇 가지 질문을 해보라. 많은 질문을 하라. 실험해보라. 탐험해보라. 흠뻑 젖어보라. 철저히 일해보라.

순간의 열정에 반응하여 뛰어들지 말라. 그것은 동료를 찾는 방법도 아니고 비전을 찾는 방법도 아니다. 감상적인 헌신은 감상만큼 강하다. 그러나 그 감상이 가라앉으면 나머지는 뻔하다.

## 비전 제시

사전 조사는 우리 입장에서도 중요하지만 우리를 따르는 사람들의 입장에서도 중요하다. 거룩한 비전에는 대부분 그리스도의 몸의 지체들도 포함된다. 새로운 조직이나 동료, 새로운 차원의 관계에서 비전을 갖는다면 우리에게는 돕는 손길이 필요하다. 그리고 돕는 팀 동료들 역시 이 사실을 알아야 한다.

다음 장에서 우리는 비전 제시라는 주제를 훑어볼 것이다. 당신의 비전을 다른 사람이나 그룹의 사람들에게 성공적으로 제시하기 전에, 당신은 현재의 실상을 확실히 파악해야 한다. 당신은 앞으로 만날 대적이 누구인지 알 필요가 있다. 더욱이 당신이 인도하는 사람들이 어떤 대적을 만나게 될지도 분명히 알 필요가 있다. 다른 사람들이 당신과 함께 처하게 되는 환경, 당신이 기대하는 환경에 대해서 알 수 있는 모든 사실을 다 알아야 한다.

느헤미야는 예루살렘 백성들이 열의를 가지고 달려들 거라고 기대하는 그 프로젝트의 중요성을 잘 알고 있었다. 그래서 그는 이스라엘 백성들에게 그의 비전을 강력하게 제시할 수 있었다.

우리는 비전을 너무 빨리 나누려고 하는 경향이 있다. 우리가 우리 어깨에 멘 비전의 부피를 상당한 부담으로 느끼는 것도 그 이유 중 하나다. 비전은 언제나 책임감을 수반한다. 그 책임을 조금이라도 회피해보겠다는 느낌이 우리를 정신적으로 이런 상태로 몰고 간다. "내가 무엇인가 하지 않으면 아무것도 이루어지지 않을 거야." 우리는 비전을 받으면 자연스럽게 이렇게 된다. 마치 그것이 독점적인 우리의 비전인 양 그것을 들고 막 달려나간다. 하나님이 주신 비전은 우리의 책임이 아니라는 사실을 쉽게 잊는다. 우리가 해야 할 역할은 따로 있다. 그리고 우리의 역할이 우리의 책임이다. 그러나 비전 그 자체는 하나님의 책임이다.

다시 한 번 예수님의 어머니인 마리아를 생각해보자. 마리아는 그녀의 아들에 대한 거룩한 비전을 확신했다. 그렇기 때문에 하나님이 그 비전을 완성시켜주시기를 기다리면서 어머니로서 책임을 다하는 일에 만족했다.

그 일은 예수님이 태어나신 지 약 한 시간 만에 일어났다. 천사들이 알려주었다며 목자들이 찾아왔다. 마리아의 비전은 확인되었다. 천사가 약속한 대로 되어가고 있었다. 목자들이 떠난 직후 다른 낯선 사람들이 아기를 보기 위해서 도착했다.

> "빨리 가서 마리아와 요셉과 구유에 누인 아기를 찾아서 보고 천사가 자기들에게 이 아기에 대하여 말한 것을 전하니 듣는 자가 다 목자들이 그들에게 말한 것들을 놀랍게 여기되"(눅 2:16-18).

자기 아들의 거룩한 신분을 마리아가 처음으로 확인했을 때, 천사가 자신에게 들려준 모든 이야기를 세상에 알리고 싶다는 생각이 그녀의 마음속에 왜 일지 않았겠는가? 목자들이 한 말이 무슨 뜻이냐고 사람들이 질문을 퍼부었을 때, 마리아가 느꼈을 감격을 상상해보라. 구유에 있는 아기와 주위의 초라한 환경을 둘러보면서, 마리아는 자신들을 돌봐줄 수 있는 사람을 급히 불러오고 싶었는지도 모른다. 그녀의 아기는 다른 아기와 달랐다. 천사들이 그의 탄생을 예고했다. 그녀는 어떤 희생을 치르더라도 그분의 삶과 건강을 반드시 보호해야 했다.

그러나 그녀는 그렇게 하지 않았다. 누가는 이렇게 기록했다. "마리아는 이 모든 말을 마음에 새기어 생각하니라"(눅 2:19). 급한 느낌이 전혀 없다. 마리아는 그녀의 모성에 지배되지 않았다. 그녀는 자기 아들에 대한 모든 것을 말하고 싶은 욕망에 지지 않았다. 그녀는 어떤 일을 계획할 필요도 느끼지 않았다. 대신 그녀는 이것이 하나님의 비전이라는 것을 알고 편안히 쉬었다. 하나님이 그분의 때에 일하실 것이다. 물론 그녀에게도 책임이 있었다. 그러나 그 비전은 하나님의 책임이었다.

할 수 있는 일과 해야 하는 일은 하나님이 허락하시기 전까지는 이루어지지 않는다. 타이밍은 비저니어링 과정의 핵심이다. 서두를 필요가 없다. 사전 조사를 하라.

# VISIONEERING PROJECT

**비저니어링 프로젝트 6**

1. 비전을 둘러싸고 있는 여러 환경을 조사하여 당신의 계획을 발전시키라.

   - 당신이 꼭 말해주어야 하는 사람은 누구인가?
   - 당신이 꼭 읽어야 하는 책은 무엇인가?
   - 당신이 꼭 가봐야 하는 곳은 어디인가?

2. 사람들이 자신의 비전을 충분히 조사하지 못하는 이유는 세 가지다. 다음 중 당신은 어느 것에 가장 취약한가?

   - 조급함 – "파괴된 성벽을 일일이 걸어다니며 시찰할 시간이 없어. 게다가 문제가 무엇인지 나는 이미 알고 있거든. 지금부터 빨리 시작해야 해."
   - 자만 – "파괴된 성벽을 둘러볼 필요까지 있을까? 내가 이미 알고 있는 것 말고 다른 무엇이 또 있겠어?"
   - 두려움 – "조사하다보면 상황이 심각하다는 것을 깨닫고 용기를 잃을까봐 걱정이 돼."

## 7장 | 비전 공개 I

"여호와께서 내게 대답하여 이르시되
너는 이 묵시를 기록하여 판에 명백히 새기되
달려가면서도 읽을 수 있게 하라
이 묵시는 정한 때가 있나니 그 종말이 속히 이르겠고
결코 거짓되지 아니하리라 비록 더딜지라도 기다리라
지체되지 않고 반드시 응하리라."

- 하박국 2:2-3 -

하나님이 정하신 모든 비전은 공유할 수 있다. 누구도 그것을 혼자서 이룰 수는 없다. 그러나 하나님은 대개 한 사람을 택하시고 강력한 말로 그림을 그려주신다. 그 그림은 하나님이 택하신 사람, 그 과업을 자신의 것으로 받아들이는 사람들의 마음과 상상력을 사로잡는다.

궁극적으로 우리는 누군가와 우리의 비전을 나눌 필요가 있다. 그 비전을 강단에서 선포할 수도 있고 저녁식사 자리에서 전할 수도 있다. 그것이 무엇이든 하나님이 우리 마음에 어떤 일을 하게 하셨는지 공개적으로 표현할 날이 올 것이다. 만약 하나님이 우리에게 할 수 있는 일과 해야 하는 일에 대해 그림을 그려주셨다면 우리는 그것을 말로 표현하라는 부름을 받을 것이다. 말로 그림을 그리는 것은 비전을 제시하는 데 필수적이다.

파괴된 성벽을 조사하고나자 느헤미야는 자신이 온 목적을 예루살렘 사람들에게 알릴 때가 되었음을 깨달았다. 그의 비전을 제시할 때가 된 것이다. 이것은 느헤미야가 마음속으로 수천 번도 더 연습한 연설이었다. 참으로 기다렸던 때가 온 것이다.

비전을 제시하려는 다른 모든 사람들과 마찬가지로, 느헤미야는 사람들이 어떤 반응을 보일지 전혀 예측할 수 없었다.

확실한 것은 그가 새로 온 사람이라는 점이었다. 백성들은 몇 세대 동안이나 성벽의 보호 없이도 잘 살아오고 있었다. 느헤미야는 그들이 자신을 도시 밖으로 쫓아내거나 비웃거나 무시할지도 모른다고 생각했다.

그러나 하나님으로부터 비전을 받은 사람에게는 사명이 있다. 그런 사람은 영원히 침묵할 수 없다. 느헤미야는 백성들을 불러 모았다. 그런 다음 예루살렘을 향한 그의 비전을 제시했다.

> "후에 그들에게 이르기를 우리가 당한 곤경은 너희도 보고 있는 바라 예루살렘이 황폐하고 성문이 불탔으니 자, 예루살렘 성을 건축하여 다시 수치를 당하지 말자 하고 또 그들에게 하나님의 선한 손이 나를 도우신 일과 왕이 내게 이른 말씀을 전하였더니"(느 2:17-18).

## 효율적인 비전의 네 가지 구성 요소

느헤미야의 연설에는 비전 선포에 대한 네 가지 핵심 구성 요소가 있다. 모든 비전은 이 네 가지 구성 요소로 이루어진다.

1. 문제
2. 해결 방법
3. 그것을 해야 하는 이유

4. 그것을 지금 해야 하는 이유

> **블록 쌓기 7**  비전을 문제에 대한 해답으로 제시할 때는 즉시 말할 수 있어야 한다.

비전을 확실하게 나누기 위해서는 우리의 비전이 다루는 문제와 동시에 해결 방법에 대해 말해야 한다. 한 걸음 더 나아가서 무엇인가를 해야만 하는 분명한 이유와 그것을 지금 해야 하는 이유를 설명할 수 있어야 한다. 이 네 가지 구성 요소를 분명하고 간결하게 다룰 수 없다면 우리는 아직 비전에 대해 말할 준비가 되지 않은 것이다.

이 요소들에 대해서 자세히 알아보도록 하자.

### 1. 문제

예루살렘 백성들이 직면하고 있던 문제는 분명하다. 성벽이 파괴된 것이다. 그럼에도 불구하고 느헤미야는 그 사실을 직접 언급함으로써 연설을 시작했다.

> "우리가 당한 곤경은 너희도 보고 있는 바라 예루살렘이 황폐하고 성문이 불탔으니"(17절 상).

느헤미야는 왜 이 연설이 필요하다고 느꼈을까? 그들은 이미 성벽이 파괴되었음을 알고 있다. 느헤미야의 말을 듣는 사람들 가운데는 평생을 예루살렘에서 산 사람도 있다. 그들은 그 불탄 성문을 매일 드나들었다. 느헤미야가 말할 필요도 없이 그들은 성벽이 파괴되었다는 것을 잘 알고 있었다.

당신의 집을 방문한 사람이 집 안을 돌아다니면서 어디가 부서졌고, 찌그러졌으며, 녹이 슬고, 페인트 칠이 벗겨졌다며 일일이 지적한다면 기분이 어떻겠는가? 당신은 아마 화를 낼 것이다. 그곳은 당신의 집이니까 말이다. 게다가 무엇을 손봐야 하는지는 다른 누구보다도 당신 자신이 잘 알고 있다.

그러나 손님이 돌아가고난 후 몇 군데는 아마 곧 손볼지도 모른다. 그것을 고쳐야 할 필요가 있다는 걸 모르고 있었기 때문은 아니다. 문득 다른 사람의 시각에서 그 문제를 다시 보게 되었기 때문이다.

예루살렘에 살고 있던 사람들은 성벽이 파괴되어 있다는 사실에 너무나 익숙해 있었기 때문에 그 이상의 것은 볼 수가 없었다. 관심도 없었다. 그렇게 사는 데 익숙해 있었다. 그 때문에 생기는 불편함이나 위험은 그들의 생활에서 자연스런 일부가 되었다. 세월이 흐르면서 무엇을 할 수 있으며 무엇을 해야 하는지에 대한 안목조차 잃어버렸다. 또한 과거에는 어떠했는지 아무도 기억하지 못하는 것 같았다.

느헤미야의 말은 잠을 깨우는 소리였다. 느헤미야는 핵심을 말하고 있었다. "눈을 뜨십시오! 큰일 났습니다! 우리는 지금 곤궁에 처해 있습니다." 그의 신선한 시각은 새로운 관점을 가져다주었다. 어려움을 겪지 않고서도 예루살렘 백성들은 자신들의 형편을 새롭게 돌아보게 되었다. 그 순간 그들은 느헤미야의 눈을 통해서 예루살렘을 볼 수 있었다. 그렇게 보게 되자 그들은 느헤미야의 비전을 이해했다.

비전 제시는 언제나 사람들을 일깨워 무관심에서 벗어나게 하는 요소가 있다. 비전을 제시하는 사람이 전혀 새로운 정보를 꺼내놓는 경우는 거의 없다. 그들은 기존에 있었던 문제에 열정을 더하여 관심을 제기하는 신선한 시각을 보여준다. 해묵은 문제를 현재적 의미로 재해석해주기도 한다. 동화 속의 순진한 아이처럼 비전을 제시하는 사람은 이렇게 외친다. "임금님은 벌거숭이래요." 만일 효과적으로 비전을 제시했다면 청중들은 이렇게 소리칠 것이다. "당신 말이 옳아요. 이를 위해 어떤 일을 시작합시다."

당신의 비전이 다루는 문제는 무엇인가? 문제가 비전은 아니다. 해결 방법이 비전이다. 그러나 문제는 비전을 제시하는 데 분명한 내용을 제공한다. 일체감을 조성하고 문제를 분명히 말하면 청중들은 흥미를 느끼게 된다. 그러면 청중의 마음을 끌 수 있다.

어떤 경우에는 당신이 그 문제를 설명함으로써 그들이 알고는 있었지만 타협하며 살도록 익숙해진 어떤 것에 새로운 방향을 주기도 한다. 당신이 보는 방법으로 그들 주위의 세상을 볼 수 있게 하면 그만큼 사람들은 그 문제에 대한 당신의 해결 방법에도 기꺼이 귀를 기울이게 되는 것이다. 청중이 당장 필요한 일이 무엇인지 알아보는 눈이 없다면 그들은 당신이 하는 말에도 관심을 보이지 않을 것이다.

이렇게 한번 생각해보라. 성공적인 조직은 문제의 핵심을 파고들고 시장의 빈 곳을 채운다. 필요에 따라 새로운 비즈니스가 생겨난다. 파라처치(parachurch, 교회 밖 사역 기관 – 편주) 역시 충족되지 않은 필요와 미개발된 목회의 기회가 필요하다는 생각에서 시작되었다. 당신의 비전은 어떤 문제를 해결할 가능성이 있는가? 어떤 필요를 충족시킬 수 있는가? 얼마만큼 긴장과 갈등을 치유할 수 있도록 계획되었는가?

이런 질문들에 분명하고 간결하게 답할 수 있다면 당신은 당신의 비전을 제시하기 위해 첫걸음을 옮겨놓은 셈이다. 확실하지 않거나 당신의 대답에 집중력이 부족하다고 생각된다면 한 마디도 꺼내지 말라. 생각하고 조사하고 기도하라. 말하고 싶은 충동을 끝까지 참아내라.

### 2. 해결 방법

느헤미야의 청중은 모두 그 문제에 동의했다. 성벽은 파괴되었다. 아무도 그것을 두고 왈가왈부하지 않았다. 느헤미야는 그 문제를 제기하고난 뒤 계속해서 해결 방법을 제안했다. "자, 예루살렘 성벽을 다시 지읍시다."

해결 방법 역시 분명했다. 그러나 사람들에게 동기를 부여해서 어떤 일을 하도록 하려면 누군가가 그것을 감당해야만 했다. 느헤미야는 그의 비전을 제시했다. 느헤미야는 성벽으로 둘러싸인 예루살렘을 기대하도록 했다.

비전은 언제나 문제에 대한 해결 방법이다. 비전은 느껴지거나 인식한 필요를 해결한다.

당신은 당신의 비전을 분명하게 표현할 수 있는가? 만약 기회가 주어진다면 하나님이 당신을 부르사 위임하셨다고 느끼는 일을 한 문장으로 납득할 수 있게 정확히 전달할 수 있는가? 당신은 할 수 있는 일과 해야 하는 일에 대한 그림을 당신의 말로 분명히 그릴 수 있는가?

이것은 비전 제시의 핵심이다. 문제에 대한 분명한 설명이 마음속에 흥미를 유발하는 한편 해결법은 상상력에 흥미를 더한다. 비전은 현재의 상태에서 변화를 요구하는 방향으로 미래를 상상하도록 해준다. 비전은 청중의 입장에서 앞으로 현재의 실체 너머를 보고 무엇을 할 수 있을지 기꺼이 상상하게 만든다.

그다지 큰 충격 없이 느헤미야의 청중은 성벽으로 둘러싸인 예루살렘을 꿈꿀 수 있었다. 이 비전은 현재를 우리가 꿈꾸는 미래의 모습으로 바꿔보자는 열망에 불을 붙였다. 느헤미야는 그들의 상상력을 흔들어 깨웠다. 결국 그들은 모두 느헤미야의 비전에 동참하게 되었다.

다른 사람들이 당신의 열정을 나누어 갖도록 하기 위해서는 먼저 당신의 비전이 미래를 어떻게 바꿀 것인가 하는 분명한 그림을 가지고 있어야 한다. 확실한 용어로 당신이 제시하는 비전 가운데로 그들을 안내해야 한다. 그러므로 당신은 상상할 수 있도록 그림을 그리듯 말로 그들의 상상력을 자극해야 한다. 또한 제시하는 비전의 목표는 모든 사람이 추구하고 그것을 위해 함께 나아갈 수 있는 것이어야 한다.

### 당신은 어떤가?

당신의 비전은 당신의 상상력을 사로잡는가? 당신은 할 수 있는 일과 해야 하는 일을 꿈꾸는가? 미래에 대해 당신은 분명한 그림을 가지고 있는가?

만약 그렇지 않다면 당신 자신과 다른 사람들에게 호의를 베푸는 차원에서 당신의 비전에 대해 너무 많이 말하지 말라. 너무 이르다. 당신은 아직 준비가 되지 않았다.

내가 신학교에 다닐 때 하워드 헨드릭스 교수님은 여러 번 이렇게 말했다. "여러분, 설교 강단에 안개가 끼면 청중석에는 먹구름이 낍니다."

그의 요지는 분명하다. 설교자의 입술에서 조금이라도 혼란스러운 메시지가 전해지면 청중에게는 결과적으로 엄청난 혼돈이 야기된다는 뜻이다. 만약 말하는 사람이 분명하게 의사 표현을 하지 못했다면 듣는 사람이 분명하게 이해할 가능성 역시 거의 없다.

비전을 제시할 때도 마찬가지다. 비전을 제시하는 사람이 비전의 알맹이를 제대로 전달하지 못한다면 미래에 대한 분명한 그림을 가지고 누군가 그를 따를 가능성은 거의 없다.

제대로 제시된 비전은 철저히 말로 표현할 수 있는 그림으로 그려진다. 그 그림은 듣는 사람들의 마음에 정확히 다시 재생된다. 듣는 사람의 상상력을 돋울 때 비전 제시가 이루어지기 때문이다. 비전을 제시하는 사람의 마음과 가슴에 가득 찬 그림과 영상이 듣는 이의 마음과 가슴에 그대로 정확히 옮겨졌을 때, 비로소 비전이 제시된 것이다. 미술가가 추구하는 영상과 빛깔들이 캔버스에 고스란히 옮겨지듯이 비전을 제시하는 사람 또한 그렇게 청중의 상상력에 그림을 그려야 한다.

그러나 상상력을 유발하는 것만으로는 충분하지 않다. 여전히 동기 부여라는 문제가 남는다. 그것은 비전 제시의 세 번째와 네 번째 측면이다. 이것은 다음 장에서 다룰 것이다.

하나님이 주신 비전을 혼자서 성취할 수 있는 사람은 아무도 없다. 당신의 비전이 한 친구의 구원을 위한 것이거나 한 조직의 출범을 위한 것이라도 팀을 구성하게 될 것이다. 그 구성원들의 상상력은 정렬되어 있다. 그들의 마음은 무엇을 할 수 있으며 무엇을 해야 하는지를 분명히 알고 있다.

하나님이 당신에게 비전을 주셨다면 그분은 당신 주위에 있는 다른 사람들의 마음속에도 비슷한 비전을 키우는 과정에 계신다. 당신이 자신의 비전을 나눌 때가 되면 하나님은 예비하신 사람들의 영혼에 공명을 일으키실 것이다.

한편 당신의 책임은 당신의 비전이 해결해야 할 문제와 비전이 어떻게 그 문제를 해결할 것인가에 대한 분명한 말의 그림을 계속해서 발전시켜 나가는 것이다. 이것을 기억하라. 비전은 문제를 해결하는 것이다. 당신이 비전을 제시할 때가 되면 당신의 청중은 느헤미야의 청중처럼 응답할 것이다.

> "그들의 말이 일어나 건축하자 하고 모두 힘을 내어 이 선한 일을 하려 하매"(18절 하).

# VISIONEERING PROJECT

비저니어링 프로젝트 7

1. 당신의 비전은 무엇을 해결할 수 있는가?

   - 이 문제를 다르게 표현해보면 이렇다. "만약 당신의 비전이 실현되지 않으면 무슨 일이 발생하거나 혹은 발생하지 않는가?"
   - 당신의 비전은 어떤 문제를 막는 것으로 표현될 수도 있다. 보통 자신의 가족을 위해 비전을 키울 때 그런 경우가 많은데, 그런 비전의 목표는 문제를 해결하기보다는 문제를 방지하는 것이다.
   - 만약 당신의 비전이 현재가 아니라 장차 있을지도 모르는 문제를 다룬다면 이렇게 표현해보라. 예를 들면, "이 비전은 우리 가족의 존엄성을 보호하기 위한 것이다. 만약 이 비전이 성취되지 않으면 우리는 같은 지붕 아래에 사는 이방인이 되어 상대에게서 해방될 날만 고대하게 될 것이다."
   - 많은 경우 비전은 무심코 바라보는 사람에게는 문제 의식이 생기지 않지만 실제로 존재하는 문제를 다룬다.
   - 기억하라. 사람들이 그들의 세상을 당신이 바라보는 방법으로 보게 할 수 있다면 그들은 꼭 그 만큼만 당신이 제시하는 해결 방법에 귀를 기울일 것이다. 당신의 청중이 처한 문제에 대해 문외한이라면, 그들은 당신이 제안하는 해결 방법에 귀를 기울이지 않을 것이다.

   이미 교회가 많은 애틀랜타에 새로운 교회를 개척할 필요가 있느냐는 문제가 제기되었을 때 나는 이렇게 비전을 제시했다.

"이 도시는 급속히 교회를 떠난 사람, 훈련되지 않아 성경적으로 무지한 사람들이 늘어가고 있습니다. 이런 사람들의 정신적인 욕구를 충족시켜줄 교회가 절대적으로 필요합니다. 성경적으로 도전받는 교회, 회의적이거나 의심 많은 탐구자들에게도 적대적이지 않으며 친절한 교회 말입니다. 우리는

# VISIONEERING PROJECT

제자를 만드는 임무를 수행해왔으며 각자 자신의 일을 하는 것보다 지역교회로 함께 연합했을 때 훨씬 더 효율적으로 일할 수 있습니다."

- 당신의 여러 비전과 관련하여 현재 있거나 앞으로 있을 문제에 대해 기술해보라.

2. 당신이 제안하는 해결 방법은 무엇인가?
   - 당신의 마음을 채운 영상들이, 당신의 말을 듣는 청중의 마음에 정확히 꽂힐 때에만 비로소 비전이 제시된 것이다.
   - 할 수 있는 일과 해야 하는 일의 목록을 적는 것부터 시작하라.
   - 당신이 희망하는 미래를 서술하는 문장에 살을 붙이라. 당신의 상상력에 활력을 불어넣기 위해서 "나는 상상한다"라는 말로 문장을 시작해볼 수도 있다.
   - 나는 이런 가정을 상상한다.
   - 나는 이런 회사를 상상한다.
   - 나는 이런 교회를 상상한다.
   - 나는 이런 결혼을 상상한다.

# 8장 | 비전 공개 Ⅱ

비전은 렌즈와 같다.
굴절되지 않은 광선을 모아준다.
모험에 관심 있는 모든 이에게
그들 앞에 무엇이 놓여 있는지 더 잘 볼 수 있게 해준다.
-『리더십 챌린지』(*The Leadership Challenge*) -

비전은 다음의 네 가지 항목을 포함한다.

1. 문제
2. 해결 방법
3. 그것을 해야 하는 이유
4. 그것을 지금 해야 하는 이유

7장에서는 문제와 해결 방법에 대해서 알아보았다. 이제 바로 세 번째 항목으로 들어가보자.

### 3. 이유

예루살렘을 둘러싸고 있는 성벽이 무너졌다는 사실이 성벽을 재건해야 한다는 뜻은 아니다. 사람들이 그 상황에 만족하고 있었음이 이를 증명한다. 문제와 해결 방법을 제시하는 것으로는 충분하지 않다. 예루살렘 백성들에게는 동기가 필요했다. 그래서 느헤미야는 백성들의 마음에 가벼운 잽에 이어서 펀치를 날리고 있다.

> "자, 예루살렘 성을 건축하여 **다시 수치를 당하지 말자 하고**"(느 2:17 하, 강조 추가).

이 말이 자극제가 되었다. 느헤미야는 자기 자신을 포함하여 "더 이상 우리가 수치를 받지 말자"라고 표현함으로써 펀치의 수위를 한결 가볍게 했다. 그러나 이것은 어떻게 해석하더라도 그들의 자존심을 건드리는 말이었다. '수치'로 번역된 이 말은 '불명예' 또는 '난처함'을 의미한다. 느헤미야는 백성들에게 다시 한 번 현실을 직시하도록 도전하고 있었다. 사실 그는 이렇게 절규하고 있었던 것이다. "난처하고도 부끄럽구나! 백 년이 넘도록 우리는 이런 상태를 방치하고 있었다니! 무슨 말을 할 수 있겠는가."

이스라엘 사람들은 주변 나라들이 보기에도 명백한 사실을 그동안 무시해왔다. 왜냐하면 자신들이 처한 환경에 점점 익숙해졌기 때문이다. 그들은 국가적인 자부심도 불명예와 수치도 모른 채 만족하며 사는 지경까지 이르렀다. 국가적인 자부심이라곤 찾아볼 수 없었다.

엎친 데 덮친 격이었다. 느헤미야의 말은 그들의 신성한 규약을 깨뜨려 버렸다. 그들은 국가적으로 난처하고 부끄러울 뿐만 아니라 하나님 앞에서도 곤란해졌다.

이스라엘은 다른 나라와 달랐다. 그들은 하나님으로부터 열국의 빛이 되라는 명령을 받았다. 그들의 역할은 모든 나라 가운데서도 독특했다. 하나님은 당신의 능력과 영광과 은혜를 드러내시기 위해 이스라엘을 세우셨다.

하나님은 언약궤와 지성소를 당신의 영광으로 채우시며, 이스라엘을 택하사 그들과 특별한 방식으로 동행하시며 주재하셨다.

하나님은 전쟁에서 기적 같은 승리를 통해 주변 나라들에게 이스라엘의 하나님이 유일하신 참 하나님이라는 사실을 계속해서 입증하셨다. 지구상의 모든 나라 가운데 이스라엘은 유일무이했다. 그리고 언젠가는 전쟁에 뛰어나다고 알려진 이 나라에 왕과 평화와 인류의 구세주가 나타날 것이다. 그리고 온 세상은 이스라엘로 인해 복을 받을 것이다.

그러나 느헤미야 시대에 이스라엘 수도를 바라보았다면 어느 누구도 그런 이스라엘의 영광을 짐작할 수 없었을 것이다. 성전은 사라졌다. 언약궤도 잃어버렸다. 제물 봉헌도 그쳤고 영광도 사라졌다. 이스라엘 백성들의 자신감과 용기 또한 함께 사라져버렸다.

느헤미야는 이 도시가 국가적 불명예 수준을 넘어섰다는 것을 알았다. 하나님의 명성과 영광이 위태한 지경에 처해 있음을 깨달았다. 그러나 하나님이 당신의 택한 백성을 버리지 않으셨음도 그는 알았다.

백성들 앞에 서서 행동을 촉구할 때, 느헤미야는 아브라함과 이삭과 야곱의 하나님과 함께하는 사람처럼 서 있었다. 하나님이 자신의 편임을 아는 사람이 갖는 확신을 가지고 느헤미야는 그의 비전을 제시했다. 느헤미야는 자신이 가진 비전 역시, 사실은 하나님이 바닷가의 모래만큼 많은 자손을 주겠다고 약속하신 아브라함에게 주신 것임을 알았다. 하나님께서 아브라함에게 하신 약속을 다 이루신 것처럼 자신의 비전도 하나님이 완성해주실 거라고 확신했다.

느헤미야의 비전은 성벽을 다시 건축하는 것보다는 하나님이 당신의 능력을 나타내시고 택한 백성에게 하신 약속을 이루신다는 약속을 재확인하는 데 있었고 그것이 더욱 절실했다. 그의 비전은 곤경에 처한 나라에 단순히 도움이 되는 차원을 넘어섰다. 그의 비전은 역사에 드러난 하나님의 섭리의 손길과 교직되고 있었다. 그날, 느헤미야는 그들을 통해 마침내 세상에 구세주를 보내기로 택함받은 하나님의 백성으로서 그들의 사명을 받아들이라고 도전한 것이다.

거룩한 영감을 받은 비전은 모두 어느 정도는 하나님의 마스터플랜에 직결되어 있다. 배우자를 사랑하는 것이든, 자녀를 양육하는 것이든, 이웃에게 복음을 전하는 것이든, 혹은 사업을 시작하는 것이든 다 마찬가지다. 성도로서 당신이 하는 모든 일은 더 크고 넓은 의미가 있다. 왜냐하면 우리의 삶은 우리만의 것이 아니기 때문이다. 그리고 우리의 비전은 고립된 섬처럼 홀로 갖게 된 생각이 아니기 때문이다.

느헤미야는 자신의 개인적인 비전과 하나님이 그 나라를 향해 가지신 마스터플랜이 연결되어 있음을 알았다. 우리도 그 일을 해야 한다. 그 관계에 몰두해보면 하나님이 우리에게 주신 비전을 우리가 왜 끝까지 추구해야 하는지 알 수 있다. 그것은 거룩한 명령이다. 느헤미야의 비전이 그토록 강렬했던 것도 하나님의 마스터플랜을 수행하도록 예정된 이스라엘 민족의 독특한 역할 때문이었다. 비록 우리의 프로젝트가 보잘것없을지 모른다. 그러나 우리의 비전을 그만큼 강렬하게 만드는 것은 그 역시 하나님의 역사에서 보면 결정적으로 한 부분을 차지한다는 사실 때문이다.

이제 당신은 이런 생각을 할 수도 있다. "느헤미야는 예루살렘 성벽을 건축했어. 그런데 나는 고작 회사에 기여하고, 아이들을 키우며, 결혼 생활을 유지하고, 거리에서 증거하는 삶을 살고 있을 뿐이야. 그런데 이 하찮은 나의 비전을 느헤미야의 비전과 비교하는 일이 가당키나 할까?"

아마 빌리 그레이엄의 부모도 같은 고민을 했던 것 같다. 명심하라. 빌리 그레이엄의 부모가 중요하게 행한 일이란 가족을 하나로 연합시키고, 식탁에서 음식을 나누며, 그를 양육한 것이었다.

느헤미야의 부모도 이 일에 반대했을지 모른다. "우리가 뭔데?"라며 따졌을지 모른다. "우리는 단지 이주해온 유대인일 뿐이야. 하나님을 믿지 않는 문화에서 우리 아이들이 하나님을 경외하도록 키우는 일이 삶의 유일한 목표란다." 다행히 느헤미야의 부모는 그들이 정한 목표를 성공적으로 달성했다. 그런데 거기에 거룩한 무엇이 연결되어 있었다. 빌리 그레이엄의 부모처럼, 우리는 자녀들 앞에 무엇이 예비되어 있는지 알지 못한다. 그러나 빌리 그레이엄의 부모는 그 믿음을 지켰다. 그리고 하나님 아버지를 경배하는 경건한 사람으로 자녀를 양육하는 비전에 충실했다.

하나님이 우리를 통해 하기 원하시는 일이 무엇인지 우리는 전혀 모른다. 이웃 사람들과 자녀, 재정, 교회, 목회 등과 관련해서 작아 보일지 모르는 우리의 비전은 결코 그렇게 작은 일이 아니다. 우리는 전체를 알지 못한다. 우리가 알 수 있는 사실은 우리가 행하도록 부름받았다는 것과 하나님이 그분의 역사에서 추구하시는 것과 우리의 비전이 연결되어 있다는 것이다. 그 둘 사이를 가깝게 묶으면 묶을수록 우리의 비전은 더욱 강렬하고 견고해질 것이다.

**출발선을 지나서** | 나는 론 블루(Ron Blue)를 알게 되었다. 그는 유명한 작가이자 연설가일 뿐만 아니라 론 블루 앤 컴퍼니(RBC)라는 회사의 설립자이며 회장이다. RBC는 미국과 유럽에서 수많은 고객들과 거래하며 재정 관리 및 투자 상담을 해주는 회사이다. 그들은 물질을 관리하는 성경적 원칙에 기초하여 재정 계획의 기술적 측면을 철저히 이해하며 일하고 있다. 15억 달러가 넘는 자산을 관리하는 RBC는 광범위한 재정 설계 산업 분야에서 선두를 달리고 있다.

론은 RBC를 향한 독특한 비전을 가지고 있다. 그는 고객들에게 훌륭한 재정 상담 파트너 역할뿐만 아니라 섬김의 원칙 아래 신뢰할 만한 조언을 하기로 결심했다. 또한 언젠가는 RBC의 고객들이 1년에 십억 달러를 하나님의 선한 사업을 위해 헌금하게 되는 날을 고대하고 있다. 그의 꿈은 하나님이 하시려는 일과 분명히 연결되는 비전이다.

모든 CEO와 회사의 회장들은 그들 나름의 비전을 가지고 있다. 그들은 기회가 주어지면 각자 자기 회사에 대해 열정적으로 말한다. 그러나 고객 서비스와 시장 점유율 그리고 분기별 수익 등에 대해서만 끊임없이 늘어놓는 것은 무언가 공허하다. 그런 것들로는 사람들의 상상력을 사로잡을 수 없다.

그러나 같은 회사 구조를 가지고 더 많은 투자 수익금을 낼 수 있다고 설명하면 상황은 활기를 띨 것이다. RBC는 단순히 자산을 관리하고 투자한 금액에 대해서 이익을 돌려주는 회사가 아니다. 더 큰 무엇이 있다. 론의 비전을 그렇게 강렬하게 만드는 것도 그런 거룩한 요소이다.

느헤미야는 성벽이 다시 건축되어야 한다고 마음속으로 굳게 믿었다. 왜 그랬을까? 성벽이 무너졌기 때문인가? 아니다. 예루살렘의 무너진 성벽은 하나님의 사람들과 하나님께 불명예였기 때문이다.

당신의 비전이 왜 성취되어야 하는지 그 목적을 정조준했다면, 당신은 자신이 무엇을 하도록 부름받았는가 하는 정확한 한 가지 생각에만 집중하게 될 것이다. 여기서 '왜'라는 말은 긴급함과 동기의 의미로 해석된다. 비전을 말할 때 이것은 꼭 해야 하는 일이라는 확신은 당신의 대화에 설득력을 부여해줄 것이다. 왜 그런가? 『리더십 챌린지』(The Leadership Challenge)라는 책에서는 이렇게 말하고 있다.

> 희망이나 꿈 그리고 성공에 대해 이야기할 때 우리의 감정은 언제나 풍부해진다. 앉아 있는 자리에서 앞으로 몸이 숙여지고, 팔걸이에서 손이 내려오며, 눈에서 빛이 나고, 목소리는 흥분으로 떨리며, 얼굴에는 웃음이 번진다. 흥미를 느끼고, 분명해지며, 긍정적으로 변하고, 정신적으로

고양된다. 한마디로 말해서 영감을 받는 것이다.[1]

비전을 제시한다고 하면 미사여구와 힘 있고 확신에 찬 목소리로 말하는 열정적인 연설을 떠올릴지 모르겠다. 그러나 성공적으로 비전을 제시하는 데 반드시 그런 요소들이 필요한 것은 아니다. 이것은 반드시 해야 하는 일이라는 우리의 확신이 핵심 요소이다.

우리 스스로 이것은 꼭 해야 하는 일이며 또 할 수 있는 일이라는 확신을 가질 때라야 비로소 우리는 비전을 효과적으로 전달할 수 있다. 당신이 가진 비전에서 '무엇을'이라는 의미 뒤에 숨은 '왜'라는 의미를 발견하라. 그러면 '해야 하는' 의미가 분명해진다. 또 일단 '왜'라는 의미에 대한 해답을 발견하게 되면 당신의 말은 듣는 이들의 심장을 관통하는 능력을 갖게 된다.

우리의 비전과 하나님이 우리에게 부여하신 일에 연결 고리가 만들어지면 우리의 비전은 이제 환경을 뛰어넘게 된다. 회사를 설립하고, 많은 돈을 위탁 관리하며, 자녀를 양육하는 차원에만 머물지 않고, 한 세대에 커다란 영향을 끼치게 될 것이다. 결혼 생활에만 머물지 않고, 하나님의 질서를 이 사회에 다시 세울 것이다. 우리의 개인적인 비전을 하나님의 거룩하신 계획에 접목시키면 우리는 우리의 미래에 든든한 지렛대를 받치게 되는 셈이다.

그러면 어떻게 그 연결 고리를 만들 것인가? 우리가 하고자 하는 일 중에서 하나님이 하시는 일과 대립되는 일을 어떻게 분별해낼 수 있을까? 당신의 비전을 다음의 두 가지 격자 사이로 통과시켜보라.

1. 그것은 무슨 차이를 만드는가? | 얻을 것은 무엇이고 잃을 것은 무엇일

---

1. James M. Kouzes and Barry Z. Posner, *The Leadership Challenge*(San Francisco: Jossey-Bass Publishers, 1987), 107. 『리더십 챌린지』(디모데)

까? 당신의 비전을 성공적으로 성취하게 되면 그것은 결국 무슨 차이를 만들어낼까? 이 질문은 정말 중요한 것이 무엇인지를 보여준다.

- 예루살렘 성벽을 다시 건축하게 되면 그것은 무슨 차이를 만들어낼까?
- 내가 빚을 청산하게 되면 그것은 무슨 차이를 만들어낼까?
- 나의 기독교 가치관과 믿음을 자녀들에게 전해주면 그것은 무슨 차이를 만들어낼까?
- 내가 이 새로운 사업 또는 목회 사역을 성공적으로 시작한다면 그것은 무슨 차이를 만들어낼까?
- 내가 대학을 졸업한다면 그것은 무슨 차이를 만들어낼까?

2. 나는 왜 이것을 시도해야 하는가? | 이것은 매우 중요한 질문이다. 당신이 설정하는 모든 목표를 두고 반드시 물어보아야 할 질문이다. 이 질문에 답하려고 고심하는 동안에, 당신은 자신의 가치에 대해 엄청난 점을 발견하게 될 것이다. 첫 번째 질문에 만족하지 말라. 끊임없이 '왜'라고 질문하라.

당신에게 가장 중요한 것이 무엇인지 드러나면 다음의 두 가지 중 하나가 발생할 것이다. 당신의 비전이 사실은 하나님의 비전이 아니라 당신의 비전임을 깨닫게 되든지, 아니면 하나님 아버지께도 중요한 당신의 비전에 박차를 가하게 될 것이다. 그렇게 공유된 가치는 당신이 성취하고자 시도하는 것과 하나님이 우주적인 규모로 이루시려고 하는 것 사이에 연결 고리 역할을 할 것이다.

이 점을 설명하면서 느헤미야와 상상의 대화를 나눠보자.

"느헤미야, 당신은 왜 예루살렘 성벽을 재건하려고 합니까?"

"성벽이 무너져버렸기 때문이오."

"무너진 성벽은 왜 재건해야 합니까?"

"성벽이 없으면 도시는 적의 공격에 무방비 상태가 되기 때문이오."
"백 년이 넘도록 무방비 상태로 있던 도시를 왜 지켜야만 합니까?"
"그 도시에 사는 이들이 하나님의 백성이기 때문이오."
"하나님의 백성을 왜 지켜야만 합니까?"
"하나님이 이 백성들에게 특별한 임무를 맡기셨기 때문이오."

계속해서 '왜'라는 질문을 하다보면 상황이라는 범주에서 가치 중심적인 것으로 대화가 옮아가게 된다. 이것이 쉬운 과정은 아니다. 어떤 경우에는 당신이 난처해질 수도 있다. "내가 왜 해야 하는지 알 수가 없어." 그럴 때는 생각하는 시간을 좀더 가져야 한다. '왜'라는 질문을 붙잡고 씨름하다보면 어느새 핵심 가치에 근접하게 될 것이다. 그리고 많은 경우에 당신 자신뿐만 아니라 당신의 비전에 대해서도 귀중한 영감을 얻게 될 것이다.

다음의 대화를 통해서 더욱 친숙한 대화로 들어가보자.

"자네는 왜 리사와 결혼하려고 하는가?"
"서로 사랑하기 때문입니다."
"아직 내 질문에 대답하지 않았네. 왜 리사와 결혼해야 하는가?"
"저는 항상 리사와 함께 있고 싶고 또 그녀와 가정도 꾸미고 싶습니다."
"아직도 내 질문에 답하지 않는군. 자네는 왜 리사와 결혼해야 하는가?"
"결혼하지 않고 함께 살면서 아이를 갖는 것이 옳지 않다고 믿기 때문입니다."
"왜 옳지 않은가?"

잠깐 멈춰보자. 이 대화가 상황의 단계에서 어떻게 가치와 도덕적인 차원으로 옮아갔는지 알 수 있겠는가? 바로 이 접점에서 자기가 사랑하는 여자와 함께 살고 싶은 한 젊은 남자의 비전이, 결혼에 대한 하나님의 거룩한 계획과 만날 수 있는 가능성을 보게 된다. 계속 따라가보자.

"그것이 옳지 않은 까닭은…글쎄요. 하나님께서 그것이 옳지 않다고 말씀하셨거든요."

"하나님의 말씀을 왜 따르려고 하는가?"

"그분이 하나님이시기 때문입니다."

"자네는 내 질문에 대답하지 않았네."

"저는 하나님이 말씀하신 것을 따르고 싶습니다."

"이유가 뭔가?"

"제게 가장 좋은 것이 무엇인지 하나님은 다 아신다고 믿기 때문입니다."

이제 우리는 가치와 믿음에 관한 대화를 듣고 있다. 배우자와 함께 살고 싶은 이 젊은 남자의 비전은, 이렇게 묻고 답하지 않았더라면 깨닫지 못했을지도 모르는 데 뿌리를 두고 있었다. 이제 한 단계 더 들어가보자.

"하나님은 왜 자네에게 가장 좋은 것이 무엇인지 관심을 가지시는 걸까?"

"하나님이 저를 사랑하시기 때문입니다."

"하나님은 왜 자네를 사랑하시는 걸까?"

"확실하게는 모르겠습니다. 하나님은 우리를 사랑하시기로 결심하셨다는 성경 말씀이 있습니다."

"이렇게 이야기하면서 자네는 무엇을 깨닫게 되었는가?"

"저는 하나님을 믿기 때문에 리사와 결혼하려 합니다. 하나님은 저를 사랑하시고, 저에게 가장 좋은 계획을 갖고 계십니다. 제가 하나님의 계획에 따를 때 리사와 성공적인 관계를 맺을 수 있는 최선의 기회를 갖게 될 것입니다. 결국 저의 비전은 하나님 말씀의 귀한 가치를 따라 리사와 함께 살아가는 것입니다."

이제 그에게 우리가 앞에서 이야기했던 첫 번째 질문을 해보자.

"당신이 리사와 함께 살아간다는 이 비전을 추구하면 그것은 무슨 차이를 만들어냅니까? 본질적으로 무엇과 관련이 있습니까?"

"우리의 평화입니다. 우리의 자부심일지도 모르겠습니다. 우리가 자녀를 갖게 되면 그들이 느끼는 자부심이나 정서적인 건강에 영향을 끼칩니다. 사람들이 우리가 크리스천이라는 것을 알기 때문에 우리의 신앙 고백이 문제가 되기도 합니다. 만약 우리의 결혼이 실패하거나, 우리가 결혼하지 않고 그냥 함께 살면 하나님 나라를 영화롭게 하지 못할 것입니다. 그러면 우리는 하나님께나 교회에 유익이 되지 못할 것입니다. 무슨 차이를 만들지의 측면에서 생각해보면 우선 하나님을 믿지 않는 리사의 오빠에게 큰 영향을 줄 수 있습니다. 우리는 그녀의 오빠를 언젠가 교회로 인도하려는 소망을 갖고 있습니다."

비록 상상의 대화였지만 이로써 당신의 개인적인 비전과 하나님이 이 세상에서 하시려는 일과의 연결 고리를 찾는 데 이 두 가지 질문이 어떻게 쓰이는지 알 수 있었을 것이다. 믿는 사람에게 이것은 아주 중요한 연결 고리이다. 이 중요한 연결 고리를 찾지 못했다면 당신은 아직 비전을 공개할 준비가 되어 있지 않은 것이다.

### 4. 타이밍

비전 제시의 마지막 네 번째 요소는 비전의 타이밍이다. 왜 이 비전은 바로 이 순간에 추구해야 하는가? 왜 우리는 이것을 나중에 하지 않고 지금 해야 하는가? 무엇을 이렇게 서두르는가? 왜 모든 것이 급하기만 한가?

느헤미야는 특별히 이것이 자신의 비전에 결정적인 요소라는 것을 알았다. 군중 뒤편에서 이렇게 소리치는 사람을 상상해보라. "뭘 그렇게 서두르십니까? 이 성벽은 백 년이 넘도록 무너져 있었습니다. 천천히 합시다. 바닷물이 쉬지는 않을 테니 안심하세요."

느헤미야는 타이밍의 문제를 정면으로 제기했다. 하지만 주의 깊게 보지 않았다면 놓쳤을지도 모른다.

"또 그들에게 하나님의 선한 손이 나를 도우신 일과 왕이 내게 이른 말씀을 전하였더니"(느 2:18 상).

이해했는가? 성벽 재건의 타이밍에 대한 느헤미야의 주장은 하나님이 환경을 온전히 주장하셨다는 데 그 근거를 두고 있었다. 느헤미야가 예루살렘에 도착하기까지 하나님이 모든 것을 채워주셨다. 느헤미야는 예루살렘이 훼파되었다는 말을 처음 들었을 때 커다란 부담을 느꼈다고 기록했다. 자신이 할 수 있는 것이 아무것도 없다는 사실을 알았을 때 느헤미야는 절망했다. 예루살렘에 남은 백성들을 위해 느헤미야는 고통의 나날들을 보냈음이 틀림없다. 그리고 왕이 그의 얼굴에서 수심을 발견하고 그 원인이 무엇이냐고 물었을 때 느헤미야는 이미 예루살렘을 위한 상세한 계획을 가지고 있었다. 예루살렘의 황폐함을 왕에게 전하기 전에 느낀 긴장된 순간에 대해서 느헤미야는 백성들에게 말했을 것이다. 그런 다음 왕의 놀라운 대답을 다시 들려주었을 것이다.

청중은 하나님의 손이 그들 편에서 일하실 때 무엇을 할 수 있는지 느헤미야의 말을 들으면서 마치 주문에 걸린 것처럼 알게 된다. 그들은 하나님이 그들을 버리셨다고 생각했다. 그런데 느헤미야를 통해서 예루살렘을 재건할 수 있도록 하나님이 배후에서 일하셨다는 사실을 듣게 될 것이다. 그것은 그들이 전혀 기대하지 않았던 뉴스였다.

느헤미야의 이야기는 그의 출현뿐만 아니라 성벽 재건의 때가 마침내 이르렀다는 것을 청중들에게 확신시켜준다. 백성들의 행동에 불을 붙인 것은 느헤미야의 비전이 아니라 하나님이 그들 편에서 일하셨다는 소식이었다.

성벽은 백 년 동안 파괴된 채로 있었다. 그것은 새로운 사실이 아니었다. 예루살렘에 남아 있는 사람들이, 하나님이 그들을 지켜 보호하신다는 어떤 증거에 대해서 들은 것은 근 몇 세대 만에 처음 있는 일이었다. 하나님이 그들을 위해 일하셨다는 사실은 잠들어 있던 그들의 믿음을 깨웠다. 하나님이 간섭하셨다는 소식이 그들의 흥미에 불을 붙였고 재건의 때가 임했다는 확신을 갖게 했다. 그 결과 이스라엘 백성들은 그 선한 사업에 열심을 내기 시작했다.

이 점을 간과하지 말라. 느헤미야는 단지 성벽이 파괴된 것을 보고 재건의 때가 되었다고 지적하지 않았다. 그는 하나님이 백성의 편에서 간섭하셨다는 사실에 초점을 두었다. 그 이야기를 들은 백성들은 성벽이 파괴된 그 날부터 예루살렘이 계속해서 수치를 당해왔다고 생각하게 되었다. 하지만 그것만이 즉시 성벽을 재건하려 한 이유는 아니다. 타이밍을 완벽하게 조절해준 것은 하나님이 그 길을 예비해주셨다는 사실이다.

앞서 여러 번 강조했듯이, 거룩한 비전에는 일의 앞이나 중간이나 일이 완전히 끝난 뒤에라도 항상 하나님의 흔적이 나타난다. 하나님이 시작하시고 하나님이 조정해 나가신다. 그것은 이 비전에 하나님이 함께하셨다는 증거이자 이 비전의 긴급성을 보여주는 측면이기도 하다.

나는 다시 한 번 여호수아를 생각해본다. 하나님이 그 땅에 무엇을 예비하셨는지 밝힌 일과 여호수아의 타이밍과의 상관관계를 주목해보라. 다음은 두 명의 정탐꾼이 여리고에서 돌아온 직후 일어난 일이다.

> "또 여호수아에게 이르되 진실로 여호와께서 그 온 땅을 우리 손에 주셨으므로 그 땅의 모든 주민이 우리 앞에서 간담이 녹더이다 하더라 또 여호수아가 아침에 일찍이 일어나서 그와 모든 이스라엘 자손들과 더불어 싯딤에서 떠나 요단에 이르러 건너가기 전에 거기서 유숙하니라"(수 2:24-3:1).

가나안 땅은 수년 동안 난공불락이었다. 그렇다면 공격할 수 있는 적절한 타이밍은 어떻게 만들어졌는가? 그 특별한 때에 여호수아로 하여금 이스라엘 백성들을 이끌고 진군할 수 있도록 자신감을 불어넣어준 것은 무엇이었는가? 바로 하나님이 일을 시작하셨다는 점이었다.

말할 것도 없이 두 명의 정탐꾼은 모세가 한 세대 전에 그 땅에 보냈던 열두 명의 정탐꾼과 같이, 그 땅에 대한 좋은 소식을 가지고 돌아왔다. 모든 것이 상상 이상이었다. 그러나 그들이 크게 고무되었던 것은 과일의 크기도 아름다운 풍광 때문도 아니었다. 그것은 하나님이 그곳 거민들의 마음속에 두려움을 불러일으키셨다는 사실이었다. 공격하기에 적절한 시기가 되었다. 왜냐하면 하나님이 일을 시작하셨기 때문이다.

| 블록 쌓기 8 | 적합한 때에 적절한 사람들에게 비전을 제시하라. |

필요성이 있다는 사실만으로는 충분하지 않다. 필요에 부응해야 한다는 느낌은 받을 것이다. 그러나 하나님이 개입하셨다는 분명한 흔적이 있는 비전이라야 헌신적으로 매달리게 된다. 필요한 것은 언제나 있다. 목록만 해도 부지기수이다. 그러나 우리의 시간과 물질을 하나님이 행하시려는 어떤 것에 바칠 기회가 찾아오면 우리는 놀랍게도 더 많은 시간과 물질을 기꺼이 바치게 된다.

나는 하나님이 개입하시는 일이라면 물불 가리지 않고 참여하고 싶다. 그런 사람은 나뿐만이 아니다. 하나님의 일이 분명하다면 어떤 프로젝트에든지 목숨을 걸고 자신을 헌신하려는 사람들을 항상 만날 수 있다.

우리는 비전을 제시하기 전에 이 질문에 꼭 답할 수 있어야 한다. "왜 지금인가? 왜 우리는 우리의 시간과 열정을 이 프로젝트에 바로 지금 바쳐야 하는가?"

만약 하나님이 그 비전을 우리의 마음 가운데 주셨고 지금이 실제로 행동에 옮겨야 할 때라면 무언가 거룩한 특성이 드러나야 한다. 하나님이 미리 길을 예비하고 계시다는 것을 사람들에게 설명해줄 수 있는 어떤 것이 있어야 한다. 사람들은 하나님이 행하시는 일에 참여하기 원한다. 그것이 단지 우리의 개인적인 비전이 아니라는 것을 확신하게 되면 사람들은 우리의 비전에 동참할 것이다.

## 일어나자!

느헤미야가 예루살렘 백성들에게 자신의 비전을 모두 제시하자 그들은 이제 일하러 갈 준비가 되었다.

> "그들의 말이 일어나 건축하자 하고 모두 힘을 내어 이 선한 일을 하려 하매"(느 2:18 하).

조금 이상하지 않은가? 너무 쉽게 들려서 현실성이 없어 보이지 않는가? 실제 삶에서는 이런 경우가 드물다. 그러나 이것은 비전을 제시하는 모든 사람의 꿈이다. 하나로 뭉친 열정적인 지원자들이 그들의 소매를 걷어붙이고 일하러 갈 준비를 마쳤다.

기억하라. 이것은 결코 하룻밤 새 이루어진 성공담이 아니다. 속성 사진 같기만 한 이 성공이 이루어지기까지 여러 해가 걸렸다. 이야기는 여기에서 끝나지 않는다. 이것은 단지 비전의 시작일 뿐이다. 완성이라는 비전의 또 다른 측면이 남아 있다. 우리 모두 잘 알고 있듯이 열정을 가지고 출발한 비전이라고 해서 그것을 성취할 때까지 그 열정이 계속 유지되는 것은 결코 아니다.

그러나 동시에 우리가 여기서 볼 수 있는 것은 올바른 비전에 있는 잠재력이다. 잘 다듬어진 비전은 사람들의 상상력뿐만 아니라 그들의 헌신까지 이끌어내는 능력이 있다. 사람들은 자신들이 부름받았다고 느끼는 비전을 성취하는 데 일부분을 담당하기 위해서 자신의 삶과 생활 방식에 새로운 우선순위를 매긴다.

빌 하이벨스(Bill Hybles)는 교회의 비전 제시와 관련하여 토론을 벌이던 중 되풀이해서 이렇게 말했다.

> 그리스도의 지체로 모인 성도들에게 비전을 유지하는 일이란 참으로 중요합니다. 그들은 그 여정에서 그리스도의 신부가 되어가고, 이루어가며, 자라나고, 성장하게 됩니다. 이 세상에서 빛나고 아름답고 효율적으로 비전을 유지한다면 교회의 일부로 참여한다는 느낌을 받게 됩니다. "우리가 왜 다시 모여야 하지?" "왜 우리한테 더 많은 돈을 내라고 하는 거야?"라는 말 대신에, 더 많이 섬기고 더 많이 기도하게 될 것입니다. 사람들은 자신들이 흥미를 갖는 비전, 하나님을 영광스럽게 하는 비전이 있을 때는 '왜'라고 질문하지 않습니다. 그때 문제가 되는 것은 그 비전을 성취하는 데 얼마나 자신의 삶을 할애할 수 있을까 하는 것입니다.[2]

사람들은 자신들의 삶을 바칠 무엇인가를 찾고 있다. 만약 하나님이 우리에게 비전을 주셨으면 우리와 함께 일하며 그것을 완성할 팀도 붙여주실 것이다. 그러므로 당신의 비전을 제시할 준비를 하라.

- 무엇이 문제인가?
- 해결 방법은 무엇인가?
- 그것을 해야 하는 이유는 무엇인가?

---

2. *Defining Moments Series*. Taped Interview with Bill Hybles and Lee Strobal.

- 그것을 왜 지금 해야 하는가?

 이 네 가지 질문에 답함으로써 당신은 사람들의 마음과 가슴과 상상력과 그들의 열정을 사로잡을 수 있다. 이 네 가지 질문에 분명히 대답할 수 있다면 당신의 비전을 공개적으로 발표할 준비가 된 것이다.

 '공개적'이란 말은, 열여섯 살이 된 딸 앞에서 또는 비전에 동참할 지원자들이 많이 모인 회의실에서라는 말이 되기도 한다. 정황은 문제가 되지 않는다. 원칙은 같다. 비전을 제시하는 일은 주위 사람들에게 방향을 결정해 주는 잠재력이 있다. 더욱이 그것이 하나님을 영화롭게 하는 길이라는 사실을 알게 되면 그들 중에는 이렇게 질문할 사람들이 생기게 마련이다. "나는 그것을 위해 내 삶을 얼마나 할애할 수 있을까?"

# VISIONEERING PROJECT

**비저니어링 프로젝트 8**

비전의 각 분야에 대해 다음 질문에 답하라.

1. 나는 왜 이 비전을 완성해야 하는가?

    - 그것은 무슨 차이를 만드는가?
    - 얻을 것은 무엇인가?
    - 잃을 것은 무엇인가?
    - 중요한 것은 무엇인가?
    - 나는 왜 이것을 시도해야 하는가?

2. 왜 지금 그것을 해야 하는가?

    - 기다리면 나는 무엇을 잃게 되는가?
    - 이 비전에 하나님이 함께하신다는 증거는 무엇인가?

## 9장 | 비전의 능력

다른 사람에게 그가 어떤 사람 혹은
무엇이 될 수 있다고 비전을 심어줄 경우,
그것을 그의 영혼에 반영할 때만이 힘을 갖는다.
― 래리 크랩(Larry Crabb)―

그들이 되어야 하는 사람처럼 그들을 대해주는 것은,
그들이 그렇게 되도록 돕는다.
― 괴테―

    이번 장에서는 비전 제시의 또 다른 측면을 조명해보기 위해서 이야기의 흐름을 조금 벗어나보려고 한다. 우리가 제시하는 비전은 대부분 우리의 삶과 관련해서 무엇이 될 수 있고 또 무엇이 되어야 하는지와는 거의 관계가 없다. 우리가 제시하는 비전은 대부분 다른 사람과 그들의 미래에 초점이 맞춰져 있을 것이다. 이렇게 설명해보겠다.
    우리는 모두 비전을 제시하는 사람들이다. 세계적인 차원이거나 삶을 뒤바꿀 정도로 중요하지 않더라도 당신은 아마 오늘도 누군가에게 비전을 소개했는지 모른다. 당신은 누군가에게 무엇이 될 수 있고, 또 무엇이 될 수 있는지 영향을 주는 말을 했다.
    다음과 같이 긍정적인 말이었을 수도 있다. "자네의 판매 실적은 우리 회사에서 최고일 걸세."

또는 부정적인 말일 수도 있다. "자네는 애당초 영업에 소질이 없네."

확신을 주는 말일 수도 있다. "여보, 당신이 정한 일이라면 무엇이든지 찬성해요."

또는 기를 죽이는 말일 수도 있다. "당신은 평생 이 문제로 고심할 거야."

이런 말들이 다른 사람의 미래를 결정짓는다. 말은 사람들에게 방향을 제시한다. 마음에 씨를 뿌린다. 언어는 이렇게 자화상을 만들기도 하고 무너뜨리기도 한다. 그러므로 우리는 모두 어떤 의미에서 비전을 제시하는 사람들이다. 모든 인간 관계에서는 비전이 제시될 가능성이 있다.

사람들과의 관계에서 우리가 어떤 위치를 차지하느냐에 따라 우리 말의 비중이나 다른 사람의 미래를 좌우하는 데 영향력을 미치게 된다. 예를 들어 아내가 나에게 용기를 주는 말을 하면 다른 사람이 하는 것보다 훨씬 소중하다. 모든 자녀는 부모에게 인정받고 칭찬을 듣게 되면 아드레날린이 솟는 것을 느낀다. 부모로서 나는 자녀들이 내 마음을 얼마나 아프게 할 수 있는지 너무나 잘 알고 있다. 아이들에게는 말하지 않았지만 그들이 나의 인정을 갈망하듯이 나 역시 그들로부터 인정받기 원한다.

## 개인적인 경험

우리는 모두 다른 사람들이 의식적으로 또는 무의식적으로 제기한 비전의 영향을 받아왔다. 이 단순한 개념을 이해한다면 주위 사람들의 삶에 비전을 제시하면서 끼치는 당신의 영향력을 알게 될 것이다. 다른 사람의 말에 당신의 삶이 영향을 받듯 당신도 다른 사람의 인생을 만들어가는 과정에 영향력을 끼치고 있다.

고등학생 때 나는 학교 농구 팀에 들어가기 원했다. 나는 그 해에 농구 선수가 되고 싶어하던 백 명 가운데 하나였다. 상상이 되겠지만 입단 테스

트장은 동물원이나 다름이 없었다. 누가 자질이 있고 또 누가 자질이 없는지를 코치 선생님이 어떻게 분간해내는지는 모를 일이었다. 여하튼 5차에 걸친 예심이 끝나고 나는 터커 고등학교 농구 선수 후보자 명단에 끼게 되었다.

　마지막 예심은 1972년 12월 어느 화요일에 실시되었다. 그 결전의 밤을 회상해보면, 나는 지금도 그 낡은 체육관 냄새를 기억해낼 수 있을 것 같다. 우리는 마지막 실기 검사를 받기 위해 몇 분을 기다렸다. 그날 밤에 수석 코치가 최종 합격자의 이름을 부르기로 되어 있었다. 만약 이름이 불려지지 않는다면….

　드디어 경기가 시작되었다. 누군가 내게 패스했다. 나는 슛을 했는데 완전히 빗나가고 말았다. 골대 테두리도 못 맞췄다. 네트도 못 맞췄다. 백보드조차 맞추지 못했다. 아무것도 못 맞췄다. 수석 코치는 맞은편에 서 있었다. 그는 경기장을 가로질러 소리쳤다. "스탠리, 넌 등뼈도 없냐?" 그는 유감스럽다는 듯 머리를 가로저으면서 벤치를 향해 걸어갔다. 몇 분 후에 경기가 끝났다. 실기 검사도 끝이 났다. 내가 농구 팀에서 뛸 수 있는 기회도 사라져버렸다. 그날 밤에 무언가 큰일이 일어났다. 코치가 내게 비전을 제시해준 셈이다. 그날 밤의 사건과 결부되어 나의 미래가 결정된 것이다. 내가 그 결과를 극복해내는 데 여러 해가 걸렸다.

　나는 그의 말을 믿었다. 경쟁적인 스포츠 분야와 관련해서 나는 결코 성공할 수 없다고 생각했다. 그는 미래에 내가 무엇을 할 수 있고 또 무엇을 해야 하는지 말해주었다. 그는 어른이며 코치다. 그의 말은 핵심을 찔렀다. 그래서 나는 그의 말을 인정했다.

　경쟁적인 일을 시도해본 것은 그때가 마지막이었다. 20대 중반이 되어서야 나는 내게 무슨 일이 일어났는지 또 그것을 과거로 돌릴 수 있는지 알게 되었다. 말의 힘은 그런 것이다. 비전을 제시하는 위력은 그렇게 큰 능력이 있다.

예수님은 이 개념을 확실히 이해하셨다. 예수님이 베드로를 처음 만나셨던 때를 기억하는가? 베드로가 예수님을 처음 만났을 때 그는 베드로가 아니었다. 그는 시몬이었다. 정확히 말하면 요한의 아들 시몬이었다(요 1:41-42). 그때 예수님은 시몬의 부모님이 그에게 지어준 이름을 무시하기라도 하시려는 듯, 그를 베드로라고 부르기로 작정하셨다. 무엇 때문에 그러셨을까?

예수님은 비전을 던지셨던 것이다. 그분은 베드로에 대한 비전을 갖고 계셨다. 베드로에게서 위대한 인물이 될 가능성을 보셨던 것이다. 그래서 베드로에게 그의 가능성을 반영한 이름을 주셨다. 반석이라는 의미의 베드로. 그날 이후 베드로는 예수님이 그에게서 발견해내신 것을 계속해서 생각했다. 무엇을 할 수 있을까? 무엇을 해야 할까? 어떤 사람이 될까?

시간이 지난 후 예수님은 베드로를 돌아보셨고 그 많은 의문들에 대해 답해주셨다.

> "또 내가 네게 이르노니 너는 베드로라 내가 이 반석 위에 내 교회를 세우리니 음부의 권세가 이기지 못하리라 내가 천국 열쇠를 네게 주리니 네가 땅에서 무엇이든지 매면 하늘에서도 매일 것이요 네가 땅에서 무엇이든지 풀면 하늘에서도 풀리리라 하시고"(마 16:18-19).

이때 베드로는 틀림없이 예수님이 그에게 새 이름을 주셨던 처음 만남을 떠올렸을 것이다. 그것은 단순히 이름만의 변화가 아니었다. 그것은 비전이었다. 아직은 드러낼 수 없는 은밀한 어떤 방법으로, 무언가 중요한 어떤 것의 반석이 되는 역할을 감당하고 또 앞으로도 그렇게 하게 될 비전이었을 것이다.

예수님이 하신 말씀의 중요성을 베드로가 그날 당장 알 수 있었던 것은 아니다. 그렇더라도 그가 확실히 더 큰 사명의 무게를 안고 살아갔던 것은 틀림없다. 하나님은 베드로에 대한 특별한 계획을 갖고 계셨음이 분명했다.

만약 베드로가 구약 말씀을 알았더라면, 거룩한 목적 아래 이름이 바뀐 사람이 자기가 처음이 아니라는 사실을 알았을 것이다. 아브라함과 사라는 원래 그들의 이름이 아니었다. 하나님이 아브라함과 언약을 맺으시던 날, 아브라함에게 그 언약의 확실함을 보여주시려고 하나님은 그의 이름을 바꿔주셨다. 이름을 바꾸는 것은 하나님이 아브라함과 그의 자손들에게 베푸시는 비전의 하나였다.

> "아브람이 구십구 세 때에 여호와께서 아브람에게 나타나서 그에게 이르시되 나는 전능한 하나님이라 너는 내 앞에서 행하여 완전하라 내가 내 언약을 나와 너 사이에 두어 너를 크게 번성하게 하리라 하시니 아브람이 엎드렸더니 하나님이 또 그에게 말씀하여 이르시되 보라 내 언약이 너와 함께 있으니 너는 여러 민족의 아버지가 될지라 이제 후로는 네 이름을 아브람이라 하지 아니하고 아브라함이라 하리니 이는 내가 너를 여러 민족의 아버지가 되게 함이니라"(창 17:1-5).

그리고 아내 사라에 대해서도 다음과 같이 말씀해주셨다.

> "하나님이 또 아브라함에게 이르시되 네 아내 사래는 이름을 사래라 하지 말고 사라라 하라 내가 그에게 복을 주어 그가 네게 아들을 낳아주게 하며 내가 그에게 복을 주어 그를 여러 민족의 어머니가 되게 하리니 민족의 여러 왕이 그에게서 나리라"(15-16절).

아브람은 '고귀한 아버지'를 뜻하고 아브라함은 '여러 나라의 아버지'를 뜻한다. 사라와 사래는 둘 다 '왕비'를 뜻한다. 그녀의 이름을 새로 지어주신 것은 그녀의 이름이 합당하다는 것을 강조하시는 하나님의 방식이었다. 그녀가 열왕의 어머니가 될 거라고 하셨다. 실제로 그녀의 태에서 모든 왕조가 나왔다.

하나님은 그들의 삶에 특별한 방향을 정해주시기 위해 아브라함과 사라와 베드로의 이름을 바꿔주셨다. 그들의 이름은 그들이 무엇을 할 수 있고 또 어떤 사람이 될 것인지를 반영하고 있다. 비슷한 방법으로, 다른 사람의 삶의 방향을 정하고 그 과정을 결정짓는 힘이 우리의 말 속에도 있다. 지도자들에게는 더더욱 그런 힘이 있다.

다행히도 내 마음의 그림에 영향을 주고 내 삶에 어떤 말을 각인한 사람은 그 수석 코치만은 아니었다.

### 처음 받은 비전

여러 면에서, 어렸을 때부터 나는 아버지가 가지신 비전의 소산물이 바로 나라고 생각했다. 어린아이였을 때부터 아버지는 내게 이렇게 말씀하셨다. "앤디, 하나님은 네 삶에 아주 특별한 계획을 갖고 계셔. 하나님은 너를 위대하게 사용하실 거야." 아버지의 말씀은 내 마음속에 깊은 영향을 주었다.

청소년 시절, 생각해보면 가장 어울리지 않는다고 생각한 시기에도 이 말이 내 마음에 떠올랐던 것 같다. "앤디, 하나님은 네 삶에 아주 특별한 계획을 갖고 계셔. 하나님은 너를 위대하게 사용하실 거야." 나의 삶을 향한 아버지의 비전은, 내가 내 청춘의 지뢰밭을 안전하게 지나올 수 있었던 가장 큰 힘이었다.

다음은 내가 고등학교 졸업을 앞둔 어느 가을에 적은 일기의 일부이다. 내가 이것을 고등학교 3학년 때 썼다는 사실을 기억하기 바란다.

1975년 9월 29일
나는 내 아이가 어릴 때 이 말을 해주려고 한다. "하나님이 너를 위대하게 사용하시겠다고 내게 말씀하셨단다." 이 말은 내 삶에 큰 영향을 끼쳤다. "주님, 이 말이 제 아이에게도 큰 영향을 끼치기를 기도합니다."

아버지의 말씀은 내가 성장하면서 아주 예민해졌을 때 보호벽이 되어 나를 지켜주었다. 때때로 그 말씀은 도덕적인 협곡에 빠지거나 인간 관계의 가파른 골짜기로 방향을 바꾸지 못하도록 나를 막아주었다. 고등학교 3학년이라는 어린 나이에도 불구하고 나는 벌써 그것들의 해악을 분간하여 뒤로 물러설 줄 알았다. 명궁의 손 안에 든 화살처럼 아버지는 잘 조준하면 갑옷도 꿰뚫을 만큼 엄청난 영향력을 내게 끼치고 계신다.

비전은 강력하다. 우리가 존경하는 사람이거나, 믿고 경쟁하려 하는 사람이 제시한 비전이라면 특히 더욱 강력하다. 당신을 그런 존재로 여기는 사람이 지금 당신 곁에 있을 수도 있고, 앞으로 살아가면서 만나게 될 수도 있다.

부모님 가운데 어느 한 분도 내게 목회를 하라고 떠미신 적이 없다. 그러나 나는 부모님의 비전을 사용하셔서 하나님이 나를 그 방향으로 인도하셨다고 믿는다. 비전은 우리를 이끈다. 비전은 우리의 상상력을 사로잡아 우리를 이끌어간다. 그곳에서부터 비전은 우리 마음을 사로잡는 잠재력을 갖는다. 그리고 주어진 비전에서 비롯된 에너지를 마음으로 한 번 느끼기만 하면 우리는 그것을 사명으로 받아들인다.

이것은 할 수 있는 것이다.
이것은 해야 하는 것이다.
이것은 하나님의 은혜로 될 것이다.

비전은 본질적인 동기를 제공한다. 우리는 지시받은 방향이 아닌 우리가 가고 싶은 방향으로 움직인다. 비전은 우리를 강요하거나 그럴듯한 말로 속이지 않는다. 우리를 이끌고 심지어 매혹시킨다. 아무리 권위 있는 인물이라도 그들은 우리의 삶 가운데서 곧 사라져버린다. 그러나 우리 마음에 긍정적인 비전의 씨앗을 뿌리는 지혜로운 사람은 그렇지 않다. 그들의 영향력은 평생토록 이어지는 경우가 많다. 잘 심긴 비전은 마치 씨앗처럼 잘 자라서 삶에 영향력을 주고 제 모양을 갖추어간다. 씨를 뿌린 사람은 이미 오래 전에 가버렸지만 그 씨앗은 계속 자라난다.

### 부모들을 위한 글

부모란 자녀들에게 가장 먼저 비전을 주는 사람들이다. 부모는 자녀들의 마음에 그들의 경력, 성격, 직업에 대해서 분명하고 깨끗한 그림을 그려주어야 한다. 그들의 마음은 마치 스펀지처럼 모든 것을 잘 빨아들인다. 그런 자녀들의 마음에 삶에서 무엇을 이룰 수 있는가에 대한 비전을 심어주어야 한다. 반드시 기억해야 할 것은 그들이 지금 하는 것보다 훨씬 더 잘할 수 있는 가능성을 발견해야 한다는 것이다.

소중한 아이들의 보호자로서 부모는 그들의 가능성을 말해주고, 지금의 상태에서 눈을 떼고 미래의 가능성에 초점을 맞출 수 있도록 도와주어야 한다. 자녀들을 향한 분명한 비전을 주시도록 하나님께 요청하고 기회가 있을 때마다 그 비전을 자녀에게 제시해주어야 한다.

강단에 선 훌륭한 웅변가만이 심오한 비전을 제시할 수 있는 것은 아니다. 아이들의 베갯머리에서도 비전을 제시할 수 있다. 가장 위대한 비전을 제시할 수 있는 기회는, 월요일부터 주일까지 매일 오후 7시 30분부터 9시 30분 사이에 찾아온다. 하루를 마감하는 이 시간은 우리의 자녀들이 무엇을 할 수 있고 또 무엇을 해야 하는지 비전을 제시함으로써 조용히 씨를 뿌릴 더할 나위 없이 좋은 기회이다. 모든 기회를 활용하라.

얼마 전에 나는 여섯 살 된 앤드류와 막 다섯 살이 된 개릿과 함께 매일 밤 그랬듯이 시와 소설을 읽고 함께 기도했다. 그들을 향한 하나님의 특별한 계획을 왜 그때 소개해야만 했는지 잘은 모르지만 나는 그날 밤에 말했다. 기도가 끝난 후, 나는 앤드류에게 몸을 가까이 숙이고 이렇게 말했다. "하나님은 네 삶에 특별한 계획을 갖고 계시단다. 그게 무엇일지 아빠는 너무나 알고 싶구나."

조금도 주저하지 않고 앤드류는 말했다. "아빠 것은 뭐예요?"

나는 물었다. "아빠 것이라니, 무슨 말이니?"

앤드류는 다시 이렇게 물었다. "하나님이 아빠에게 특별히 갖고 계시는 계획은 뭐예요?"

나는 그 질문에 대한 답을 준비하고 있지 않았다. 그런 경우 대부분의 아빠가 그러는 것처럼 나는 시간을 요구했다.

"앤드류, 시간이 늦었구나. 그건 내일 밤에 아빠가 모두 말해줄게."

그것은 나와 아들 사이에 완전히 새로운 차원의 대화 방식을 만들어놓았다. 내 삶에서 하나님의 특별한 계획이 무엇인지 설명할 기회를 갖게 되었기 때문에 나는 기회가 있을 때마다 그들의 미래에 더 좋은 것, 즉 할 수 있는 일과 해야 하는 일들을 제시해주려고 했다. 나는 아이들과 함께 무릎을 꿇고 가까운 거리에서 얼굴을 마주보며 가장 의미심장한 비전을 제시해주곤 했다.

이 책을 쓰는 도중에 나는 래리 크랩(Larry Crabb)의 『끊어진 관계 다시 잇기』(Connecting, 요단)라는 책을 읽었다. 이 책에서 작가는 다른 사람에게 비전을 제시하는 것은 정말 중요하며 커다란 영향력을 끼친다고 설파하고 있다. 다음에 인용한 두 단락은 부모의 역할에 대한 것인데 정말 가슴에 와 닿는다.

우리가 서로에게 비전을 갖고 자기 자신과 가족, 친구들의 잃어버린 영광을 찾아줄 수 있다면 얼마나 좋을까? 자신의 부모가 영광을 회복하기 위해 자녀들이 될 수 있는 것, 출세하거나 재주가 비상하거나 외모가 출중하거나 부유한 것이 아니라, 친절하고 강하고 자기 확신이 있고 활기차고 생동감 넘치는 삶과 그 가능성을 추구한다는 것을 자녀가 깨닫는다면, 그것은 그 자녀에게 엄청난 영향을 끼치게 될 것이다.

그들이 누구이며 무엇이 될 것인가라는 비전에 기초하여 사람들이 연결된다. 예수님이 불안정한 상황에서도 존귀함과 자부심을 잃지 않으셨던 모습을 다른 사람에게서도 찾아내게 되거나 모든 것을 뛰어넘어 우리가 예수님이 추구하고 완성하신 것의 일부라도 갈망하게 된다면 그때에는 우리 내부로부터 어떤 능력이 분출되어, 예수님이 그들 안에 이루셨던 많은 것을 만들어내게 한다. 그 능력은 그리스도의 생명이며, 그들을 향한 비전이라는 다리를 건너 다른 사람의 영혼에까지 전해진다. 그 생명은 자양분을 주는 힘을 발휘하며 다른 사람의 삶을 감화시킨다. 다른 사람을 향한 비전은 두 영혼 사이에 거리를 이어주기도 하고, 우리 안에 내재된 능력을 촉발시키기도 한다.[1]

신약 성경은 그리스도를 주로 믿는 우리에게 놀라운 비전을 주고 있다. 신약의 말씀을 주의 깊게 읽어보면, 하나님께는 아무것도 문제가 되지 않는다고 분명히 나와 있다. 지금은 어떨지 몰라도 현재가 아닌 미래에 우리가 될 모습을 하나님은 아시기 때문이다.

우리는 성도로 표현되어 있다. 우리는 그리스도의 형상을 닮아가는 과정에 있다. 사도 바울은 우리가 하나님의 보좌에 그리스도와 함께 앉아 있다고 말했다. 이것을 염두에 두고 신약의 말씀을 다시 읽어보라. 우리가 되어

---

1. 래리 크랩(Larry Crabb), 『끊어진 관계 다시 잇기』(*Connecting*, 요단)

가고 있고 또 언젠가 될 과정에서 우리는 종종 빛으로 표현되고 있다. 이 점을 알면 정말 놀랄 것이다.

말씀을 읽어보라.

> "사랑하는 자들아 우리가 지금은 하나님의 자녀라 장래에 어떻게 될지는 아직 나타나지 아니하였으나 그가 나타나시면 우리가 그와 같을 줄을 아는 것은 그의 참모습 그대로 볼 것이기 때문이니"(요일 3:2).

예수님이 "너희는 세상의 소금이니…너희는 세상의 빛이라"(마 5:13-14)고 말씀하셨을 때 청중은 분명 크게 놀랐을 것이다. 그들은 아마 이렇게 응답했을 것이다. "우리가 세상의 빛과 소금이라고요? 농담이시죠?" 바로 그 순간에는 베드로가 반석이 아니었듯이 그들도 빛과 소금이 아니었다. 그러나 예수님은 그들의 현재 모습에는 개의치 않으시고 그들의 가능성에 대해서만 태연히 말씀하고 계셨다. 예수님은 그들이 무엇을 할 수 있는지, 그들이 무엇을 해야 하는지, 또 몇몇 사람에게는 그들이 무엇이 될 것인지에 대해서 말씀하셨다.

예수님은 이것이 사람들을 변화시키는 가장 좋은 접근법임을 아셨다. 확실히 예수님은 사람들의 잘못을 지적하는 것보다 이 방법을 더 좋아하셨다. 실제로 예수님이 지속적으로 관심을 가지고 그들의 행동에 대해 되풀이해서 언급하신 부류는, 대체로 과거보다 더 나은 삶을 살게 되리라고 확신하는 그룹이었다.

### 제인 이야기

이 점을 잠시 생각해보자. 사람들의 현재 모습보다 그들의 가능성에 대해서 말할 경우 어떤 일이 일어날까? 우리가 받은 것과 똑같은 복을 다른 사람에게 나누어준다는 원칙을 세웠다면 그때는 어떨까? 주변 사람들이 정말 그렇게 될 수 있다는 확신을 가지고 우리가 의도적으로 대화를 시작한다면 그때는 무슨 일이 일어날까?

제인 맥콜(Jane McCall)과 나는 11년 동안이나 친구로 지내왔다. 우리가 서로를 알고 지낸 지는 그보다 더 오래되었다. 우리는 만난 지 몇 년 후부터 우정을 나누었다. 내가 처음 제인을 만났을 때 그녀는 약물에 찌든 거리의 젊은이였다. 그녀는 무려 20년이나 약물에 빠져 지냈었다. 지금 그녀의 나이는 마흔한 살이며, 정부가 지원하는 메타돈(Methadone) 실험 대상 중 한 명이다. 메타돈은 헤로인에 중독된 사람들에게 헤로인을 대체하여 주는 약이다. 그것을 합법적으로 받으려면, 그 약을 관리하는 관할 본부에 중독자의 상태를 매일 보고해야 한다. 그러나 안타깝게도 헤로인과 마찬가지로 메타돈 역시 아주 중독성이 높다. 때문에 메타돈도 그것이 불법으로 유통되는 경로가 있다.

어느 주일 밤, 예배가 끝나자 제인이 나에게 다가와 도움을 청했다. 나는 그때 스물일곱 살이었다. 막 목회를 시작했을 무렵이다. 성경에 대해서는 많이 알았지만 제인과 같은 상태에 있는 사람을 어떻게 도와야 하는지는 전혀 몰랐다. 그래서 나는 흔히 저지르는 잘못을 했다. 첫째, 나는 그녀가 말하는 모든 것을 믿었다. 나는 당연히 그 다음 잘못도 저질렀는데, 계속해서 그녀에게 규칙적으로 돈을 얼마씩 주었던 것이다.

몇 해가 지나자 그녀는 나를 놀리며 이렇게 말했다. "목사님, 약물 중독자가 언제 거짓말하는지 구분할 줄 아세요?"

"아니, 모르겠는데요. 제인은 약물 중독자가 거짓말한다는 걸 어떻게 압니까?"

"그 사람의 입술이 움직이고 있잖아요."

7년 동안 나는 제인을 돌봐주었다. 그녀는 병원을 무수히 드나들었고 시에서 실시하는 사회 복귀 프로그램에서도 몇 번씩이나 쫓겨났다. 조금 좋아지는 것 같아 기대하면 어느새 다시 나빠지곤 했다. 또 내가 포기하고 손을 떼려 하면 그녀는 비통하게 하소연했고 그러면 나는 다시 그녀가 불쌍하게 느껴져 그 김 빠지는 일에 또 뛰어들곤 했다.

그러다가 한번은 제인에게 시골 교회에서 사무를 보라고 권했다. 나는 그녀가 마약에서 완전히 손을 끊었다고 믿었다. 그녀는 맡은 일을 꽤 잘 해냈다. 그녀의 상사 또한 제인의 일 처리에 감탄했다. 어느 날 제인이 나에게 급히 할 말이 있다며 전화를 했다.

긴 이야기를 마친 후 그녀는 눈물로 범벅진 눈으로 나를 쳐다보면서 말했다. "목사님, 에이즈 바이러스 양성 반응을 받았어요. 이제 제가 할 수 있는 최선은 목사님과 교회의 거룩함을 더럽히지 않기 위해 이 일을 그만두는 것이라고 생각합니다."

물론 나도 처음에는 '정말 사려가 깊으시군요. 하나님이 제인의 마음에 기적을 일으키셨습니다'라고 생각했다. 그러나 기억해야 할 것이 있다. 그곳은 그녀가 평생 처음으로 가져본 직장이었고 그녀는 그 일을 사랑했다. 그녀가 이 일을 그만두는 것은 너무 큰 희생이었다. 적어도 그때 나는 그렇게 생각했다.

몇 주 후, 그녀는 모든 일을 망쳐버렸다고 고백했다. 그녀는 다시 마약을 시작했고, 맡은 일을 수행하는 데 지장을 초래하게 되었다. 내게 상의도 하지 않은 채 에이즈 바이러스 양성 판정 사실을 털어놓으면 사임하는 데 좋은 구실이 되겠다고 생각한 모양이다. 어떤 의미에서 나는 이제 제인에게 떨려난 셈이 되었다.

몇 달이 지났다.

기회가 있을 때마다 나는 제인에게 약물을 완전히 끊어버리면 하나님이 그녀를 통해 무슨 일을 하실 수 있는지 이야기했다. 계속해서 비전을 제시해준 것이야말로 내가 제인에게 잘해준 유일한 일이었다. "제인, 언젠가 때가 되면 하나님이 당신을 사용하실 겁니다. 내 말에 귀 기울이지 않던 사람들도 당신을 찾게 만드실 겁니다." 처음에 그녀는 고개를 가로젓기만 했다. 그러나 시간이 지나면서 제인은 차차 귀를 기울였다. "목사님, 하나님이 정말 저를 사용할 수 있다고 믿는 거예요? 정말 다른 사람들이 제 말을 듣고 싶어할 거라고 믿으세요?" 나는 몇 가지 이유로 하나님이 정말 제인을 사용하고 싶어하실 거라고 믿었다. 그래서 나는 계속해서 그녀에게 비전을 제시했다. 마침내 그녀도 내 말을 믿게 되었다.

제인의 마음 어딘가에 하나님은 비전을 불어넣어주셨다. 모든 추행과 악행 그리고 약물을 남용한 일에서조차 그녀는 기회를 발견하기 시작했다. 그녀의 과거는 부끄럽고 당혹스러운 것이었지만 그녀는 이제 거기서 새로운 의미를 발견했다. 무엇을 할 수 있을까 하는 생각이 자라나 무엇을 해야 할까로 열매 맺기 시작한 것이다. 제인은 자신의 가능성을 적극적으로 받아들였다.

제인은 약물 중독을 이겨냈다. 그 문제를 해결하고나자 제인은 십대 때부터 잠시 고통을 잊게 해주는 물질에 자신이 그토록 집착하게 된 좀더 깊은 문제의 근원을 붙들고 씨름했다. 그런 과정을 통해 그녀는 회복만이 문제의 온전한 해결은 아니라는 사실을 깨달았다. 그녀는 하나님이 자신을 사용하고 계신다고 믿었고, 마음속에 자리잡은 비전을 위해 스스로를 준비해 나갔다.

그녀는 많은 후원 그룹과 카운슬링 수업, AA(익명의 음주), NA(익명의 흡연), CA(익명의 코카인) 모임에 참가했고, 마약 중독 극복이라는 분야에서 명예 박사 학위라도 받으려는 듯 열심히 노력했다. 하나님은 그녀가 그룹에서 펼친 왕성한 경험을 통해 그녀를 향한 하나님의 비전을 깊이 이끌어가셨다. 제인은 회복 과정의 막바지에 후원 그룹을 인도하는 과정에 등록했다.

열심히 배우는 제인을 눈여겨 본 강사는 얼마 지나지 않아 제인에게 성폭행을 당한 여성들을 위한 그룹을 인도해보라고 권했다.

제인은 마치 물 만난 고기 같았다. 같은 경험이 있는 사람만이 할 수 있는 방법으로 제인은 그 여성들을 사랑했고 그들도 제인을 잘 따랐다. 오래지 않아 그녀는 두 개의 그룹을 맡았다. 극단적인 상황은 일어나지 않았다. 어느 누구도 사랑스럽지 않은 사람이 없었다. 그리고 지금 제아무리 아름답게 치장한 사람이라도 언제든 불행한 일을 당할 수 있다는 사실을 깨달았다.

때때로 제인은 그 모임에 나를 초대했다. 나는 거기서 신학적인 질문에 답하거나 토론 중간중간에 남성의 견해를 이야기해주는 역할을 맡았다. 한 번은 제인이 성폭행당한 아내를 남편이 어떻게 도울 수 있는지를 토론하자며 남편들을 그 모임에 초대한 적이 있다. 아내와 나도 초청되었다.

나는 많은 상처를 보았고 가슴이 에이는 듯한 수많은 사연들을 들었다. 나는 그들을 지켜보면서 상상하기 어려운 온갖 고통의 상황을 느낄 수 있었다. 성폭행을 당한 여성들을 위한 후원 그룹에 한 번이라도 참석해본 적이 있는 사람이라면 그 상황을 이해할 수 있을 것이다. 우리가 경험한 것들을 제대로 표현할 만한 적당한 형용사가 있을지 모르겠다. 그날 내가 제인과 첫 모임을 가진 것은 아니다. 하지만 배우자들이 그 모임에 초대된 것은 그때가 처음이었다. 그러나 참석한 남편들이 내뱉는 말들과 무신경함에는 분노를 터뜨리지 않을 수 없었다.

그날 모임은 세 시간 동안 계속되었다. 아내와 나는 그룹 활동을 마치자마자 차에 올라 탔고 이내 펑펑 울기 시작했다. 내 평생 그토록 쓰라린 고통으로 괴로웠던 적은 없었다. 우리 둘 다 견뎌낼 수 없는 그런 고통이었다. 거기에 모인 사람들을 위로해주도록 초청되었건만 정작 나는 아무 소용없는 사람이 되고 말았다.

그러나 사랑스런 여인들 한가운데에 제인이 있었다. 하나님이 택하시고 기름을 부은 전령사로, 제인은 오직 그녀만이 할 수 있는 방법으로 희망과 치유의 메시지를 전달하고 있었다. 무엇을 할 수 있으며 또 무엇을 해야 하는지 지적해주는 전령사였다. 고민을 들어주고, 사랑하며, 안아주고, 이해해주며, 나누고, 아무리 까다로운 성격이라도 절대 포기하지 않는 그런 전령사였다.

가능성은 이제 현실로 바뀌었다. 내 편에서 무슨 대단한 노력을 했기 때문이 아니다. 내가 어떤 대단한 기술이나 영감을 그녀에게 준 것도 아니다. 비전의 씨앗이 움트고, 뿌리를 내리고, 땅을 뚫고 올라와 열매를 맺었기 때문이다. 하나님은 제인을 위한 계획을 갖고 계셨다. 제인도 그것을 알고 그것을 붙들었다. 그리고 이제 그녀는 비전을 주는 사람이 되었다. 그녀는 상한 마음과 덧없는 희망 때문에 회복이 불가능할 것 같던 사람들에게 비전을 주는 사람이다. 그들에게는 제인 같은 사람이 꼭 있어야 한다. 타다 남은 삶의 불씨를 찾아내고 더 나은 미래로 그들을 인도해줄 사람이 꼭 필요하다.

제인과 함께했던 처음 시간들을 회상해보면, 마음의 문을 닫은 사람을 도와 그가 할 수 있는 일들을 하도록 잠재력을 일깨워주는 것을 표현한 래리 크랩의 말이 다시 생각난다.

> 능력 있는 관계란 하나님이 누군가를 위해 마음에 품으신 비전을 꼭 붙들고, 그 비전이 실현될 수 있다고 믿는 믿음을 갖는 것이다.[2]

## 말의 힘

말은 강력하다. 삶을 바꾼다. 우리는 말을 선하게 쓸 수도 있고 악하게 쓸 수도 있다. 세우기도 하고 파괴하기도 한다. 하나님이 기뻐하시는 방향

---

2. 같은 책, 52.

으로 사람들을 인도하기도 하고, 후회의 골짜기에 빠뜨리기도 한다. 한번 내뱉은 말에는 잠재력이 있다. 사도 바울은 다음과 같이 썼다.

> "무릇 더러운 말은 너희 입 밖에도 내지 말고 오직 덕을 세우는 데 소용
> 되는 대로 선한 말을 하여 듣는 자들에게 은혜를 끼치게 하라"(엡 4:29).

이것이 믿음 없고 적대적이며 미숙함으로 점철되었던 사람에 대해 기록한 말이다. 교회에서는 그들을 '성도'라고 부른다. 바울은 자기가 설교한 대로 실천했다. 그는 청중에게 그들의 실제에 대해 말하지 않고 가능성에 대해서 말했다. 바울이 이 초대 신자들에게 그들이 무엇이 될 수 있으며, 무엇이 되어야 하는지 그리고 하나님의 은혜로 무엇이 될 것인지 설교하도록 확신을 준 것도 자신의 삶에서 경험한 놀라운 변화 때문이었을 것이다.

당신은 주위 사람들에게 어떤 비전을 주고 있는가? 아버지들이여, 당신의 자녀에게 어떤 비전을 주고 있는가? 어머니들이여, 당신의 남편에게 어떤 비전을 주고 있는가? 할머니와 할아버지는 손주들에게 어떤 비전을 주고 있는가? 지도자들이여, 시간과 재능을 당신의 비전에 바치고 있는 사람들에게 어떤 비전을 제시하는가?

다음 장에서는 개인적인 비전을 개발하는 데 우리의 관심을 다시 집중해 보려 한다. 우리가 계속 공부해가는 동안 명심해야 할 것이 있다. 당신은 거룩한 비전을 받은 사람이자 동시에 하나님 아버지의 비전을 주위 사람들에게 제시하도록 부름받은 사람이라는 사실이다.

# VISIONEERING PROJECT

비저니어링 프로젝트 9

**부모들에게**

1. 자녀의 성품을 고려해본다면 당신의 자녀는 무엇이 될 수 있으며 또 무엇이 되어야 하는가?
당신의 자녀에게 비전을 제시할 세 가지 자질을 적어보라.

2. 이야기나 영화 또는 가족 간의 경험을 통해 자녀의 성품에 내재된 긍정적인 보기와 부정적인 실례를 지적해주며 자녀의 특성을 살려주라.

3. 자녀와 함께 기도할 때는 기도 가운데 자녀의 특성을 나열하라.
   - "하나님, 쉐넌이 언제 어디서나 믿음직한 숙녀로 자라게 하시니 감사합니다."
   - "하나님, 레지와 저를 도우셔서 씩씩한 사나이가 되게 해주세요."
   - "하나님, 신디를 똑똑하고 사려 깊게 하시니 감사합니다."
   - "하나님, 앤드류는 학교에서 공부도 잘할 것입니다. 원래 이해력이 좋은 아이입니다."

4. 당신의 자녀가 바람직한 어떤 일에 타고난 재능을 보인다고 생각되거든 아이가 관심을 보이는 그 분야에서 비전을 제시해주라.
   - 퍼즐이나 문제 풀기를 좋아하는 아들이 있다면 이런 식으로 말할 수 있다. "잘 들어봐, 토머스. 너는 분별력이 아주 뛰어나. 하나님께서 이 다음에 네게 다른 사람들의 문제를 해결해주는 기회를 주실 거야."
   - 리더십이 엿보이는 딸에게는 이렇게 용기를 줄 수도 있다. "크리스티, 너는 훌륭한 지도자야. 사람들은 너를 따르기 좋아해. 네 삶의 다양한 무대에서 하나님이 네 재능을 어떻게 사용하실지 하루빨리 보고 싶구나."

# VISIONEERING PROJECT

**리더들에게**

주위 사람들에게 그들이 가진 능력과 가능성을 자극하라. 사람들은 종종 자신의 능력이 어느 정도인지 모를 때가 많다. 어쩌면 우리의 능력은 마치 차분하게 표현된 얼굴 화장처럼 너무 자연스러워서 느끼지 못하기도 한다. 두 가지 방법을 소개해보겠다.

1. 누군가에게 새로운 과제나 프로젝트를 맡기려고 할 경우 그에게 그 일을 해낼 수 있는 자질이 있고 앞으로 잘 수행하리라고 믿는다는 확신을 보여주라.

    "짐, 지난번 프로젝트 때 자원 봉사자를 모집하는 일은 아주 훌륭했어. 내가 새로운 일을 자네에게 부탁하는 것도 바로 그 때문일세. 자네는 해당 프로젝트에 적절한 팀을 구성하는 일에 탁월한 재능이 있지. 사람들과 함께하는 일이라면 항상 잘 해낼 것이라고 믿네."

2. 주위 사람들에게서 타고난 성향이나 재능을 발견하게 되면 그것을 공개적으로 또는 개인적으로 언급할 기회를 찾아보라. 그런 다음, 그런 성향이나 재능을 미래의 성취와 연결시켜보라.

    "스태프들 휴가를 조정하는 일을 캐리가 정말 잘했지? 내가 캐리를 정말 높이 평가하는 것은 그녀에게 어떤 일을 맡기면 그 일을 아예 잊어버려도 된다는 거야. 그 일에 관해서라면 더 이상 걱정할 게 없으니까. 잘 도와주기만 하면 아마 그녀가 해내지 못할 프로젝트는 없을 걸."

## 10장 | 비전은 희생을 요구한다

> 내게 참으로 부족한 것은 무엇을 알아야 하느냐가 아니라
> 무엇을 해야 하는지가 내 마음에 분명하지 않다는 것이다.
> 즉 나 자신을 이해하고, 하나님이 내가 무엇을 하기
> 원하시는지 깨달으며, 내가 무엇을 위해 죽고 살 수 있는가 하는
> 이념을 발견하는 일들이 모호하기만 하다.
> – 쇠렌 키에르케고르 –

추구할 만한 가치가 있는 모든 비전은 희생과 위험을 내포한다. 가능한 한 최선을 다하기 위해 좋은 것들을 포기해야 하고, 불편하고 낯선 것을 붙들기 위해 편하고 친숙한 것들을 버려야 할 때도 있다. 심지어 모든 것을 다 바쳐 추구한 일이 수포로 돌아갈지 모른다는 두려움에 사로잡힐 때도 있을 것이다.

비전에 관련해서는 알려지지 않은 것들이 매우 많다. 가능성 있어 보이는 어떤 일이 실패할 경우도 수두룩하다. 확실하게 보상해주는 투자란 없다. 희생과 위험을 감수하는 것은 필연적이다.

그러나 비용이나 불확실성 때문에 움츠러들고 실행하지 못한다거나 흐지부지하게 된다면 틀림없이 실패한다. 뿐만 아니라 아무도 당신을 따르려 하지 않을 것이다. 리더가 불확실성을 느낄 경우, 그것은 따르는 이들의 마

음에 이르면 언제나 증폭된다. 존 맥스웰(John Maxwell)은 이렇게 말했다. "사람들은 비전을 받아들인다기보다 리더를 받아들인다. 리더가 비전을 손에 넣으면 그다음에 비전을 받아들인다."[1]

비전은 용기와 신념을 요구한다. 결과를 절대적으로 확신하고 뛰어들어야 한다. 낙하산을 메고 비행기에서 뛰어내리는 것 같은 결행을 요구한다. 낙하산 뛰어내리기 그 '비슷한 것'으로도 안 된다. 비행기 안에 머물러 있거나 뛰어내리거나 둘 중 하나를 해야 한다. 행하든지 말든지 분명해야 한다. 비전에 접근하는 것은 스케이트를 처음 타는 사람의 모습과 비슷하다. 조심스럽게 난간을 붙잡으며 그 상태에서 한 발자국 이상 떨어지지 않으려 하는 모습 말이다.

## 두 발 모두 물에 담그라

열아홉 살일 때 나는 바하마에 있는 조그만 외딴 섬에서 몇 주간을 보낸 적이 있다. 스쿠버 다이빙에 재미를 붙인 것도 그 섬에서였다. 마이클 앨버리(Michael Albury)가 나를 초대했다. 그는 맨오워 섬의 주민이었다. 그의 삶은 온통 바다에 있었다. 그 외딴 섬에 있는 동안 나는 그의 수준을 따라잡으려고 혼신의 힘을 다했다.

어느 날 오후에 그가 스쿠버 다이빙을 하러 가자고 제안했다. 집 안에 있을 때는 아주 편안한 마음으로 좋은 생각이라고 느꼈다. 그러나 한 시간 뒤 막상 배 안에 장비를 옮겨 싣게 되자 생각이 바뀌었다.

마이클은 다른 친구 한 명과 자신의 여자 친구도 초대했다. 출발하려는 순간에 그의 친구는 약속을 취소했고, 우리는 마이클의 여자 친구인 쉐넌(shannon)과 함께 출발했다.

---

1. *What is Vision*, John Maxwell의 강의 테이프에서 인용.

나는 걱정이 되어 너무 멀리 나가지 않기를 바랐다. 그러나 마이클은 암초가 있는 곳까지 가자고 했다. 하여튼 '큰 물고기'가 있는 곳까지 나가야 한다는 게 그의 주장이었다. 암초가 있는 곳에는 상어가 있다는 이야기를 나는 예전에 들어 알고 있었다.

약 한 시간 후에 우리는 그곳에 다다랐다. 마이클이 산소 탱크를 준비하는 동안 나는 오리발을 신기 시작했다. 그때 쉐넌이 불쑥 내뱉었다.

"산소 탱크를 사용해본 적 있나요?"

나는 말했다. "아니요. 당신은요?"

그녀가 말을 이었다. "아직은 없지만 마이클이 가르쳐줄 거예요."

"가르쳐준다고요?"

그녀는 말했다. "그래요. 우리는 어제 책을 다 읽었거든요."

나는 놀라서 물었다. "책이라구요? 마이클, 무슨 책을 말하는 거예요? 나는 아무 책도 읽지 않았는데요?"

그녀가 태연히 말했다. "다음 주에 우리는 해변에서 실험 다이빙을 할 거예요."

"실험 다이빙이라구요? 해변에서? 말도 안돼요. 마이클, 우리는 시험 다이빙을…."

내 말이 끝나기도 전에 마이클은 내 입 속에 조정기를 쑤셔 넣고 정상적으로 숨을 쉬라고 말했다. 그리고 이렇게 말했다.

"걱정하지 마. 나도 그런 책은 읽은 적이 없어."

웬일인지 이번에는 나도 놀라지 않았다. 조금 전까지만 해도 나는 마치 해병처럼 배 난간에 당당히 서 있었다. 물론 내 생각에만 그랬을지 모른다. 하여튼 지금은 배 난간에 서서 틀림없이 상어가 들끓고 있다고 생각되는 바다 속을 내려다보고 있는 것이다. 그때 마이클이 재촉했다. "뛰어들어. 나도 곧바로 들어갈게."

내가 '일종의' 스쿠버 다이빙을 배운 것은 바로 그때였다. 물 속으로 뛰어들거나 아니면 그냥 물 밖에 있을 것인지를 나는 결정해야 했다. 실행해야만 했다. 실험해볼 선택권이 없었다. 한쪽 발은 배에 걸쳐두고 다른 한쪽 발을 물 속에 들어가게 할 수는 없었다. 전부가 아니면 아무것도 아니었다.

나는 뛰어들었다. 마이클이 옳았다. 거기는 큰 물고기만 사는 곳이었다.

기꺼이 뛰어들고 나서야 비로소 비전이 실현된다. 비전에 착수한다는 것은 가능성을 믿고 온 마음으로 행하는 것을 의미한다. 다윗이 거인을 무찌르기 위해 이스라엘 진영에서 발을 떼어 나가지 않았더라면 그는 결코 골리앗을 이기지 못했을 것이다. 베드로가 배에서 내려 두 다리를 떼어 깊은 바다로 걸음을 옮기지 않았더라면 물 위를 걸어 예수님께로 가는 기적을 경험하지 못했을 것이다. 또한 사도 바울이 자신의 짐을 꾸려 미지의 세상으로 나아가지 않았더라면 이방인들에게 복음을 전하는 기쁨을 결코 맛보지 못했을 것이다.

위험은 어떤 일에나 있다. 희생도 있게 마련이다. 그러나 위험과 희생으로 둘러쳐진 장벽을 돌파하려는 의지를 갖게 되면 그 사람은 가능성을 실현하는 자리에 도달하게 된다. 도전에 맞서지 않고 꽁무니를 빼는 사람은 방황하며 인생을 허비하게 될 뿐이다.

이스라엘을 향한 느헤미야의 비전을 들으려고 모인 사람들은 그들의 두 발로 뛰어든 경우이다. 그들의 반응을 주목해보라.

> "또 그들에게 하나님의 선한 손이 나를 도우신 일과 왕이 내게 이른 말씀을 전하였더니 그들의 말이 일어나 건축하자 하고 모두 힘을 내어 이 선한 일을 하려 하매"(느 2:18).

나는 마지막 구절이 너무 좋다. "모두 힘을 내어 이 선한 일을 하려 하매." 그들은 함께 이 일을 실행에 옮겼던 것이다.

말씀이 묘사한 대로라면 당시 예루살렘 사람들에게는 성벽을 재건하는 일보다 더 좋은 일은 없었던 것 같다. 느헤미야가 나타나기 전까지 그들은 주머니에 손을 넣고 하릴없이 빈둥거렸다고 생각할지도 모르겠다. 그러나 실상은 전혀 그렇지 않았다. 그 당시는 농경 사회였다. 일하지 않으면 먹지 못했고, 그들은 해야 할 일로 몹시 바빴다. 그들의 일상적인 삶에 성벽 건축의 과제가 부과된다는 것은 다른 일들을 못하게 된다는 뜻이다. 다시 말해서 성벽 건축은 희생이요, 위험을 감수하는 것이었다.

더욱이 그들은 대부분 자신들이 살던 도시를 떠나 예루살렘 주변으로 거처를 옮겨야 하는 어려움도 겪었다. 성벽을 다시 건축하기 위해 그들은 집과 농장과 목장과 일터를 떠나 건축 작업을 하는 마을로 옮겨야 했다. 그것은 곧 그들의 삶의 일부를 유보하는 일이며, 농장과 가축과 집안일을 돌보지 못한다는 뜻이었다.

결국 그들은 가정을 떠나 좀더 효율적으로 일할 수 있도록 작업장으로 거처를 옮겼다. 그들은 그 지침에 기꺼이 따랐다. 할 수 있고 해야만 하는 비전 때문에 희생을 감수한 것이다. 그래서 '모두 힘을 내어 이 선한 일을 하려' 했던 것이다.

그것만으로도 어려운 상황인데, 예루살렘을 새롭게 하는 그 역사에 또 다른 어려움이 가로놓였다. 이스라엘이 사회적으로나 정치적으로 새롭게 부흥하는 것을 모든 사람이 다 좋아했던 것은 아니다. 사마리아에 이웃한 지도자인 산발랏은 특히 누군가 나타나서 이스라엘을 흥왕케 하는 일을 방해했다(10절). 뿐만 아니라 주변의 다른 통치자들 역시 이스라엘이 힘이 없을 때 재정적으로나 정치적으로 이익을 봐왔던 터라 이스라엘이 열심을 내어 그 지역에서 패권을 다시 차지하게 될까 몹시 두려워했다.

산발랏과 그와 손을 잡은 사람들은 느헤미야의 동기와 의도를 의심하기 시작했다. 그들은 위협하는 소문과 편지를 널리 퍼뜨렸다. 그들의 목표는 성벽이 절대로 완공되지 못하게 하는 것이었다.

결과적으로, 집과 농장을 떠나 성벽 건축을 위해 예루살렘에 모여든 사람들은 그들이 집으로 돌아갔을 때 집이 불탔거나 농사를 그르치게 됐을 수도 있는 위험을 감수했던 것이다. 그들에게는 대단한 모험이었다. 그런데도 그들은 선한 일을 하려 했다. 그들은 희생을 기꺼이 각오하고 있었다. 그들은 위험을 알면서도 그 거룩한 일을 위해 전진했다.

그들은 그 과업을 완수하기까지 시간이 얼마나 걸릴지 알 수 없었지만 그들의 시간과 재능과 다른 귀한 것들을 바쳤다. 그리고 그들이 헌신하자 예상치 못했던 일이 일어났다. 조직적이지도 않았고 동기 부여도 되어 있지 않았으며 국가적인 차원의 자긍심도 없던 사람들이 뭉쳐서 한 팀을 이루었다. 그들이 과업에 착수하는 순간, 자신만 아는 오합지졸에서 거룩한 목표를 가진 군대로 변화된 것이다.

만약 하나님이 당신의 마음에 비전을 주시면 당신을 불러서 그것을 성취하도록 헌신하게 하시는 날이 올 것이다. 그러면 당신은 성공에 대한 보장이 없더라도 헌신해야 한다.

'하나님의 뜻'인 것 같은 무엇을 가졌지만 손과 발로는 헌신하려 하지 않는 사람들을 많이 보게 된다. 그들과의 대화는 보통 이렇게 시작된다. "백만 달러만 있다면…."

말만 앞세우며 고상한 척하는 어떤 여인이 하루는 이렇게 말했다. "도시 빈민화가 정말 큰 문제인 것 같아요. 나에게 백만 달러만 있으면 불쌍한 아이들을 위해서 학교를 하나 세워주고 싶은데 말이에요."

속이 뻔히 들여다 보이는 말에 나는 이렇게 대꾸했다. "사모님보다 훨씬 덜 가지고도 도심의 어려운 아이들을 위한 학교를 시작한 사람을 저는 여럿 보았습니다. 학교를 시작하는 데 백만 달러나 필요한 건 아닙니다." 그녀에게 정말 필요한 것은 백만 달러가 아니라 비전을 실천할 용기였다.

도시 빈민층 아이들을 위해서 실제로 무엇인가를 하는 사람과 마음으로 부담만 느끼는 사람의 차이는 재산의 많고 적음이 아니다. 그것은 위험을 감수하고 희생을 감당하려는 의지의 차이다. 이 세상을 변화시키는 사람들은 돈을 마련할 방법을 모를 때도 그들이 할 수 있는 최선을 다하는 사람들이다. 그들은 비전만 가지고도 뛰어드는 사람들이다.

돈은 대체로 비전이 먼저 세워지고나면 따라온다. 돈이 먼저, 비전이 그 후에 세워지는 경우는 거의 없다. 결론적으로, 비전은 항상 희생과 위험을 수반한다.

## 카렌 베넷 이야기

1990년 2월 3일, 카렌 베넷(Karen Bennett)과 그녀의 친구 다섯이 교외를 떠나 애틀랜타의 가장 위험한 지역에 있는 낡고 버려진 나이트클럽으로 이사했다. 그들은 지난 여섯 달 동안 도시 빈민층 아이들을 위해 길거리 봉사를 해왔다. 그 아이들을 만나면서 카렌은 대학 시절에 품었던 비전을 하나님이 더 크고 분명하게 키워주셨다고 느꼈다. 머지않아 애틀랜타 빈민 지역 아이들을 위해서 특별한 사역을 시작하겠다는 결심을 분명히 한 것이다.

카렌은 미혼의 백인 여성으로 그때 스물세 살이었다. 애틀랜타의 다른 미혼 여성들처럼, 카렌은 명품 옷이나 자동차를 사기 위해 저축을 하고 있었다. 그러나 그녀는 빈민 지역 아이들의 눈 속에서 발견한 절망감을 도저히 외면할 수가 없었다. 비전이 구체화됨에 따라 그녀는 마약에 찌들어 있고 앞으로도 마약에서 헤어나지 못할 그 아이들을 위해 안전한 장소가 있어야겠다고 생각했다. 그래서 카렌과 친구들은 도심 중앙에 아이들을 위한 교회를 세우기로 결정했다. 그들은 몇 달 동안 그 계획을 구상하다가 적당한 장소를 찾아 나섰다.

몇 달 동안 계속 도심을 찾아다니다가 우리는 마침내 그 아이들을 위해 교회를 가질 때가 되었다고 느꼈다. 우리는 애틀랜타 시내의 오래된 창고와 낡은 건물들을 찾아 나섰다. 마침내 우리는 도심 한가운데에 자리 잡고 있는 낡은 나이트클럽을 발견했다. 나이트클럽 주인에게 전화를 걸어 물어보았다. "이 건물을 얼마에 주실 수 있습니까?" 주인 남자는 한 달 임대료로 2천 달러를 요구했다.

2백만 달러라고 하지 않은 것이 다행이다. 내게는 그렇게 많은 돈이 없다. 나는 교외의 작은 아파트에서 교회 사례비로 그날그날 생활하고 있었다. 그러나 우리는 집으로 돌아오는 길에 각자 은행에 들러 예금통장에서 돈을 찾았다. 그리고 우리가 가진 작은 동전 하나까지 몽땅 긁어모았다. 여섯 명이 가진 것을 모두 합치자 52달러가 되었다.[2]

카렌은 몇몇 교회를 찾아가서 도움을 청했다. 그들은 동정적이었지만 재정적인 지원을 맡겠다고 나서지는 않았다. 빈민 아이들을 위해서 외롭고 힘든 목회를 하는 사람을 후원하고자 하는 사람은 아무도 없었다. 이런 경우 대부분의 젊은 미혼 여성들 같으면 다른 일을 위해 힘을 쏟으라는 신호로 여겼겠지만 카렌은 달랐다. 카렌은 그 일을 비전을 실천할 수 있는 시험대로 받아들였다. 그녀는 회의를 소집했다.

나는 동료들과 함께 그 문제에 대해 토론을 벌였다. 그날 밤 우리는 우리 자신에 대해서 지극히 진실해야만 했다. 이것은 정말 우리가 하고 싶은

---

2. *A Committed Heart*, Karen Bennett의 글에서 인용.

일일까? 아니면 말로만 떠벌이고, 40세나 50세가 될 때까지 미뤄야만 하는 일일까?

결국 우리는 기회를 살리기로 결정했다. 때때로 그런 일도 해야 하기 때문이다. 그 다음 날 우리는 각자 집주인에게 가서 아파트를 빼겠다고 말했다. 좋은 아파트에서 사는 것과 아이들을 위한 교회를 갖는 것, 두 가지를 동시에 할 수는 없었던 것이다.[3]

2주일 후, 카렌과 동료들은 그 나이트클럽으로 이사를 했다.

우리가 처음 이사하던 날을 기억한다. 바깥 기온이 20도나 30도가 되었던 것 같은데 실내 온도 역시 마찬가지였다. 이사를 하기 전 건물에 냉난방 장치가 있는지 확인하는 일을 깜박했지 뭔가. 그곳에는 난방 장치도 없고 냉방 장치도 없었다. 심지어 화장실과 싱크대 그리고 샤워 시설도 없었다. 아무것도 없었다. 화장실을 사용하려면 근처 패스트푸드 점까지 차를 타고 달려야 했다.

우리가 이사한 새 집에는 시멘트 바닥과 두 뼘 가량의 하수구밖에 없었다. 우리는 그곳을 '고퍼'(gophers)라고 불렀는데 그것은 '당신을 위하여 나아갑니다'라는 뜻이었다. 우리는 계속해서 그 건물을 보수해나가야 했다. 이런 우리를 아무도 믿지 않았다. 부모님들은 우리가 제정신이 아니라고 생각했다. 가끔은 우리도 우리가 진짜 하나님의 음성을 들었는지 자신이 없어질 때가 있었다.[4]

---

3. 같은 책.
4. 같은 책.

카렌은 동료들과 함께 각자 맡은 여러 곳에서 착실히 사역을 진행해나갔다. 그들은 급여로 받은 돈을 모두 그들의 목회 구좌에 입금시켰고 생활비로 각자 일주일에 20달러씩만 가졌다. 주말이면 그들은 빈민 지역을 집집마다 방문하며 주일 예배에 아이들을 초대했다. 그들은 매주 4천 명과 접촉하며 개인 방문을 실시했다. 시간이 지날수록 지역 사회의 아이들과 부모들도 그들을 믿고 존경하기 시작했다. 그렇게 해서 도시 선교회(Metro Assembly)가 탄생하게 되었다.

요즘 카렌은 열여섯 명의 동료와 함께 다양한 주말 예배를 통해 매주 3천 명 이상의 아이들을 가르치고 있다. 십대 아이들이 2백 명이나 모이는 한 청년 예배도 후원하고 있다. 1994년에는 공동체 내에 사립 학교도 설립했다. 수업료는 한 달에 20달러이다. 125명의 학생이 등록했고 500명이 넘는 학생들이 대기자 명단에서 차례를 기다리고 있다.

그러나 카렌과 동료들은 이 성공을 일궈내기 위해 수많은 대가를 치렀다. 도시 선교회는 일흔 번도 넘게 파산했고 몇 년 전에는 카렌이 강도를 당하기도 했다. 예배에 참석한 십대 아이들에게 동료 세 명이 두들겨 맞았고 난사된 총에 버스 유리창이 박살나기도 했다. 첫 예배 시간에 참석했던 아이들 가운데 열 명이 살해당했다. 카렌이 맨 처음 치른 장례식 역시 그녀를 돕던 동료였다. 이 모든 일에 대해 카렌은 이렇게 말한다.

"하나님이 우리에게 요구하시는 일이 너무 많다거나 또 너무 불편하다고 생각한다면, 하나님이 우리를 위해 예비해놓으신 기적을 결코 보지 못할 것이다."[5]

비전은 언제나 누군가 먼저 움직일 것을 요구한다. 카렌의 이야기가 이것을 증명한다. 만약 우리가 어떤 분야에서 할 수 있고 해야 하는 일에 헌신

---

5. 같은 책.

했다면 그것은 하나님께서 우리가 먼저 행동하도록 부르셨기 때문일 것이다. 그것은 비전의 성취 여부가 다른 사람들이 얼마나 자발적으로 그 비전에 동참하느냐에 달려 있는 경우라면 더욱 그렇다. 우리 먼저 하지 않는다면 다른 사람들을 인도할 수 없다. 우리 자신이 희생과 위험을 감수하는 본을 보이지 않는다면 우리의 불타는 비전을 다른 사람들에게 제대로 전달할 수 없다.

> **블록 쌓기 9** 다른 사람들이 우리보다 더 많이 희생하고,
> 더 많은 위험을 감수하기를 기대하지 말라.

느헤미야의 비전은 그가 모든 희생과 위험을 직접 떠안을 정도로 강렬했다. 그는 예루살렘 사람들이 성벽을 재건하게 하기 위해서 어렵고 큰 문제들을 처리해나갔다. 궁중에서의 편안한 직업도 버렸고, 성공할 가능성이 희박한 프로젝트에 그가 한 번도 만난 적이 없는 사람들이 동참해줄 것이라는 실낱같은 희망을 안고 수천 킬로미터나 되는 먼 길을 달려왔다.

느헤미야는 분명히 헌신된 사람이었다. 두 발을 모두 물 속에 담근 사람이었다. 자신이 기꺼이 감당하고 몸소 행하지 않는다면 그 어떤 일도 다른 사람에게 요구하지 않는 사람이었다.

## 모범을 보이기

1997년에 우리 교회는 처음으로 성전을 건축하기 위해 4개월 동안 백만 달러를 모으기로 결정했다. 여러 가지로 불리한 여건이었다. 첫째, 무엇보다 노스 포인트 교회는 그 당시 교회를 개척한 지 여섯 달밖에 되지 않아 개척 초기에 발생한 많은 비용을 갚아나가고 있던 중이었다. 둘째, 우리 교인들은 젊은층이 많았다. 정기적으로 출석하는 교인의 거의 절반이 청년이었다. 설상가상으로 우리는 두 달 전에 일부 부동산을 계약해놓은 상태였다.

나는 교인들에게 그동안 헌신적으로 드리라고 강권해왔었다. 외관상 우리는 이제 비현실적인 최종 기한을 맞고 있는 것 같았다.

필요한 것을 채우기 위해 어떻게 접근해야 할지 기도하다가 나는 느헤미야의 방법을 모델로 삼아야겠다는 강렬한 느낌을 받았다. 느헤미야는 성전 재건축 사역을 40개 부분으로 나누었다. 그리고 각 부분에 필요한 사람들을 배정했다.

나도 교회 건축에 필요한 목표 금액을 작은 금액으로 나눈 다음 할당 계획을 세웠다. 느헤미야의 계획과 다른 점이 한 가지 있었다. 느헤미야는 특정한 사역을 특정한 사람들에게 할당했지만, 나는 다양한 규모의 작정 금액을 제시하고 교인들이 알아서 목표 금액을 담당하도록 그들에게 선택을 맡겼다는 점이다.

나는 500달러를 헌금할 사람 500명, 1,000달러를 헌금할 사람 250명, 5,000달러를 헌금할 사람 50명 그리고 25,000달러를 헌금할 사람 10명이 필요하다고 교인들에게 말했다.

나는 단지 제시만 했을 뿐, 하나님이 교인들을 감동시키셔서 할 수 있는 만큼 각자 헌신할 거라고 믿었다.

구체적인 비전을 제시하기 전에, 나 역시 마음으로부터 무언가를 결정해야 할 필요가 있었다. 나는 교회 건축을 시작하기 위해서 교인들에게 물질의 헌신을 요청하는 입장이었다. 그러나 그때까지 나는 교회를 위해 목회 사역을 담당한 것 외는 특별히 물질로 헌신하지는 않았다. 개인적으로 내가 드리던 것을 교회에 드렸을 뿐이다. 나는 어렸을 때부터 십일조를 드리도록 배웠다. 나는 항상 그렇게 해왔다. 그래서 나는 교회에 모든 십일조를 드렸다. 그러나 그것은 결코 희생이 아니었다.

교인들에게 기부 할당 계획을 제시하는 설교를 준비하면서, 나는 하나님이 내게도 십일조 이상을 원하신다는 사실을 알았다. 인도자로서 나는 앞서 길을 안내해야 한다. 내가 교인들에게 물질의 헌신을 기대한다면 나 역시 같은 물질의 헌신을 감당해야 했다. 그래서 나는 언제나 분명히 길을 보여 주시는 하나님께 기도드렸다. "하나님, 아내와 제가 얼마를 헌금하기 원하십니까?"

거의 즉각적으로 한 가지 생각이 머리를 스쳤다. 그것은 음성이 아니었다. 그렇다고 감정도 아니었다. 그것은 아주 강렬한 감동이었다. 나는 그럴 때일수록 진지하게 받아들이고 조심스럽게 행동해야 한다고 배웠다. 많은 그리스도인들처럼, 성경 말씀으로 직접 제시된 것이 아닌 이상 그것이 정말 하나님의 뜻인지 알기 위해서 몸부림쳐야 했다. 그래서 나는 여러 날 동안 생각하며 기도하는 시간을 가졌다.

### 행복한 밸런타인데이

기도 시간이 길어질수록 나는 점점 더 확신하게 되었다. 나는 우리가 돈을 마련하는 넉 달 동안, 교회에서 급여를 받지 않음으로써 건축 기금에 힘을 보태야겠다고 작정했다. 그것은 도전이었다. 그것은 희생을 의미했다. 그러나 그게 전부는 아니었다. 나는 그 결심을 교인들에게 공표해야겠다는 감동도 받았다. 그것은 훨씬 더 어려운 일이었다. 내가 얼마를 기부하든 그것은 교인들과는 아무 관련이 없는 일이다. 게다가 예수님은 드리는 습관에 대해 자랑하던 종교 지도자들을 신랄하게 나무라신 적이 있다. 그러나 이번처럼 특별한 경우에는, 내가 비전을 둔 곳에 나의 물질을 사용한다는 분명한 의지를 실천해 보이는 것이 지도자로서 해야 할 의무라고 느꼈다.

나의 결정은 가족 모두에게 영향을 미칠 일이었으므로 나는 먼저 아내와 의논해야겠다고 생각했다. 나는 아내의 분별력을 절대적으로 존중한다. 아내가 그 일에 찬성한다면 그것은 분명히 추진해야 할 일이라고 나는 믿었다.

이 일은 모두 2월에 일어났다. 나중에 알게 된 것이지만 아내와 내가 기부 계획에 대해 의논한 날은 바로 밸런타인데이였다. 우리는 근사한 식당에 앉아서 서로의 사랑에 감사했다. 그리고 나는 아내에게 내 생각을 말했다. "샌드라, 내 생각을 들어봐요. 건축을 위해 백만 달러를 모으는 넉 달 동안 우리가 교회에서 사례비를 받지 않으면 좋겠소. 그리고 우리의 계획을 온 교인들 앞에 밝히려고 하는데 당신 생각은 어떻소?"

바로 그 순간 아내가 한 말을 나는 결코 잊지 못할 것이다.

아내는 웃으면서 말했다. "당신을 더욱더 사랑하게 만드는 일이군요."

우리는 행복한 밸런타인데이를 보냈다.

**비전 제시**

어떤 사람이 비전을 제시하면서 개인적인 희생을 치르지 않는다면 다소 설득력이 떨어지게 된다. 자신은 떠안지 않으려는 위험 요소들을 다른 사람에게 맡으라고 요구하는 것은 위선이다. 하나님이 비전을 부어주셨다면 당신이 희생의 벼랑 끝에 서야 하는 것은 이미 예정된 일이다. 다른 일과 마찬가지로 출발점에서 무엇을 하느냐가 비전의 성공과 실패를 결정짓는다. 그것은 지원하는 세력을 얼마나 확보하느냐로 결정된다.

그 순간 당신은 무엇이 가능하며 또 실제로 해야 할 일은 무엇인지 결정해야 한다. 당신이 앞으로 나아가면 비전은 당신을 따를 것이다. 당신이 희생의 선을 넘어서면 다른 사람들을 인도하여 그 선을 넘어서게 할 가능성도 높아진다. 그러나 만약 당신이 물러서면, 당신은 항상 방황하게 될 것이다.

나의 경우와 달리, 당신의 비전이 어떤 희생을 요구하는지 분간할 필요가 없을지도 모른다. 대부분의 경우 그것은 명백히 보인다. 분간하는 일이 필요한 게 아니라 용기가 필요하다. 헌신하는 용기, 자신이 생각하는 가장 귀중한 것을 이익이나 보상이 없을지도 모르는 꿈에 모두 투자할 수 있는 용기 말이다.

만약 아내와 내가 희생을 감수해야 하는 도전 앞에서 물러났다면 어떻게 되었을지 정말 알 수 없다. 아무 일도 일어나지 않았을지 모른다. 그때 우리가 꽁무니를 뺐다면 그동안 우리에게 일어난 일은 없었을 것이다. 하나님이 나를 필요로 하셨기 때문이 아니다. 나를 통하지 않고서는 하나님이 어떤 일을 하실 수 없을 만큼 내가 대단해서도 아니다. 하나님은 원하시면 무엇이든 하실 수 있다. 우리가 하나님께 드리는 것에 대단히 많은 것들이 좌우된다고 믿는 까닭은 역사를 통해 증명된 하나의 양식 때문이다.

왜냐하면 하나님은 전지전능하시지만, 하나님이 그들의 마음에 허락하신 '그 일'을 이루기 위해 기꺼이 희생하는 사람들을 선택하여 자신의 계획을 이루시기 때문이다. 하나님의 가장 훌륭한 대리인은, 할 수 있고 또 이루어져야 할 어떤 일을 위해 안전이나 편안함을 주님 앞에 과감히 내려놓은 용기 있는 바로 그 사람들이다. 우리는 그것을 아주 조금 실천했을 뿐이다. 어떤 의미에서 당신은 이런 헌신을 요청받고 있다.

성경 말씀을 찾아보라. 교회 역사를 조사해보라. 비전을 추구하기 위해 어떤 희생도 감당하지 않는 사람을 하나님이 아무리 작은 일에라도 사용하신 예가 있는지 찾아보라. 아마 발견하지 못할 것이다. 희생과 위험에는 언제나 이 공식이 성립한다.

하나님이 왜 이렇게 일하시는지 나도 온전히 이해하지는 못한다. 그러나 한 가지는 알고 있다. 하나님의 비전을 위해 귀중한 것을 기꺼이 포기하는 사람들을 보면 하나님은 그것을 자신에게 드리는 예배로 간주하신다는 점이다. 예배드린다는 것은 귀한 것을 돌려드린다는 의미이다. 신학적으로 말해 예배는 하나님의 위대하심을 적절히 표현하고 인정하는 것이다.

하나님이 우리 마음에 주신 어떤 일에 우리가 헌신하는 것은 하나님의 위대하심을 표현하고 인정하는 것이다. 이렇게 고백하는 것과 같다. "하나님 아버지, 이 비전은 제가 어떤 희생을 치르더라도 성취할 만한 것입니다. 당신은 저의 충성을 받으시기에 합당합니다."

아내가 내게 동의하자 교인들에게 그 계획을 말하려고 한 내 마음도 한결 편안해졌다. 그러나 주일이 되기까지 나는 또 다른 생각을 해보았다. '교인들이 내가 자랑한다고 생각하면 어떻게 하지? 교인들이 이용당한다고 생각하지는 않을까? 우리 가정은 재정적으로 어떻게 살아가고 있지?'

설교를 준비하면서 이때만큼 신경을 쓴 적이 없었던 것 같다. 그러나 강단에 섰을 때 나는 어떤 말을 해야 할지 정확히 알고 있었다. 다음은 그날 저녁 설교의 일부를 발췌한 것이다.

> 오늘 저녁 설교를 준비하는 동안 하나님은 저에게 두 가지를 확신시켜주셨습니다. 첫째, 지금까지 여러분이 가보지 못한 길로 여러분을 가도록 권하는 것이 여러분의 인도자로서 저의 의무라는 것입니다. 그러나 솔직히 말하면 지금이라도 제 결심을 포기하고 싶은 마음도 있습니다. 제 성격 때문이기도 합니다. 또 한편으로는 오해를 받을까봐 두려워서이기도 합니다. 또 다른 이유는, 오늘 처음으로 우리 교회에 발을 디디신 분들과 교회에 나옴으로 재정적인 축복을 받고 싶어하는 분들에게 조심스럽기 때문입니다.
>
> 여러분의 인도자로서 제가 확신한 두 번째는, 희생과 위험이라는 두 길로 여러분들을 인도해야 한다는 것입니다. 저는 비전 위에 두 다리로 굳건히 서 있어야 하고, 물가에서 머뭇거리지 않으며, 깊은 물속을 헤쳐 나가면서 여러분이 따라오도록 해야 한다는 것입니다.
>
> 우리가 한 뜻이 되어 이 비전을 향해 온 마음 다해 기꺼이 헌신하고자 하면 하나님이 특별한 일을 이루어주실 거라고 저는 믿습니다. 느헤미야는 성벽을 재건하는 일에 대해 사람들에게 아주 구체적으로 지시했습니다.

저도 이 시간에 구체적일 필요가 있다고 생각합니다. 우리는 교회를 건축할 때가 되었습니다. 우리는 선한 일을 할 때가 되었습니다.

이 대목에서 나는 이 장 처음에 대략적으로 소개한 작정 금액을 교인들에게 제시했다.

우리는 대부분 저축이 가능한 한도 내에서 헌금합니다. 그래서 저도 그렇게 하려고 생각했습니다. 그러나 하나님은 우리가 험난한 파도를 헤쳐 나가기 원하십니다. 저는 지금 이 순간이 우리 교회에 있어서 얼마나 중요한 갈림길이 될지 여러분에게 알려주는 것이 대단히 중요하다고 느꼈습니다. 과거에 하던 식으로 헌금해서는 안 됩니다. 헌신적으로 헌금함으로써 하나님이 우리에게 주신 비전을 힘껏 끌어안아야 할 때입니다.

나는 앞으로 넉 달 동안 사례비를 받지 않고 교회를 섬기겠다는 결심을 교인들에게 밝혔다. 그것은 목사로서 내가 행한 일 중 가장 어려운 것이었다. 나는 정말 불편했다. 결심 때문만이 아니었다. 교인들에게 말하는 것이 어색했기 때문이다. 그러나 나는 그 비전의 일차적인 수호자이자 교인들의 인도자로서 내가 마땅히 해야 할 일임을 알았다.

그 일이 우리 교인들에게 전환점이 되었다. 교인들은 모두 선한 일에 손을 폈다. 교인들은 할당된 금액을 빠르게 작정해나갔다. 그리고 모두 헌신적으로 헌금하기 시작했다. 어떤 부부는 세금을 환급받아 그 돈을 가져오기도 했다. 여행을 미루며 저축해온 돈을 가져온 사람들도 있었다. 교인들로부터 수십 통의 편지를 받았는데, 모두 그날 저녁 메시지가 그들의 손과 마음을 열도록 하나님이 간섭하셨다는 내용이었다.

넉 달 만에 백4만 6천 달러가 모였다. 더욱 감사한 일은, 이 믿음의 실천이 우리 교인들을 자극하여 영적으로 꽃이 피는 계절을 선사해주었다는 점이다. 느헤미야도 나중에 발견했지만, 하나님이 정해주신 비전을 성취하기 위해서 헌신하면 영적으로 새로워지는 길이 열린다. 그것은 육체의 희생을 통해 시작되기도 한다.

하나님이 주신 비전을 추구하기 위해 헌신적으로 기부하거나 편안한 삶을 포기하게 되면 우리 내면에 무언가가 생긴다. 그 시점이 되면 당신은 인도자일 뿐만 아니라 추종자도 된다. 하나님이 우리에게 명하신 그 일에 우리는 희생적으로 우리 자신을 바칠 수 있다. 우리 자신을 드림으로써 하나님의 방명록에 확실히 사인을 하게 된다. 최종 결과는 우리 자신을 하나님께 드리는 것이다. 단순하고 겸손한 행동은 언제나 영적으로 새로워지는 데 불을 붙인다.

예루살렘 백성들이 소매를 걷어붙이고 성벽 건축을 위해 일하러 갈 때 하나님은 그들의 마음속에서 일하셨다. 성벽을 재건하는 것은 이스라엘이 영적인 난국을 타개하는 시발점이 되었다. 그들이 비전을 소유하자 재물과 시간과 자기 자신을 움켜쥐고 있던 손이 느슨해졌다. 하나님은 그 기회를 사용하셨다.

### 보물 사냥

육체의 헌신이 영적인 새로움으로 귀결되는 이유는 예수님이 마태복음에서 가르치신 원칙으로 거슬러 올라간다. 보물이 있는 곳에 우리의 마음도 있다. 예수님은 그것을 이렇게 말씀하셨다. "네 보물 있는 그 곳에는 네 마음도 있느니라"(마 6:21).

우리의 마음과 우리의 보물은 연결되어 있다. 우리가 정말 무엇에 헌신되어 있는지 알기 원한다면 우리의 수표책과 신용 카드 명세표를 보아야 한다. 그곳에 우리의 마음이 있다. 쉽고 단순하다. 우리가 귀하게 생각하고 우선순위를 두고 있는 것이 무엇인지 이보다 더 분명히 보여주는 것은 없다. 우리가 어디에 돈을 쓰는지를 보면 우리의 마음이 어디에 있는지 알 수 있다.

느헤미야는 이스라엘 사람들이 하나님께 물질적으로 헌신하게 될 때 결국 그들의 마음도 따라오리라는 것을 알았다. 하나님이 주신 비전을 성취하기 위해 물질로 헌신하게 되면, 하나님 아버지는 마음에 이르는 열쇠를 내어주실 것이다. 우리의 지갑은 우리 마음에 이르는 통로가 된다. 왜 그럴까? 그것은 우리 대부분이 돈을 의지해 생활하기 때문이다.

우리의 지갑을 온전히 주장할 수 있게 된다면 그제야 비로소 우리가 소유한 비전이 우리의 마음을 온전히 사로잡았다고 볼 수 있다. 이런 이유로 하나님은 비전을 위해 물질적으로 헌신하도록 우리를 부르기도 하신다. 비전을 위해 우리의 귀한 것을 바치는 것은 우리의 마음도 바친다는 뜻임을 하나님은 아신다. 비전을 위해 우리가 물질적 헌신의 첫걸음을 떼게 될 때 우리의 마음은 같이 움직이며 비전과 밀착된다.

우리가 물질을 움켜쥐고 있는 손을 느슨하게 할수록 우리 마음을 옭아매고 있는 세상 사망의 그물도 느슨해진다. 우리가 거룩한 비전에 착수할 때 하나님은 우리의 마음을 재정비하기 시작하신다.

이런 믿음의 첫걸음이 우리의 헌신을 결정한다. 생각에 불과하던 것이 열정으로 바뀌고 우리의 머릿속에 있던 생각이 우리의 마음을 사로잡는다. 그러면 우리가 가능하다고 여겼던 것보다 더 깊이 헌신하며 비전을 추구할 수 있게 된다.

육체적으로, 물질적으로 헌신하게 되면 좀더 깊은 열정과 희망을 품게 된다. 비행기에서 뛰어내려 드넓은 창공을 날게 되는 것이다. 비로소 헌신하게 되는 것이다.

헌신의 경계선을 넘어서면 우리는 우리의 사명을 하나님께 확실히 맡기게 된다. 그 단계가 되면 우리는 하나님을 더욱 의지하게 되었음을 알 수 있다. 하나님이 길을 보여주지 않으시면 우리는 곤경에 처한다. 우리의 실질적인 삶과 사명은 하나님의 손에 달려 있다. 이스라엘 백성들이 비전을 감당하기 위해 육체적으로 헌신하자 곧 하나님이 개입하셨다. 좋으신 하나님은 우리의 초대를 기꺼이 받아주신다.

# VISIONEERING PROJECT

**비저니어링 프로젝트 10**

1. 비전을 추구하기 위해 당신이 포기해야 할 것은 무엇인가?
   - 단기적:
   - 장기적:

2. 망설이는 이유는 무엇인가? 다음 과정을 수행하려 하니 어떤 마음이 드는가? 발생할 수 있는 최악의 상황은 무엇인가? 당신의 비전은 위험을 감수할 만큼 가치 있는 것인가?

3. 당신은 당신 자신도 헌신하지 않는 어떤 일을 다른 사람들에게 요청하거나 기대하지는 않았는가?

4. 만약 당신이 감수해야 하는 위험이 다른 사람들의 일상을 흔들어놓을 가능성이 있다면, 반드시 그들을 의사 결정의 단계에 포함시키라. 당신은 그 일을 어떻게 해내겠는가?

# 11장 | 비판에 대응하기

만일 당신이 아직까지 모르고 있었다면 당신은 곧 다음의 사실을 알게 될 것이다.

- 비전은 비판받기 쉽다.
- 비전에는 비판이 따른다.
- 비전은 비판을 방어하기 어렵다.
- 비전은 종종 비판가들의 손에서 죽는다.

만일 당신이 누군가와 비전을 나눈 적이 있다면 아마 이 네 가지 설명이 사실임을 뼈저리게 느꼈을 것이다. 비전에는 부정적인 비판을 받을 수 있는 두 가지 요소가 있다. 즉 변화와 결함이다.

### 변화

당신이 변화를 시도할 때마다 현재와 과거에 익숙한 사람들은 불안감을 느낀다. 이렇게 비전은 대체로 위협적으로 느껴진다. 따라서 비전이 사람들로부터 비판을 받는 것은 보편적인 일이다. 당신이 '이루어져야 할' 일로 확신하고 있는 것을 다른 사람들은 '이루어지지 말아야 할' 것으로 인식하고 있다.

설상가상으로, 비판하는 사람들은 온갖 '사실'로 무장하고 있다. 대체로 그들은 자신만의 역사와 경험을 가지고 있다. 비전은 과거가 아니라 미래에 관한 것이다. 비전에는 역사가 없다. 그렇지만 역사와 경험이 비전을 낳는다. 비전을 소유한 사람이 현재의 모습에 만족하지 못하는 것도 과거의 경험에 기인한다. 이루어질 수 있는 것과 이루어져야 하는 것을 그려볼 수 있는 것도 역사에 대한 이해에서 비롯된다. 그러나 불행하게도 역사와 경험이라는 비옥한 토양이 비전을 매장하는 데 종종 이용되고 있다. 비전의 탄생지가 비전의 매장지가 될 수도 있는 것이다.

### 결함

비전은 비전에 내재하는 결함 때문에 비판받기 쉽다. 비전의 본질은 균형상 '어떻게' 쪽보다는 '무엇' 쪽에 훨씬 더 비중을 싣고 있다. 계획에는 결함이 있을 수 있다. 비전에 대해 누군가 설명해달라고 하면 당신은 능숙히 잘 할 수 있다. 그러나 그것을 어떻게 해낼 것인지 질문하기 시작하면 사정이 달라진다. 그것이 바로 비전의 본질이다. 적어도 초기에는 그렇다.

계획 속에 내재된 결함으로 비전은 쉽게 비판의 타깃이 된다. 그렇다면 "하지만…하는 게 어떨까?"라는 질문을 충분히 해보라. 그러면 어떤 비전이라도 장애물을 제거할 수 있다. 그 비전이 새 것일수록 이러한 질문에 악영향을 받기 쉽다.

결함이 있다는 것이 비전의 본질임을 기억하라. 만일 비전에 결함이 없다면 그것은 누군가 다른 사람이 이미 성취해놓았을 것이다. 그렇기 때문에 성공한 모든 발명가, 지도자 그리고 탐험가들이 비판에 직면했던 것이다. 하지만 누구나 비판에 부딪히기 마련이므로 걱정할 것은 없다.

## 싸워서 지킬 가치가 있는 도시

느헤미야와 그의 일행 역시 비판에 직면했다. 예루살렘 주변 총독들은 그의 비전을 알아챘다. 앞서 지적했듯이, 예루살렘이 성벽으로 둘러싸인 성이 된다는 생각은 근방 총독들의 간담을 서늘하게 했다. 그들은 이스라엘의 역사를 자국의 역사처럼 훤히 알고 있었다. 이스라엘이 경제적, 군사적으로 자립하게 된다는 것은 그 지역에서 그들의 지배가 종식됨을 뜻했다. 사마리아의 총독 산발랏이 입은 타격이 가장 컸다. 그는 사자와 같은 권력을 휘둘렀던 인물이다. 이전의 예루살렘 총독들을 포함한 다른 총독들은 모두 그의 지시를 받았다. 유다 사람들이 자신과 의논하지 않고 성벽 재건축을 시작했다는 사실에 그는 분노했고 자제력을 잃었다.

그의 반응을 주목해보라.

> "산발랏이 우리가 성을 건축한다 함을 듣고 크게 분노하여 유다 사람들을 비웃으며 자기 형제들과 사마리아 군대 앞에서 일러 말하되 이 미약한 유다 사람들이 하는 일이 무엇인가, 스스로 견고하게 하려는가, 제사를 드리려는가, 하루에 일을 마치려는가 불탄 돌을 흙무더기에서 다시 일으키려는가 하고 암몬 사람 도비야는 곁에 있다가 이르되 그들이 건축하는 돌 성벽은 여우가 올라가도 곧 무너지리라 하더라"(4:1-3).

산발랏은 맹렬히 비난했다. 성벽이 결코 완성되지 못할 것이라는 이유를 찾는 데 혈안이 되었다. 그는 건축자들의 자질을 비판하고 나섰다. 그들의 능력을 의심했다. 그들이 시작한 일을 끝까지 마무리 지을 수 있을지 그들의 헌신에 의문을 제기했다. 무엇보다 그는 처음부터 그 프로젝트의 가능성 자체를 의심하고 있었다. 그들이 건축을 마칠 수 있을 만큼 헌신했거나 그럴 만한 능력을 지녔다 하더라도 성벽이 재건될 수 있을지 의심스럽다고 말했다.

그때 그와 한패인 도비야가 끼어들며 맞장구를 쳤다. 그는 느헤미야와 그와 함께한 사람들이 전체적으로 무능하다고 묘사했다. 비록 그들이 성벽 건축을 완성하더라도 성벽은 여우의 체중만으로도 힘없이 무너져버리고 말 것이라고 비아냥거렸다.

산발랏의 비판은 그가 마음속에 품고 있던 특별한 목적에 부합하는 것이었다. 그는 성벽 건축자들이 그 일을 포기할 정도로 낙심하기 바랐다. 산발랏은 그 프로젝트에 관해 자신이 어떻게 생각하고 있는지 예루살렘 전역에 전해지도록 애썼다. 곧 건축자들 사이에 말이 돌기 시작했다. 하지만 백성들은 "마음을 다해"(4:6 하, 영어성경 NIV) 일했다. 그들은 낙심하지 않았다. 그러자 산발랏은 곧 다른 계획에 착수했다.

> "산발랏과 도비야와 아라비아 사람들과 암몬 사람들과 아스돗 사람들이 예루살렘 성이 중수되어 그 허물어진 틈이 메꾸어져 간다 함을 듣고 심히 분노하여 다 함께 꾀하기를 예루살렘으로 가서 치고 그곳을 요란하게 하자 하기로"(7-8절).

이것은 산발랏과 그의 무리가 말로 건축자들의 역사를 중지시킬 수 없다면 무력으로라도 하겠다는 말이다. 그는 예루살렘 동쪽 지역(암몬 사람들), 서쪽 지역(아스돗 사람들), 남쪽 지역(아라비아 사람들)의 총독들을 소집하여 사방에서 예루살렘 성을 공격할 것이다. 예루살렘은 그 연합군에게 대항하지 못할 것이다. 그러면 성벽도 사라지고 말 것이다.

곧 전쟁을 준비하고 있다는 소문이 퍼지기 시작했다.

"그 원수들의 근처에 거주하는 유다 사람들도 그 각처에서 와서 열 번이나 우리에게 말하기를 너희가 우리에게로 와야 하리라 하기로"(4:12).

그런데 이번에 성벽 건축을 중지하라고 경고하는 이들은 다른 사람이 아닌 유다 사람들이었음을 주목하라. 성의 북쪽에 거주하고 있던 유다 사람들이 산발랏의 군대가 그들의 북쪽 국경에 접근하고 있다는 사실을 알린다. 동쪽에 거주하던 유다 사람들이 동쪽에서 암몬 군대가 접근해오고 있다고 알린다. 성은 포위된다.

메시지는 분명하다. "포기하라. 그렇지 않으면 죽을 수도 있다."

더욱이 성벽 재건을 막는 장애물들은 뛰어넘을 수 없을 것처럼 느껴진다. 예상했던 것보다 치워야 할 쓰레기의 양이 너무 많았다. 그들은 피곤했다. 새로운 프로젝트에 대한 전율은 이미 사라진 상태였다. 긴 여행을 하고 있는 어린아이들처럼 그들은 "아직 멀었나?"라며 불평하기 시작한다.

그들은 한계 상황에 달했다. 가족들도 위험에 처해 있었다. 동포들마저 작업을 포기하라고 부추긴다. 두려움과 낙심으로 미칠 것만 같다. 그래서 그들은 일을 떠난다. 중지한다. 더 이상 자신들의 손으로 선한 일을 할 마음이 내키지 않는다.

누가 그런 그들을 비난할 수 있겠는가? 생각해보라. 성벽 재건을 위한 대가로 그들이 감수해야 할 위험 부담은 너무나 크다. 끝까지 충성할 수 있겠는가?

그러나 그렇게 해야 할 단 한 가지 이유는 비전이었다.

우리는 느헤미야의 팀이 느꼈을 기분을 충분히 공감할 수 있다. 당신이 어떤 중대한 비전을 추구하고 있다면 비판받을 것이다. 아마 당신의 비전은 누군가에게 자신들이 할 수 없는 일을 상기시켜줄 것이고 동시에 그들이 할 수 있는 일 그리고 해야 할 일을 상기시켜줄 것이다. 그렇기 때문에 그들이 할 수 있는 유일한 일은 비판뿐인 것이다.

### 초신자들이 겪는 어려움

초신자들이 비기독교인 친구들과 대화를 나누면 그들에게 번번이 거부당하는 것이 바로 이 때문이다. 초신자는 자신의 삶을 통해 할 수 있고 해야 하는 일에 대한 비전을 갖게 된다. 그러나 그것은 현재에 만족하고 사는 이들의 기분을 상하게 한다. 그래서 그들은 비전을 이루어나가는 일을 방해하기 위해 할 수 있는 모든 일을 한다. 바로 그의 결정을 비난하는 것이다.

누군가가 좀더 배우고자 하거나 재정적으로 나아지고자 하는 비전을 세운다면 그의 비전은 대체로 그와 가장 가까운 사람들의 비판에 직면하게 된다. 왜 그럴까? 학구적인 의지나 빚에서 완전히 자유롭게 되기를 희망하는 비전이 없는 이들은 자립하여 스스로 무언가 하려는 사람들에게서 위협을 느낀다. 그렇지 못한 처지에 있는 자신들에 대한 불안이 표면으로 나타나거나 아니면 가까운 미래에 역전될지도 모를 현재의 재정적 위치를 고통스럽게 느끼기 때문이기도 하다.

아마 당신의 비전은, 당신 주변의 누군가에게 불안감을 자극할 것이다. 그래서 불신 배우자들이 때때로 믿는 배우자들에 대해 비판적이다. 같은 이유로, 부모들이 자신의 아이들을 비판하며 몰아세우는 것을 본 적이 있다. 당신의 비전은 당신을 지배하는 권위자들의 불안감을 자극한다. 그래서 그들이 자신의 수준으로 당신을 다시 끌어내릴 작정으로 공격을 개시하는 것이다.

아마 당신의 비전은 결함 때문에 비판받을 수도 있다. 하나님께 받은 비전은 항상 정답보다는 의문이 많다. 그래서 주변 사람들은 당신의 비전에 대해 질문을 퍼붓는다. 그들이 다짜고짜 당신을 비판하는 것은 아니다. '어떻게'라는 질문을 많이 할 뿐이다. 그러나 어느 쪽이든 메시지는 같다. "애쓸 거 없어. 결코 그렇게 되지 않아."

**비전의 죽음**

당신이 당신을 비판하는 이들과 계속해서 접촉한다면 촛불은 당장 꺼질 것이다. 당신은 낙심하고 포기할 것이다. 이루어질 수 있는 일과 이루어져야 할 일은 결코 이루어지지 않는다. 당신의 수고는 모두 헛것이 되고 만다. 당신의 꿈이 죽을 때 당신의 일부도 죽어버린다.

나는 그런 경우를 수십 번도 더 보았다. 어떤 사람이 자기가 원하는 미래를 머릿속에 그리고 있는데 누군가가 나타나서 꿈을 버리고 현실을 살라고 부추기는 경우이다.

- 스테파니(Stephanie)는 가정을 영적으로 이끌어갈 성숙한 그리스도인과 결혼하고 싶어한다. 그래서 그녀는 비그리스도인과 교제하는 기회마저 거절한다. 그렇지만 그녀의 친구들이 "그런 남자는 없어. 넌 네 인생을 허비하고 있는 거야"라는 소리를 들으면 그녀의 불꽃은 흔들린다. 잠시 후 스테파니는 친구들이 옳으리라고 결정한다. 아마도 자신의 기준이 너무 높았던 것이라고 생각한다. 그래서 그녀는 그 비전을 포기한다.
- 벤(Ben)은 딸이 그리스도를 믿으며 성경적 원칙을 따르는 삶을 살게 되기를 원한다. 그러나 그의 친구들은 "그냥 내버려둬. 요즘 아이들은 달라. 그건 우리 때나 그랬지. 그 아이도 세상에서 제 뜻대로 살 수 있는 권리가 있어"라고 계속 말한다. 벤도 그 말에 일리가 있다고 생각한다. 그래서 그의 비전은 죽는다.
- 짐(Jim)과 린다(Linda)는 결혼 초기의 몇몇 어리석은 결정으로 빚더미에 올라앉았다. 그들은 어떤 자료를 읽고 부채 없는 삶에 대한 비전을 세운다. 그때 그들은 린다의 부모님과 그 비전에 대해 나누는 실수를 범하고 만다. "그건 비현실적이야. 누구나 빚을 갖고 살아. 게다가 너

희들의 빚이 청산될 무렵이면 너무 늙어서 더 이상 빚 없는 삶을 살 수도 없게 될 게다"라고 부모님이 말씀하시자 짐과 린다는 낙담하고 만다. 이틀 후 그들은 그 계획을 포기한다.

- 트레이시(Tracy)는 새로운 사업을 구상하고 있다. 이윽고 그녀는 가능성과 잠재력을 확인하게 된다. 그것은 구상 그 이상이다. 비전이다. 그녀는 하나님께서 그 일을 인도하신다고 확신한다. 그러나 사무실 동료들은 그녀의 계획을 분석한다. "트레이시, 어디에서 재정을 구하려고? 그런 사업안이라면 아무도 네게 돈을 빌려주지 않을 걸." 아니나 다를까 그녀가 처음 말을 건넨 첫 번째 은행에서 그녀의 제안은 보기 좋게 거부당하고 만다. 비전의 빛은 곧 꺼져버린다.

- 미혼의 그리스도인 크리스(Chris)는 사무실에서 흔히 벌어지는 성적인 부정에 당황한다. 아무도 아내에게 충실하지 않으며 괴로워하지도 않는 것 같다. 결혼 후 크리스는 그들과 다르게 살겠다고 서원했다. 그는 아내에게 충실하겠다는 비전을 품었다. 그러나 동료들의 생각은 달랐다. 그들은 크리스를 자신들 수준으로 끌어내릴 마음을 먹었다. 결국 크리스는 그들의 거짓말을 믿었다. 디트로이트로 간 출장에서 크리스는 그의 비전을 포기했다. 그러나 그는 바로 그 순간에 아내의 비전도 함께 사라져버렸다는 사실을 알지 못했다.

- 대학 신입생인 피트(Pete)는 캠퍼스에서 그리스도를 위해 일하겠다는 남다른 비전을 품고 대학 생활에 임했다. 그는 기숙사에서 학생들과 함께 성경 공부를 하는 비전을 품었다. 가을 학기 3주째, 그는 왜 모든 사람이 자기를 피하는지 궁금해하면서 기숙사에 혼자 있었다. 그의 룸메이트가 문 안으로 고개를 들이밀고 말한다. "포기해, 피트. 네 뜻이 뭔지 잘 알고 있어. 그런데 지금은 어느 누구도 예수 따위에는 관심이 없어. 자, 맥주나 마시러 가자구." 피트는 재킷을 움켜쥐고 룸메

이트를 따라 어두운 골목 안으로 사라진다. 그의 비전도 사라진다.

단도직입적인 말로 하거나, 묘한 미소를 띠며 하던 간에 비판은 비전에 파괴적으로 작용한다. 당신이 비판을 받아들인다면 그 결과는 낙심하고 포기하는 것이다. 대개 환경은 우리를 비판하는 이들의 생각을 지지한다.

그렇다면 우리는 어떻게 반응해야 하는가?

그리스도인인 우리에게는 비판에 반응할 수 있는 특별한 기회가 있다. 이미 살펴보았듯이 하나님께서 명하신 비전은 이 세상을 향한 하나님의 중요한 비전과 연계되어 있다. 우리의 비전이 하나님의 비전과 관련이 있다면 우리는 어떻게 비판에 반응해야 하는지 선택해야 한다.

우리의 첫 번째 반응은 아마도 이럴 것이다. "글쎄, 그건 나와 관계없어. 난 일을 순조롭게 진행시키려고 노력하고 있어. 그것이 이 세상을 향한 하나님의 중요한 비전과 무슨 관계가 있을까? 더군다나 내가 받는 비판은 영적인 것과는 아무 관계도 없어."

사도 바울은 다음과 같이 묘사했다.

> "너희 몸은 너희가 하나님께로부터 받은 바 너희 가운데 계신 성령의 전인 줄을 알지 못하느냐 너희는 너희 자신의 것이 아니라 값으로 산 것이 되었으니 그런즉 너희 몸으로 하나님께 영광을 돌리라"(고전 6:19-20).

고린도의 그리스도인들은 영과 육이 구별된다고 믿었다. 몸으로 죄를 지을 수 있지만 그것이 영혼에 영향을 미치지는 않는다고 생각했다. 그러나 바울은 그러한 영육의 구분이 없다고 지적한다.

그리스도께서 갈보리에서 그분의 피값으로 우리를 사셨을 때 우리의 육체와 혼과 영을 사셨다. 우리는 우리의 행위를 통해 하나님께 영광을 돌려야 한다. 그 행위가 어떤 것이든, 그때 우리의 역할이 무엇이든 상관없다. 우리는 배우자로서, 부모로서, 친구로서, 종업원으로서, 사장으로서, 시민으로서 하나님께 영광을 돌려야 한다. 우리가 사무실에서 하는 일은 우리가 교회에서나 가정에서 하는 일과 마찬가지로 영적이다.

따라서 우리의 비전이 삶의 어떤 범주에서 나오든 우리의 비전에는 영적인 요소가 있다. 세속적인 추구란 없다. 우리의 비전은 하나님께 영광을 돌릴 책임과 밀접하게 연결되어 있다. 도전해야 할 것은 연결 고리를 찾는 일이다.

하늘에 계신 우리 아버지께서 이 비전을 통해 어떻게 영광을 받으실지 질문해보라. 이것은 하나님께서 응답하고 싶어하시는 질문이다. 지금까지의 내 경험으로 보아 이런 질문을 진지하게 던지는 이들이 그 연결 고리를 빨리 찾았다.

이것을 바라보는 또 다른 방법이 있다. 부모인 나는 자녀의 삶을 구분해서 바라보지 않는다. 나는 자녀들이 하는 일이라면 모든 일, 모든 면에 관심을 갖는다. 왜냐하면 그들이 내 자녀이기 때문이다. 그들과 나의 관계는 내 관심의 수준을 결정한다. 나는 내 자녀를 사랑하기 때문에 그들이 행하는 모든 일이 내게 중요한 의미를 갖는다.

당신에게도 당신에 대해 이와 같이 느끼시는 하늘 아버지가 계신다. 아니, 그 이상이다. 당신이 어떤 역할을 맡고 있든지 상관없이 당신은 하나님의 자녀다. 하나님은 가정 주부나 회사원인 당신을 사랑하시는 만큼, 전문가로서의 당신을 사랑하신다. 당신이 맡고 있는 역할에 따라 당신이 가지고 있는 비전은 그분에게 아주 흥미로운 것이다. 왜냐하면 당신이 하나님의 자녀이기 때문이다.

따라서 당신의 비전이 다른 이들의 비판 때문에 사라져버리려는 순간, 하늘 아버지께서는 관심을 나타내신다. 그것이 하나님과 관계가 있기 때문이다. 이렇듯 비판에 대해 반응하는 것은 영적인 일이다. 당신의 하늘 아버지께서는 그 갈등에 기꺼이 개입하셔서 그 이상으로 간섭하신다.

## 비판에 대한 느헤미야의 반응

느헤미야는 하나님이 자신의 사명이 성취되는 일에 관심을 가지셨음을 분명히 믿었다. 그것은 분명 영적인 노력이었다. 우선 그의 일이 벽돌을 쌓거나 회 반죽을 칠하는 등 사소한 일들이었다는 사실도 그를 혼란스럽게 하거나 영적인 주의력을 흩트리지 못했다. 그는 그런 사소한 일들을 통해 자신의 비전을 더 분명히 깨달았다.

주변 지도자들의 비판과 위협에 대한 느헤미야의 반응은 비판에 대응하는 훌륭한 자세를 보여준다. 느헤미야는 이렇게 했다.

1. 그는 기도했다.
2. 그는 자신의 비전이 어디로부터 왔는지를 기억했다.
3. 그는 계획을 보완했다.

### 기도하라

이 사건 속에서 느헤미야는 두 번 기도하고 있다. 그의 첫 번째 기도는 성경에 기록되었다. 이 기도에서는 두 가지가 눈에 띈다. 첫째, 바로 앞 절의 분위기를 완전히 반전시키고 있다는 점이다. 둘째는 다음의 구절을 읽고 그 특징을 찾아내보라.

> "우리 하나님이여 들으시옵소서 우리가 업신여김을 당하나이다 원하건대 그들이 욕하는 것을 자기들의 머리에 돌리사 노략거리가 되어 이방에 사로잡히게 하시고 주 앞에서 그들의 악을 덮어 두지 마시며 그들의 죄

를 도말하지 마옵소서 그들이 건축하는 자 앞에서 주를 노하시게 하였음이니이다"(느 4:4-5).

나는 느헤미야가 여기서 자비를 발휘하지 않았다고 생각한다. 여러 주석가들이 나서서 느헤미야를 변호할 만큼 이 기도는 너무나 강하고 어떤 면에서는 비열하기까지 하다. 그러나 그들은 느헤미야의 기도에서 숨은 뜻을 찾아 읽었다. 주석가들은 느헤미야가 산발랏의 비판이 하나님을 겨냥하고 있다는 것을 알았으며, 느헤미야의 기도는 그의 방식으로 하나님을 편드는 태도였다고 해석한다. 그의 태도는 "어떻게 감히 저들이 하나님 당신을 방해한다는 말입니까. 하나님께서는…하셔야 합니다"라는 것이다. 그래서 표현이 강한 것이다. 주석가들의 말을 빌리면 느헤미야가 하나님을 방어하고 있는 셈이다.

그럴 수도 있겠지만 나는 우선 느헤미야가 단단히 화가 났다고 생각한다. 그는 피곤했다. 건축자들도 피곤했다. 그래서 바로 이런 심정이었다. 그는 자비를 베풀 기분이 아니었으며 정의를 원했다. 그는 산발랏과 그 일당들이 그의 앞에서 사라져주길 바랐다. 내게도 그렇게 기도할 수 있는 배짱이 있을지 잘 모르겠다. 하지만 비판을 받을 때 나도 그런 감정을 느꼈다. 결국, 비판은 우리의 감정을 헤집고 들어온다.

이것이 적절한 기도였을까? 틀림없이 그랬다. 그는 자신의 느낌을 하나님 아버지께 표현하고 있었다. 하나님께서 그의 요청에 응답하셨을까? 나는 모른다.

하지만 이 점을 놓치지 말라. 흥하느냐 망하느냐의 분위기, 감정이 포화된 분위기에서 느헤미야의 즉각적인 반응은 기도였다는 사실을 기억하라. 그 점이 놀라울 따름이다. 기도가 언급된 두 가지 예에서 보듯이, 느헤미야는 비판에 직면하자 즉시 기도했다. 느헤미야의 기도와 그 앞 절이 어떻게 대조되는지 보라.

"암몬 사람 도비야는 곁에 있다가 이르되 그들이 건축하는 돌 성벽은 여우가 올라가도 곧 무너지리라 하더라"(3절).

이제 느헤미야의 반응을 다시 읽어보라.

"우리 하나님이여 들으시옵소서 우리가 업신여김을 당하나이다 원컨대 저희의 욕하는 것으로 자기의 머리에 돌리사 노략거리가 되어 이방에 사로잡히게 하시고 주의 앞에서 그 악을 덮어두지 마옵소서 그 죄를 도말하지 마옵소서 저희가 건축하는 자 앞에서 주의 노를 격동하였음이니이다 하고"(4-5절).

변함이 없다. 비판에 직면하면 느헤미야는 즉시 기도했다. 기도는 비판자들을 향한 최초의 반응이었다. 이것이 그의 적대적인 어조에 대한 설명이다. 느헤미야는 감정을 가라앉힐 시간을 갖지 않았고 생각을 모으지도 않았다. 그는 자신이 생각하고 느끼는 모든 것을 무시한 채 그 일에 대해 뭔가를 행하실 수 있는 유일하신 한 분께 향했다. 그럴듯하게 꾸미지 않았다. 그는 어떻게든 영적으로 포장하지도 않았다. 그저 내려놓기만 했다.

그리고 다시 일로 돌아왔다. 다음 구절을 체크해보라.

"이에 우리가 성을 건축하여 전부가 연결되고 높이가 절반에 이르렀으니 이는 백성이 마음 들여 일을 하였음이니라"(6절).

이렇게 반응함으로써 느헤미야는 비판과 관련된 통상적인 실수를 피했다. 그는 적이 그의 초점이 되는 것을 허용하지 않았다. 비판에 대한 우리의 자연스러운 반응은 우리 자신에 대해 변론하는 것이다. 우리의 비전이 공격 당할 때는 특히 그렇다. 우리는 우리를 비판하는 사람이나 또는 비판을 되풀이하는 사람들과 대화하고 싶어한다. 때문에 우리는 우리의 대답에는 관심도 없는 사람들의 질문에 답하느라 에너지와 생각을 허비하고 있다. 이것을 깨닫지 못한다면 초점은 빗나가기 시작할 것이다. 우리는 비전 중심이기보다 서서히 비판자 중심이 된다.

느헤미야는 자신과 자신의 팀이 받았던 비판에도 불구하고, 비전에 초점을 두었다. 그는 생각과 에너지를 계속 비전에 모았다.

비판은 우리 마음속 감정의 코드를 두드린다. 그 감정은 어딘가로 전송되어야 한다. 우리를 비판하는 이들에 대해 곰곰이 되풀이해서 생각한다는 것은 그들의 장난에 놀아나는 것이다. 비판을 마음속에 밀봉해두는 것은 우울증이나 병을 일으킬 수 있다. 또 다른 선택은 그 상황과 전혀 상관없는 누군가(배우자, 친구, 종업원, 자녀 등)에게 그 감정을 던져버리는 일이다. 그러나 그것은 상황을 더욱 복잡하게 만들 뿐이다.

우리가 할 수 있는 가장 건전하고 유익한 일은 오직 한 가지다. 우리의 마음을, 유치한 표현이나 그 밖의 이런저런 말들까지 모두 하나님 아버지께 쏟아내는 것이다. 하나님은 우리 마음속에 있는 것을 모두 알고 계신다. 놀랍게도 그분은 줄곧 우리 곁에 계셨다. 그분은 작은 신음에도 응답하신다. 우리가 마음 깊은 좌절과 상처를 하나님 앞으로 가져갈 때 그분은 영광을 받으신다. 그렇게 하는 것은 신뢰의 표현이다. 하나님 아버지와 친밀한 관계를 발전시키려면 그런 정직한 소통이 필요하다.

당신이 느끼는 감정을 아버지께 표현하는 것이 적합한지 그렇지 않은지 궁금하다면 시편을 읽어보라. 다윗은 그의 마음속에 아무것도 담아두지 않았다. 자신이 느끼는 감정을 그대로 표현했다.

"그들의 입에 신실함이 없고 그들의 심중이 심히 악하며 그들의 목구멍은 열린 무덤 같고 그들의 혀로는 아첨하나이다 하나님이여 그들을 정죄하사 자기 꾀에 빠지게 하시고 그 많은 허물로 말미암아 그들을 쫓아내소서 그들이 주를 배역함이니이다"(시 5:9-10).

혹시 다음에 교회에서 기도 순서가 돌아오면 다음과 같이 기도해보라.

"주께서는 내 원수에게 악으로 갚으시리니 주의 성실하심으로 그들을 멸하소서"(시 54:5).

만일 기도 모임이나 대표 기도에서 누군가 이렇게 기도한다면 당신은 어떻게 반응할 것인가? 당신은 아마 그에게 상담을 권할 것이다. 아마 담임목사에게 그를 대표 기도자로 세우지 말라고 요청할 것이다. 그는 교회의 모든 사람에게 요주의 인물이 될 것이다.

그런데 이것은 '하나님의 마음에 합한 사람'이 한 말이다. 다윗이 쓴 시를 가지고 만들어진 찬양과 합창이 얼마나 많은지 생각해보라. 평범한 그리스도인에게는 그런 식으로 기도하는 일이 당혹스럽겠지만 하나님은 전혀 그렇지 않으시다.

기도에는 적당한 맥락에서 비판이 가미되기도 한다. 우리의 유한한 자원, 미완의 계획 그리고 순진한 행동을 보고 비판하는 사람들의 말을 평가한다면 그 비판은 우리를 압도할 것이다. 그러나 그 비판을 하나님 아버지의 무한한 자원과 전지전능하심에 비추어본다면 그것은 당장 위력을 잃고 만다. 걱정은 사라지고 우리의 열정은 다시 불타오를 것이다. 그러면 다시 우리는 선한 일을 할 힘을 얻게 될 것이다.

기도는 우리가 하나님의 시각에서 비판을 평가해보게 한다. 적절한 시각에서 우리는 우리를 비판하는 이들에게 적절히 반응할 수 있는 좀더 나은 위치에 서게 되는 것이다. 우리의 마음을 알고 계시는 그분께 우리의 마음을 토했다면 우리는 이제 비판자들조차 너그럽게 대할 수 있다는 사실을 알게 될 것이다.

누군가 우리의 비전을 비판할 때, 우리의 감정은 하늘에 계신 아버지께로 향해야 한다.

### 기억하라

느헤미야는 기도했을 뿐 아니라 기억했다. 그는 우선 자신을 예루살렘으로 이끄신 분이 누구신지 기억했다. 그는 아닥사스다 왕에게 하나님이 간섭하신 일을 기억했다. 그는 이스라엘에 대해 정치적·영적으로 실현될 수 있고 또 실현되어야 할 일들을 기억했다. 이런 일들을 기억함으로써 느헤미야는 온갖 비방과 위협에도 불구하고 비전을 계속 추진할 수 있는 새로운 용기를 얻었다.

하지만 이 기억이 느헤미야의 머리에 불쑥 떠오른 것은 아니었다. 성경은 느헤미야가 이제까지 이루어진 일들을 의도적으로 회고했다고 말한다. 그는 하나님의 신실하심에 대해 묵상했다. 그는 하나님께서 자신을 위하여 그리고 이스라엘을 위하여 개입하셨던 중요한 시점을 마음속에 떠올리면서 되풀이하여 기억했다. 뒤돌아봄으로써 그는 앞으로 나아갈 수 있는 에너지를 얻었다.

느헤미야는 예루살렘 백성들에게 이 점을 다시 한 번 기억하라고 권함으로써 지도자로서의 능력을 보여주었다.

> "내가 돌아본 후에 일어나서 귀족들과 민장들과 남은 백성에게 말하기를 너희는 그들을 두려워하지 말고 지극히 크시고 두려우신 주를 **기억하고**

너희 형제와 자녀와 아내와 집을 위하여 싸우라 하였느니라"(느 4:14, 강조 추가).

느헤미야는 과거에 신실하셨던 하나님과 미래에 대한 비전에 집중하도록 건축자들의 주의를 환기시킴으로써 현재에 대처했다. 그는 이렇게 말하고 있는 것이다. "지금 현재 권력을 휘두르는 것처럼 보이는 이들에게 초점을 맞추지 말고 너희를 부르신 하나님의 위대하심을 기억하라. 우리가 끝까지 인내했을 때 이루어질 일을 먼저 생각하라."

느헤미야가 형제와 자녀들을 언급한 것은 이스라엘의 미래에 대한 언급이다. 그는 백성들에게 정말로 큰 문제가 무엇인지 상기시키고 있다.

만일 당신이나 당신의 비전이 비판을 받을 때마다 혹시 나처럼 이렇게 두 번 생각하는 버릇이 있을지 모르겠다.

- 아마 그들이 옳을 거야.
- 아마 그 일은 불가능할 거야.
- 아마 내겐 그럴 능력이 없을 거야.
- 아마 이건 시간 낭비일 거야.
- 아마 아무도 나타나지 않을 거야.

현재의 방해들 때문에 미래에 이루어질 수 있고 이루어져야 하는 일에 대한 우리의 헌신은 쉽게 꺾일 수 있다. 우리 자신의 가능성만 염두에 두고 비판에 반응하는 한, 우리는 포기하고 싶어질 것이다. 하지만 우리를 부르신 분이 누구인지 기억하고 반응한다면, 위대하고 두려우신 주님을 기억한다면 이야기는 달라진다.

느헤미야는 자신을 겨냥한 비판에 대항하여 자신을 방어하거나 맞서려

하지 않았음을 주목하라. 사실, 산발랏의 관측은 어느 정도 들어맞는 면이 있었다.

물론 건축자들은 숙련공이 아닐 뿐만 아니라 최고로 헌신된 이들도 아니었다. 그들은 실제로 어느 시점이 되자 그 일에서 떠났다. 더욱이 성벽 가운데 재건되지 못하는 부분도 있었다. 이 프로젝트나 건축자들에 대한 평가에서 산발랏의 지적이 다 틀린 것은 아니었다.

그러나 느헤미야는 백성들이 일을 추진할 수 있는 자질과 능력, 헌신을 갖추었다고 확신했기 때문에 그런 비판 따위에 빠져들지 않았다. 그는 성벽이 원래 모습대로 재건될 수 있다고 믿었기 때문에 어떠한 비판에도 흔들리지 않았다.

하나님께서 그 프로젝트를 실행하도록 그의 마음속에 부어주셨기 때문에 그는 행동하고 있는 것이었다. 물론 그 프로젝트는 불가능했다. 거룩한 비전은 대부분 불가능하다. 느헤미야의 비판자들은 그럴듯한 이유를 갖고 있었다. 그러나 그 비판자들은 하나님의 대리인이 아니다. 느헤미야는 하나님이 자신과 함께하신다고 믿었다. 그래서 그는 백성들에게 이 점을 다시 한 번 기억하라고 요청했다.

**타당한 비판 |** 아마 당신에 대한 비판이 어느 정도 맞을 때도 있을 것이다. 정직하다면 당신은 자신을 변호하지 않을 것이다. 사실이기 때문이다.

- 당신은 경험이 없다.
- 당신은 그 비전을 완성시킬 만한 재원이 없다.
- 당신은 기술이 없다.
- 당신은 이 분야에 대해 정식 교육도 받지 못했다.
- 사람들은 이 일을 전에도 시도해보았다. 하지만 실패했다.

그래서 어떻다는 말인가? 하나님께서 당신에게 비전을 주시거나 어떤 방향으로 향하게 하실 때, 문제는 당신의 능력이나 프로젝트의 실현 가능성에 있는 것이 아니다. 문제는 당신이 해야 한다고 알고 있는 그 일을 끝까지 수행해내겠느냐는 의지다. 당신은 자신이 할 수 있는 일을 하면서 하나님만이 하실 수 있는 일은 그분께서 하실 거라고 믿는가? 그 믿음으로 느헤미야는 다시 일하기 시작했다.

끝까지 그 일을 수행하고 하나님을 신뢰한다는 것이 당신과 당신의 비전에 어떤 의미를 갖는가?

내 책상 위에는 이렇게 적힌 카드가 있다. "주님, 주님께서는 제게 이 일을 하라고 하셨습니다. 제가 이 일을 다 마칠 때까지 주님께서 보고 계실 것이라고 믿습니다." 교회에서 무수한 반대에 부딪힐 때마다 그 짧은 구절이 내 마음에 떠오른다. 그래서 나는 끊임없이 이렇게 되뇌인다. "주님, 이 교회는 주님의 아이디어였지 제 아이디어가 아니었습니다. 그러니 주님만이 하실 수 있는 일을 주님께서 행하실 것을 기대합니다."

내가 그 생각을 최우선에 두는 한, 해결되지 않은 문제나 부족한 재정에 대한 모든 압력에 시달리지 않게 될 것이다. 그러나 내가 감당할 수 없는 것들에 대해 책임을 지려 하는 순간, 나는 침대 속으로 기어 들어가 이불을 뒤집어쓰고 눕고 싶어질 것이다.

하나님께서 주신 비전을 수행할 때 불가피한 비판에 직면하게 된다면 우선 시간을 갖고 위대하고 두려우신 주님을 기억하라. 그분께서 당신의 마음속에 그 비전을 처음 부어주셨을 때를 기억하라. 그 과정에서 그분께서 간섭하셨던 방법들을 묵상하라. 그분께서 당신을 인도하셨던 성경 말씀을 다시 읽어보라. 위대하고 두려우신 주님을 기억하라.

**보완하라**

기도와 기억하는 것과 아울러 느헤미야는 전략적으로 반응했다.

> "우리가 우리 하나님께 기도하며 그들로 말미암아 파수꾼을 두어 주야로 방비하는데"(느 4:9).

나는 이 구절이 마음에 든다. 여기에는 지도자라면 누구나 명심해야 할 한 가지 원칙이 있다. 느헤미야는 믿음으로 움직이는 것과 전략적으로 이끄는 원칙 사이의 섬세한 균형을 이해하고 있었다. 그의 신뢰는 하나님께 닿아 있었다. 그러나 동시에 자신이 맡은 부분에 대한 책임도 간과하지 않았다.

> "그 때로부터 내 수하 사람들의 절반은 일하고 절반은 갑옷을 입고 창과 방패와 활을 가졌고 민장은 유다 온 족속의 뒤에 있었으며 성을 건축하는 자와 짐을 나르는 자는 다 각각 한 손으로 일을 하며 한 손에는 병기를 잡았는데 건축하는 자는 각각 허리에 칼을 차고 건축하며 나팔 부는 자는 내 곁에 섰었느니라"(16-18절).

파수꾼을 배치했다는 사실이 믿음이 부족했음을 보여주는 것은 아니다. 일을 하며 무장한다고 해서 예루살렘 백성들이 하나님을 덜 의뢰하게 된 것도 아니다. 적이 공격해온다면 그런 조치만으로 충분히 방어할 수 있으리라고 느헤미야가 느꼈을까? 아니다. 그는 다른 여러 가지 상황을 모두 꿰뚫어 보고 있었다. 만일 산발랏과 그의 일행이 예루살렘을 침략하기로 결정한다면, 하나님의 개입이 없이는 자신들이 그들을 막아낼 수 없으리라는 것을 느헤미야는 잘 알고 있었다. 그럼에도 불구하고 그것은 책임 있는 조치였다. 그는 해야 한다고 알고 있는 바를 행했고 나머지는 하나님께 맡겼다.

느헤미야가 기꺼이 자신의 계획을 보완한 것은 비전을 가진 모든 사람에게 중요한 행동 원리를 보여준다.

### 블록 쌓기 10 ── 우리의 계획을 하나님의 비전과 혼동하지 말라.

서두르지 말라. 우리가 우리의 계획과 비전 사이의 차이점을 보지 못하고 놓친다면 낙담할 확률 역시 커진다. 나는 사람들이 계획에 실패했다고 해서 비전을 버리는 것을 많이 보았다. 계획이 실패했다고 해서 비전까지 잘못되었다고 여겨서는 안 된다.

그 차이점은 이렇다.

- 비전은 이루어질 수 있고 이루어져야 하는 일이다.
- 계획은 비전을 이루는 데 최선책이라고 판단된 추측이다.

우리의 추측은 아마도 지식에 기초하고 있거나, 자주 기도하면서 생각해 낸 것이거나, 경험에서 비롯된 것일 것이다. 그러나 그것은 단지 추측일 뿐이다. 우리가 잘못 추측할 수도 있음을 인정하자. 그리고 잘못 추측했을 때 우리는 실패할 수도 있다. 그렇다면 그것은 결코 비전을 포기할 만한 이유가 되지 않는다. 단지 그 계획을 포기하라는 신호일 뿐이다.

월마트의 설립자인 샘 월튼(Sam Walton)은 분명 비전가다. 그는 일평생 고객들의 삶을 좀더 윤택하게 만들기 위해 고객들의 가치에 합당한 상품을 제공하겠다는 자신의 비전에 헌신해왔다. 그러나 그는 계획을 바꾸고 전략을 잘 포기하는 것으로도 유명하다. 샘의 아들인 짐 월튼(Jim Walton)은 이렇게 말했다.

아버지를 직관적으로 복잡한 계획을 세우고 그 계획을 세밀히 실행해나가는 위대한 전략가로 평가한 몇몇 작가들을 보면서 나는 실소를 금할 수 없었다. 지금까지 그대로 이어져온 결정이란 하나도 없을 만큼 아버지는 변화무쌍했다.[1]

계획에 효과가 없으면 비전을 보지 못하고 놓치기 쉽다. 계획에 실패했을 때는 언제나 부정적인 감정이 강하게 일어난다. 만약 이런 부정적인 감정을 마음속으로 인정하거나 개인적으로 수용한다면, 우리는 계획이 실패한 것이 아니라 바로 우리가 실패자라고 확신하게 된다. 그러나 실패한 것은 우리의 계획이다.

설상가상으로, 우리가 무엇을 하려 했는지 아는 모든 사람은 계획이 실패했다는 사실을 알게 된다. 대개 옆에서 지켜보는 이들은 계획과 비전을 구별할 수 없다. 그들은 그 두 가지를 하나로 본다. 전자의 죽음은 곧 후자의 죽음이라고 받아들인다.

우리와 함께 일하는 이들 역시 계획과 비전의 차이를 인정하기는 힘들 것이다. 그렇기 때문에 한 가지 계획이 실패할 때 비전을 재고해봐야 한다. 비전을 재고할 때 사람들은 실패한 계획에 집중하지 않고 다시 원래의 비전에 주의를 집중할 수 있다.

"위대하고 두려우신 여호와를 기억하라"는 느헤미야의 도전은 비전을 재고하는 그의 방식이다. 분명히 건축자들은 이때쯤 일을 떠나고 결국 계획은 수포로 돌아가는 순간이다. 그러나 느헤미야는 그들이 현재의 계획에서 눈을 들어 처음에 그들이 왜 성벽을 재건하기로 결정했었는지 기억을 되돌려 보라고 했다.

---

1. *Built to Last*, 147, Sam Walton with John Huey, Made in America(New York: Doubleday, 1992), 70에서 인용.

그렇게 그는 계획을 바꾸었고, 백성들은 다시 일터로 돌아갔다. 결과를 체크해보라.

"우리의 대적이 우리가 그들의 의도를 눈치챘다 함을 들으니라 하나님이 그들의 꾀를 폐하셨으므로 우리가 다 성에 돌아와서 각각 일하였는데" (15절).

분명 산발랏과 그의 일행은 불시의 공격에 크게 기대를 걸고 있었다. 그러나 그들은 기습할 수 있는 요인을 잃어버리자 물러났다. 그들은 실제로 전쟁을 치르지도 못했다. 무력을 이용하여 그들을 위협해본 것뿐이었다.

계획을 바꾸어 느헤미야는 그들에게 정면으로 도전했다. 그리고 수정된 계획은 예루살렘 백성들을 자극해 다시금 성벽 재건 작업에 임하게 했다.

## 조정 보완

하나님의 나라를 위해 중요한 일을 성취한 이들 중에서 비전이 실현될 때까지 여러 차례에 걸쳐 계획을 보완하지 않은 사람은 없다.

> **블록 쌓기 11**
> 비전은 다듬어진다. 비전은 변하지 않는다.
> 계획은 수정된다. 계획은 그대로 유지되는 법이 거의 없다.

비전에 대해서는 완고하되 계획에 대해서는 융통성을 가지라. 전략과 스케줄은 쉽게 세울 수 있다. 더욱이 하나님은 우리가 계획을 수정하는 과정을 지날 때 우리의 비전을 다듬으려고 하실 것이다.

여러 해 전에 우리 교회는 부지를 늘리기 위해 자금을 마련해야 했다. 나는 자금을 마련할 수 있는 훌륭한 계획이라고 생각되는 일을 찾아냈다. 그리고 그 계획에 동참한 두세 명과 함께 그것을 수정 보완한 다음 교인들 앞에 내놓았다. 이제 모두가 같은 배를 탔다는 생각이 들었다. 그러나 계획에 혼선이 왔고 우리는 필요한 액수의 절반밖에 마련하지 못했다.

선의를 가진 사람들조차 하나님께서 부지 매입을 중단하라고 말씀하시는 것이 아니냐고 물었다. 계획이 효과가 없었고 그래서 돈이 마련되지 않았으니 하나님이 그 계획에 '손'을 들어주지 않으셨다는 것이 그들의 생각이었다.

물론 나는 그들의 요지를 이해했다. 그리고 나는 결단코 교회를 잘못된 방향으로 이끌고 싶지 않았다. 며칠 동안 나는 전체적인 계획에 대해 두 번이나 다시 생각해보았다. 그런데 지혜로운 연장자 두세 분의 조언 덕분에 우리의 계획이 잘못되었다는 결론을 내리게 되었다. 문제는 계획이었지 비전이 아니었다.

뒤돌아보면 우리가 비전을 버리지 않은 것이 정말 다행이다. 만약 비전을 버렸더라면 재정적으로나 전략적으로 큰 실수가 되었을 것이다. 처음 세운 계획은 단지 처음 세운 것일뿐이다. 다듬어나갈 수 있는 것이다.

비판자로부터 배우는 것을 두려워하지 말라. 우리는 우리를 비판하는 이들에게 '진다'는 생각에 강한 거부감을 가지고 있다. 비판자들의 말 때문에 계획을 수정할 때는 당신이 지고 있다고 말이다. 마치 당신의 계획을 그들이 결정하도록 수락하기라도 한 것처럼 느낄 것이다. 그러나 전혀 그렇지 않다.

이 책을 쓰기 위해 내가 사용하고 있는 소프트웨어 역시 여러 해 동안 수천 번의 교정을 거쳤다. 이 제품은 회사에 접수된 비평을 듣고 수정 보완해 나가면서 수없이 교정을 했다. 최근 개정판은 3년간의 개발과 2만 5천 시간의 고객 연구, 백만 곳이 넘는 회사에서 원하는 제품 특징에 대한 요청에 부응하면서 완성되었다.

그렇다면 70년대 중반부터 워드프로세싱 소프트웨어를 써오고 있는 회사가 왜 자신들의 상품을 사용하고 있거나 또 사용하기를 거부하는 이들의 불평과 제안을 수집하는 데 그렇게 많은 시간을 할애했겠는가? 왜 그들은 다른 사람들의 의견을 반영하여 자신들의 계획을 수정했는가? 그들은 그저 무능한 사람들인 것인가? 그들은 자신들이 하는 일을 모르는 걸까? 물론 그들은 알고 있다. 그렇기 때문에 정확히 소프트웨어의 사용자와 비사용자 모두의 비판을 중요시한 것이다. 마이크로소프트는 누구나 잘 아는 유명한 회사이다.

세계 일류의 워드프로세싱 소프트웨어를 개발하려는 마이크로소프트사의 비전은 비평가들이 무슨 말을 하는지 찾아내는 데 있었다. 비평가들의 의견을 듣고 더 나아가 그들의 견해를 알아내는 데 동기를 부여하는 것이 바로 비전에 대한 그들의 헌신이었다. 그들의 소프트웨어를 사용하는 사용자나 또는 비사용자로서 당신은 그들의 제품에 영향을 끼칠 수 있다. '그러나 그들의 비전에는 영향을 줄 수 없다.' 불만이 접수되거나 결함이 발견되었을 때 또는 시장 점유율이 줄어들 경우, 그들은 비전이 아니라 그들의 제품, 즉 계획을 수정하는 것이다.

마이크로소프트사가 비평가들의 말을 무시하는 것이 얼마나 어리석은 일이었겠는지 생각해보라. 그러나 그들은 비평가들로부터 배운 것을 그들의 계획에 반영했다. 비전은 바로 이런 것이다.

비전을 품은 사람들이 자존심을 삼키고 계획을 수정해야 할 때가 있다. 당신의 목표를 달성하는 데 좋은 아이디어가 된다면 그에 부응하라. 느헤미야는 은연중에 산발랏에게 이익이 되는 일도 했다. 건축자들을 무장하는 일과 파수꾼을 배치하는 일 때문에 한동안 성벽 완성이 지연되었다. 그러나 결국에는 느헤미야에게 유리하게 작용했다.

결국 우리의 비전은 비판을 받게 된다. 그래서 우리는 변화를 도입할 것이다. 우리의 계획은 결함으로 가득 차 있다. 우리는 이루어질 수 있는 일과 이루어져야 할 일을 알고 있지만 어떻게 그 일이 일어날지는 알지 못한다. 비전은 방법이 아니다. 열정을 동반하지만 방법은 아니다.

만일 대비하지 않는다면 우리의 비전은 선의의 또는 악의의 비판자들의 손에 사라지게 된다. 하늘에 계신 아버지께 감정을 토하라. 우리를 부르신 분이 누구신지 또 왜 부르셨는지를 기억하라. 만일 필요하다면 계획을 보완하라. 그리고 하나님께서 시작하신 일을 그분이 조정해나가실 것도 기대하라.

> **블록 쌓기 12**
> 기도하고, 기억을 되살리며,
> 필요하다면 계획을 보완하여 비판에 대응하라.

# VISIONEERING PROJECT

비저니어링 프로젝트 11

1. 비전이 비판받을 때 당신은 보통 어떻게 반응하는가? 당신의 감정은 어디로 향하는가?

2. 당신의 비전에 대한 근본적인 비판은 무엇인가?

3. 그 비판 가운데 사실이라고 여겨지는 부분은 무엇인가?

4. 이러한 비판에 비추어 당신의 계획을 보완할 필요가 있는가? 만약 있다면 어떻게 보완할 것인가?

5. 비판하는 사람들로부터 어떤 유용한 정보를 수집할 수 있는가?

6. 당신과 함께 일하는 동료들은 비판에 어떤 영향을 받아왔는가?

7. 비판의 악영향을 받았을지도 모를 사람들에게 당신의 비전을 다시 한 번 제시할 때가 언제라고 생각하는가?

# 12장 | 얼라인먼트: 조정 과정

한 사람만이 지도자가 되어야 한다. 그렇지 않으면
그 어떤 것에도 의견은 일치되지 않을 것이다.
– 에이브러햄 링컨 –

만일 당신이 론 레인저(Lone Ranger, 미국 서부의 치안을 위해 종횡무진 활약한 TV 만화영화의 주인공 – 역주) 유형이라면, 이 장은 그다지 중요하지 않다. 그러나 당신은 비전을 혼자서 이루어나갈 수 없을 것이다. 그렇기 때문에 이 장을 주의 깊게 보고 싶어질 것이다. 더욱이 당신의 조연 배역을 다시 확인하고 난다면, 이 장이 제공하는 정보는 여러 모로 더욱 유용해질 것이다.

때때로 모든 운전자는 자신의 차가 왼쪽으로 혹은 오른쪽으로 약간 쏠린다는 것을 의식한다. 잠시 핸들에서 손을 놓아보라. 그러면 당신 차가 이쪽 저쪽으로 움직이기 시작한다. 이것은 자동차의 앞바퀴가 조정되지 않았음을 나타내는 첫 번째 조짐 중 하나이다.

자동차에서 '얼라인먼트'란 위치는 다르지만 서로 관계가 있는 핸들과 바퀴의 상관관계를 설명하는 포괄적인 용어다. 자동차를 수월하게 제어할 수 있도록 또한 효과적으로 조작하려면 여러 부품들이 '조정 상태'가 되어야 한다. 자동차의 앞바퀴가 조정되지 않으면, 함께 움직이도록 공학적으로 설계되고 조립된 부품들이 서로 상반되게 움직이게 된다. 이를 고치지 않으면 사고를 유발할 수도 있다.

그러나 이렇게 질문할 수도 있다. 함께 움직이라고 만들어낸 부품들이 어떻게 서로 대치되는 동작을 하게 된 걸까? 앞바퀴가 조정되지 않는 데는 두 가지 이유가 있다. 즉 통상적인 사용으로 인한 것이거나 큰 충격 때문이다.

당신이 자동차에 대해 알고 있는 이 사실은 비전을 이행하기 위해 당신이 소집한 팀에 해당되는 일이기도 하다. 시간(통상적 사용)과 심한 충격은 다른 무엇보다도 팀의 조정을 파괴할 것이다. 느헤미야는 두 가지를 동시에 처리해야 했다.

### 정상적인 마모

성벽 재건 작업으로 건축자들은 큰 대가를 치렀다. 우선 식량이 떨어지고 있었다. 그 지역의 자연 조건으로 기근이 발생했다(5:3). 더욱이 많은 건축자들이 할당된 성벽 건축에 전념하느라 밭을 갈고 양식을 심는 일에 소홀했다.

여분의 곡식이 조금 남아 있기는 했지만 소수의 건축자만이 곡식을 살 수 있는 돈을 갖고 있었다. 어떻게 보면 이것은 성벽 건축 때문에 그들이 일할 시간을 빼앗긴 탓이기도 했다. 성벽 재건 사업에 대해 불만이 높아갔던 것도 이해할 만한 일이다.

어떤 사람들은 가족을 먹여 살릴 식량을 사기 위해 그들의 밭과 심지어 집을 담보로 내놓기도 했다. 이 유일한 방법으로 단기간의 필요를 해결했다. 그러나 결국 성벽 재건 사업은 그들의 생계에 큰 위협이 되었다.

설상가상으로, 그들은 많은 세금을 바사에 내야 했다(4절). 그들은 세금을 내기 위해 돈을 빌려야 했고 토지를 이미 저당잡혔기 때문에 이제 자신들과 아이들을 저당잡힐 수밖에 없었다. 그 당시에는 가족이 담보로 제공되기도 했다. 만일 대부를 갚지 못하면 아내와 아이들은 노예로 매매될 수도 있었다.

건축자들은 자신들이 처한 상황이 심각해지자 성벽 재건에 대한 흥미를 잃었다. 누가 그들을 나무랄 수 있겠는가? 그들은 재정적으로 체납 상태에 빠졌다. 만일 그런 상황이 계속된다면 그들은 빚을 청산할 수 없을 뿐만 아니라 그들의 집과 토지 소유권을 회복할 수도 없게 된다. 그들의 마음은 나뉘었고 충성심도 갈라졌다. 그 순간 그들에게 절실한 것은 가족과 재정이었지 국가의 안전이나 애국심이 아니었다.

그러나 그것만이 최악의 상황은 아니었다.

느헤미야는 이러한 예루살렘의 위기 때문에 이익을 보고 있는 몇몇 귀족들과 민장들을 알게 되었다. 이들은 여분의 곡물을 팔고 돈을 빌려주는 운 좋은 이들이었는데, 터무니없이 높은 이율로 돈을 빌려주고 비싼 가격에 곡물을 팔면서 백성들의 처지를 악용하고 있었다. 그들은 집과 토지와 밭의 저당권을 손에 쥐었다. 무엇보다 혐오스러운 것은 그들이 자신들의 동포와 가족을 담보로 받았다는 사실이다. 바꾸어 말하면 그들은 자기 이웃에게 돈을 빌려주고 그들을 노예로 만들고 있었다.

귀족들과 민장들은 성벽을 완성하는 일이 아닌 다른 계획을 갖고 있었다. 사실 그들은 느헤미야가 나타나서 이 작업을 시작하기 전에도 잘살았었다. 그들은 예루살렘의 독립이 자신들에게 이익이 되지 않을 것이라고 확신했다. 그렇게 되면 그들의 영향력이 줄어들 것이다.

그들이 저지르는 악행은 율법을 어기는 행동이었다. 모세의 율법은 다른 유다 사람들에게 이자를 받고 재물을 늘이는 일을 금하고 있었다. 또한 갚지 못한 빚 때문에 종신 노예가 되는 것도 금하고 있었다. 더욱이 건축자들의 희생에 비추어볼 때 그들의 행동은 대단히 비윤리적이었다. 이들은 자신의 이익만을 추구하는 수준을 넘지 못한 자들이었다.

기근이 지나간 뒤, 그나마 유지되던 조정 상태도 사라졌다. 벌어지고 있는 일과 또 앞으로 벌어질 일의 정도를 백성들이 깨닫게 되자 그들은 상류층에 투쟁을 선언하기에 이르렀다. 노동 계층은 이제 성 외곽에 포진해 있는 적에 대해서는 걱정하지 않았다. 가장 큰 위협은 자신들의 형제인 유다 사람들이었다. 이것은 큰 충돌이었다. 커다란 충격이었다.

그러면 비전은 어떤가? 이제 아무도 비전에 대해서는 별로 관심이 없었다. 그들은 자신들의 소중한 것과 사람들을 잃어가고 있었다. 보호할 대상이 다 사라지는 마당에 성벽이 무슨 소용이 있겠는가? 느헤미야는 이제 어마어마한 조정의 문제를 떠안게 되었다. 지금은 모든 사람의 관심이 다른 방향으로 쏠리고 있었다.

## 팀 조정하기

처음에 당신이 얼마나 효과적으로 비전을 고안해냈는지와 상관없이 결국 팀 구성원 중 한두 명은 조정 상태에서 벗어난 행동을 할 것이다. 그는 비전의 중심을 벗어나는 계획을 세운 채 나머지 팀원들과 협력하는 대신, 약간 다른 방향으로 엇나가게 될 것이다. 보통 비전의 실행 단계에서 이런 일이 발생한다.

더욱이 누군가는 경쟁적인 계획을 만들어내기도 하는데 그는 약간 치우치는 정도가 아니라 당신과 정반대로 나아갈 것이다. 팀이 그 조정 상태를 놓치면 능률은 훨씬 떨어진다. 더 많은 에너지가 소모되지만 진전은 없다. 팀원들 사이에 부차적인 소모와 마찰이 있게 되고 불쾌감마저 느끼게 된다. 당신이 그 문제를 무시하면 할수록 희생은 더욱 커진다.

만일 자동차의 그런 상태를 체크하지 않고 방치한다면 결국 사고가 일어나게 되는 것이다. 하찮은 자극에서 시작된 것이 대단한 문제로 발전하게 된다. 조정을 거치지 않은 팀원은 요란한 급브레이크 소리와 함께 가족이나 조직의 진행까지 멈추게 할 수 있다.

조정을 거치지 않은 팀에 이런 일이 발생하는 것은 왜일까? 시간과 충돌 때문이다.

### 시간

시간이 지나면서 사람들의 마음이 어수선해진다. 열정을 잃는다. 지루해진다. 그들은 자신들의 계획을 만들어낸다. 이렇게 되면 그들의 중심이 좌우로 쏠리게 된다.

이런 일이 일어나는 것이 반드시 누군가의 잘못만은 아니다. 팀에서 일어나는 현실이다. 당신 주위에 모인 사람들이 소유한 비전이 당신만큼 열정적일 거라고 생각하는 것은 비현실적이다. 또 그들이 당신처럼 집중을 잃지 않을 거라고 생각하는 것도 비현실적이다. 생활 속에서 날마다 일어나는 일들에는 사람들의 관심이 필요하다. 그들의 시간과 열정은 일상에 대해 관심을 쏟게 되어 있다.

그럼에도 불구하고 계속 비전을 이루어가려 한다면 당신에게는 팀원들 사이를 조정할 방법이 필요하다. 초점을 상실한 이들로 구성된 팀과 함께라면 당신은 하나님께서 당신에게 주신 비전을 온전히 성취할 수 없다.

### 충돌

팀이 조정 상태를 거치지 않게 되는 것은 예기치 않은 사건 때문이다. 시간이 지나면서 팀은 서서히 조정 상태를 벗어나게 되지만, 위기는 하룻밤 새에도 찾아올 수 있다.

부모들은 대개 반항적인 자녀를 중심으로 생활한다. 그러면 그동안에 고분고분하던 다른 아이들을 소홀히 대하게 되고 머지않아 그 '착한 아이들'은 한때 누렸던 관심과 애정을 되찾으려고 삐딱하게 굴기 시작한다. 도덕적, 사회적으로 책임감 있는 자녀로 키우려 했던 부모의 비전은 하룻밤 새 바뀌고 마는 것이다.

　대부분의 사업주들이 판매 부진이나 손실을 이유로 조직과 재정 부분을 조정하기 시작하면 사무실의 분위기는 즉시 바뀐다. 종업원들은 회사의 비전을 이루어나가기 위해 일하는 대신 실직하지 않기 위해 일한다. 더 이상 위험을 무릅쓰는 일은 하지 않는다. 이제 그들은 자기 자랑에 바쁘고 힘겨루기에 들어간다. 또는 재앙의 전조를 알아차리고 빠져나갈 방법을 찾기 시작한다. 어느 쪽이든 회사의 비전에 미치는 해는 크다. 팀원들 사이에 갈등이 시작되고 사태는 조정 상태를 벗어나게 된다.

　이런 상황이 되면 매니저나 사업주도 비전 중심이기보다 문제 중심이 되기 쉽다. 문제에 집중하면서 기울어가는 상황에 대처하려는 것은 당연한 일이다. 그러나 앞에서 본 부모처럼, 매니저와 사업주들도 회사의 비조정 상태를 더욱 악화시킬 가능성이 있다. 당연히 위기에는 관심을 가져야 한다. 하지만 비전에 소홀한 채 계속해서 위기에만 집중한다면 조정 문제는 악화될 수밖에 없다. 모든 인적, 재정적 자원의 초점을 응급실의 위급 상황에 맞춘 병원을 상상해보라. 산부인과와 신경학과 그리고 종양학과에서 일어날 혼란을 상상해보라. 병원은 마땅히 응급 처치를 요하는 급한 환자들부터 처리해야 한다. 하지만 병원의 비전이 응급실에서 일어나는 일에 대처하는 정도에 그쳐서는 안 된다.

　당신이 길을 가다가 무언가와 부딪힐 수도 있다. 그러면 그 충돌로 얼마간 주의를 기울일 필요가 있다. 그러나 비전을 추구하는 것과 위기를 처리하는 것이 뒤바뀌지 않도록 주의하라.

　적절한 관계와 조직의 조정 상태가 얼마나 중요한지를 분명하게 알려주는 또 다른 환경이 있다. 바로 결혼이다. 결혼을 생각하는 모든 사람은 가족 간에 이루어질 수 있는 일과 이루어져야 하는 일에 대해 그림을 그린다. 당신은 비전을 갖고 있다. 당신의 비전과 그림이 곧 계획이 된다. 결혼하면 당신은 그림에 맞추어 현실을 조정해나가면서 목표를 향해 나아가기 시작한다.
그 자체로는 문제가 없다. 문제가 되는 것은 두 사람이 서로 다른 그림, 서로 다른 비전을 가지고 있을 때이다. 서로가 자신의 주장만을 한다면 각각 다른 목표를 향해 나아가기 시작하고, 만일 서로 다른 그림의 차이가 조정되지 않으면 그들은 서로 다른 비전으로 갈등을 빚게 된다. 이루어질 수 있는 일과 이루어져야 하는 일은 어느 쪽으로도 실현되지 않을 것이다. 시작은 사소했을지라도 이를 처리하지 않으면 실패의 원인이 된다.

비전은 그것이 일치된 환경에서 성장한다. 비전은 불일치의 환경에서 죽는다. 당신이 직장, 학교, 교회, 가족 등 어느 조직에 속해 있든지 개인의 목표와 계획이 집단의 비전과 갈등을 일으킬 때는 집단의 비전이 해를 입는다. 한 조직 내에서 갈등을 일으키는 개인의 계획은 결국 공동의 비전보다는 개인의 관심사로 사람들의 관심을 집중시킨다. 이런 갈등이 해결되지 않고 지속된다면 앞으로 나아가던 모든 것이 멈춰버릴 것이다.

> **블록 쌓기 13**　비전은 그것이 일치된 환경에서는 성장하지만 분열된 환경에서는 죽는다.

당신은 이 점을 잘 알고 있을 것이다. 아마 당신은 업무 보고서에는 입에 발린 말로 동의하면서 뒤에서는 어느 누구도 자기보다 낫지 않다고 확신하는, 일에 뒤처진 사장님을 모시고 있을 것이다. 당신은 가정을 이루는 데 동의하는 누군가와 결혼할 것이다. 그러나 실제로 그는 다른 것을 추구하고 있다. 즉 가족 모두에게 가장 유익한 것을 추구하는 것이 아니라 자신이 원하는 것에 집중하며 행동하는 것이다.

당신은 당신이 원하는 삶의 가치와 기준에 동의하는 누군가와 데이트를 할 것이다. 그러나 시간이 갈수록 그는 다른 방향으로 나아간다.

팀원들이 자기 계발과 자신을 보호하는 정도로만 일하려 한다면 조정 상태는 사라진다. 가정이든, 교회든, 직장이든, 팀원들이 조정 상태를 벗어날 때 비능률이 상황을 지배하게 된다. 그렇게 되면 저울로 길이를 재고 자로 무게를 다는 어리석음에 빠지게 된다.

### 문제 탐색

팀이나 가족 구성원들이 함께 동의한 비전을 감당하지 않을 때 또는 포기해버릴 때 사람들은 이런 태도를 보인다.

1. 섬기기보다 지배하려 한다.
 지배하려는 그들의 경향은 리드하려는 욕구나 심지어 섬기려는 욕구를 가장하고 나타난다. 그러나 때가 되면 지배하려는 욕구가 드러나게 된다. 그들의 섬김에는 항상 조건이 있다.
2. 자신들의 계획을 위해 사람들과 환경을 조종한다.
 그들은 자신들의 계획에 자금을 동원하기 위해 비전을 이용하기까지 한다.
3. 자신의 의견 차이를 직접 드러내어 해결하려 하지 않는다.
 그들은 대치 상황을 회피한다. 그들은 상대에게 직접 말하기보다 에둘러 말하는 쪽을 택한다. 그들은 자신들에게 상처를 준 사람을 찾아가 용서하고 관계를 개선하기보다 상처 입은 감정 그대로 있기를 좋아한다. 심지어 그들은 자기 중심적인 계획을 정당화하기 위해 상처를 이용하기도 한다. 결국 누구도 그들을 진정으로 이해하지 못한다.
4. 팀 동료를 최선을 다해 믿으려 하지 않는다.
 건강한 팀원들은 서로 최선을 다해 믿어준다. 누구든 죄가 있다는 사실이 입증될 때까지는 모두 결백하다고 믿는다. 그러나 그들은 자신 외의 모든 사람을 의심한다. 그것은 자신들의 순수하지 못한 동기를 다른 사람들의 행동에까지 이입시키기 때문이다.
5. 팀 동료의 실패를 자신의 개인적인 성공으로 여긴다.
그들은 팀원의 성공을 팀 전체의 성공보다는 그 개인의 성공과 실패와 관련지어 평가한다. 따라서 그들은 다른 사람들의 성공을 진심으로 기뻐하지 않는다.

어느 날 밤, 아내와 내가 식당에서 저녁을 먹고 있다가 우리 성도 부부가 건너편에 앉아 있는 것을 보았다. 당연히 나는 그들에게 인사를 하러 갔다.
"만나서 반갑습니다."
그 남편이 말했다. "목사님, 말씀드릴 일이 있습니다."
"무슨 일인가요?"
"좀더 큰 장년부 교육실이 필요합니다. 그런데 레지 목사님은 남아 있는 것이 하나도 없다고 하시더군요."
레지 목사는 장년 담당 교역자였다. 그는 장년부 프로그램 책임을 맡고 있었다. 장소 배정도 포함해서 말이다. 누가 어디에 있고 어떤 장소를 이용할 수 있느냐에 관한 일이라면 레지 목사보다 잘 아는 이가 없었다. 사실 레지 목사는 기혼 장년부를 새로운 교육 장소로 옮기는 일을 노련하게 추진해 오고 있었다.
나는 말했다. "글쎄요, 레지 목사님이 사용할 수 있는 다른 방이 없다고 했다면 없을 것 같은데요." 나는 그 순간 대화의 요지가 뭔지 잘 몰랐다. 그러나 곧 알게 되었다.
"그럼 어느 분께 말씀드려야 합니까?"
나는 여전히 알아듣지 못했다. "무슨 말씀이신지요?"
"레지 목사님 위의 분이 누구십니까?"
비로소 나는 감을 잡기 시작했다. "놀렌 목사가 레지 목사의 위입니다.

하지만 레지 목사가 사용할 수 있는 방이 없다고 했다면 놀렌 목사한테 말해도 소용없을 겁니다."

"제가 전화를 드려 약속을 잡을까요, 아니면 목사님께서 말씀해주시겠습니까?"

나는 그의 말을 믿을 수가 없었다. 이들 부부는 지도자 역할을 하면서 중요한 큰 그림을 놓치고 있었다. 그들이 개인적으로 그 부서에 대해 갖고 있는 계획은 교회의 비전과 반대 방향으로 흐르고 있었다. 나는 교육실에 대한 이 딜레마가 그 부서에 어떻게 전달되었는지 궁금해 하면서 서 있었다. 그 부서의 규모나 인지도를 고려할 때 큰 동요가 일었을 것이다.

나는 뭐라고 말해야 할지 몰랐다. 그러나 말하지 말아야 한다는 생각이 들었다. 나는 대화를 끝내고 자리로 돌아왔다. 하지만 실망스러웠다. 나는 다음 날 레지 목사에게 전화를 걸어 주의를 주었다. 그 일이 어떻게 끝났는지 나는 결말을 듣지 못했다.

결국 그 상황은 감정이 상한 채 조직 개편을 통해 해결되었다. 그것은 선한 사람들이 얼마나 빨리 비전을 잃을 수 있는지 일깨워주는 큰 사건이었다. 그 일의 경우, 나는 그 부부가 교회의 비전에 대해 자신들이 어떻게 헌신했는지를 서둘러 변호했으리라고 본다. 그러나 흔히 그렇듯이, 그들은 어떻게 적용할지를 모르고 있다.

## 행동할 시간

자동차의 앞바퀴가 자동으로 정렬되지는 않을 것이다. 일반적으로 사람도 그렇다. 두 경우 모두 외부의 개입이 필요하다. 그리고 빠르면 빠를수록 좋다. 그런데 조정 문제를 다루는 것은 톱을 갈기 위해 잠시 일을 멈추는 것과 같다. 만일 톱날을 갈기 위해 잠시 일을 멈춘다면 그 일이 보다 빠르고 쉽게 진행될 것이다. 일하는 시간을 빼앗기기 싫더라도 결국 톱을 가는 것은 해야 하는 일이다.

느헤미야는 건축자들을 낙담시키는 문제들을 무시할 수 없었다. 무시하는 것은 문제를 부추기는 것이다. 그렇다고 비전을 놓칠 수도 없다. 그러나 하나님께서는 경제 문제를 해결하라고 그를 예루살렘으로 보내신 것이 아니다. 그의 임무는 성벽 재건이었다. 현명하게도 그는 두 가지 일이 관계가 있다는 것을 알았다. 경제적인 위기를 빠르게 해결할수록, 건축자들은 좀더 빨리 그들의 에너지를 성벽 재건에 쏟을 수 있을 것이다.

느헤미야를 몰아붙이는 또 다른 한 가지가 있었다. 앞서 언급했듯이, 귀족들과 민장들은 불법을 저지르고 있다. 율법은 유다 사람이 동족을 노예로 만드는 것을 금했다(레 25:39-42). 빚을 갚을 수 없는 하인으로 고용할 수는 있었지만 노예로 팔 수는 없었다. 동족을 이방인에게 매매하는 것도 금지되어 있었다(출 25:39-42). 그런데도 귀족들과 민장들은 동족을 경매에 붙여 최고 입찰자에게 팔았다.

느헤미야는 이렇게 노예로 이방인들에게 팔려간 사람들을 되사는 데 많은 시간과 돈을 들였다. 그러면 귀족들과 민장들은 그들을 또 되팔았다. 계속 이런 식으로 반복되었다. 게다가 이런 일이 재정적으로 어려운 그때에 일어나고 있었다.

느헤미야는 하나님의 율법을 무시한다면 그들이 복을 받지 못하리라는 사실을 잘 알고 있었다. 그들이 하나님의 율법을 그렇게 뻔뻔스럽게 무시하는 한, 하나님께서는 그들의 어떠한 노력도 받지 않으실 것이다. 그럼에도 그들은 그 어느 때보다 하나님의 보호의 손길과 양식이 필요했다. 그들은 광범위하게 위기에 처해 있었다. 이대로 상황을 지속시킬 수 없었다. 그래서 느헤미야는 행동을 취했다. 그는 회의를 소집했다.

"내가 백성의 부르짖음과 이런 말을 듣고 크게 노하였으나 깊이 생각하고 귀족들과 민장들을 꾸짖어 그들에게 이르기를 너희가 각기 형제에게 높은 이자를 취하는도다 하고 대회를 열고 그들을 쳐서"(느 5:6-7).

한창 모든 일이 진행되고 있을 때 느헤미야가 회의를 소집하는 시간을 가졌다는 것이 흥미롭다. 이것은 이런 종류의 문제를 정면으로 대하는 것이 얼마나 중요한 일인지 느헤미야가 충분히 인식하고 있었음을 보여준다. 비전과는 관련 없는 것이 틀림없었던 이 일은 비전에 대한 일종의 투자였다. 이 일은 백성들 사이에서 벌어진 분쟁을 해결하자는 것이 아니었다. 그러나 비전이 위험에 처해 있었다. 성벽 재건을 위해서는 조정이 중요했다.

"그들에게 이르기를 우리는 이방인의 손에 팔린 우리 형제 유다 사람들을 우리의 힘을 다하여 도로 찾았거늘 너희는 너희 형제를 팔고자 하느냐 더구나 우리의 손에 팔리게 하겠느냐 하매 그들이 잠잠하여 말이 없기로 내가 또 이르기를 너희의 소행이 좋지 못하도다 우리의 대적 이방 사람의 비방을 생각하고 우리 하나님을 경외하는 가운데 행할 것이 아니냐"(8-9절).

느헤미야가 이 문제를 어떻게 좀더 큰 계획에 결부시켰는지 보았는가? 성벽 재건의 이유가 예루살렘을 불신의 이방 나라들 가운데서 빛으로 다시 세우기 위함이었음을 기억하라. 백성들 사이에서 벌어진 혼란은 무너진 성벽과 같은 함축적인 의미를 갖는다. 느헤미야는 현재의 위기를 이스라엘을 향한 하나님의 비전에 비추어 신속히 처리했다.

"나와 내 형제와 종자들도 역시 돈과 양식을 백성에게 꾸어 주었거니와 우리가 그 이자 받기를 그치자 그런즉 너희는 그들에게 오늘이라도 그들의 밭과 포도원과 감람원과 집이며 너희가 꾸어 준 돈이나 양식이나 새 포도주나 기름의 백분의 일을 돌려보내라 하였더니 그들이 말하기를 우리가 당신의 말씀대로 행하여 돌려보내고 그들에게서 아무것도 요구하지 아니하리이다 하기로 내가 제사장들을 불러 그들에게 그 말대로 행하겠다고 맹세하게 하고 내가 옷자락을 털며 이르기를 이 말대로 행하지 아니하는 자는 모두 하나님이 또한 이와 같이 그 집과 산업에서 털어 버리실지니 그는 곧 이렇게 털려서 빈손이 될지로다 하매 회중이 다 아멘 하고 여호와를 찬송하고 백성들이 그 말한 대로 행하였느니라"(10-13절).

이것은 이야기책의 결말과 흡사하다. 느헤미야가 강력히 선포한 결과 헐거웠던 부분들이 다시 꽉 조여진 것처럼 보인다. 그러나 우리가 곧 보게 되겠지만 조정은 지도자가 단번에 해결할 수 있는 문제가 아니다. 계속해서 이루어진 조정으로 결국 가장 헌신적인 팀을 만들어가게 되는 것이다. 느헤미야의 팀도 마찬가지였다. 그러나 당분간 이 특별한 위기가 해결되자 사람들이 다시 일터로 돌아갔다.

## 행동을 취하라

문제가 있는 것은 괜찮다. 그러나 문제를 무시해서는 안 된다. 조직 내에서 또는 가족 간에도 조정 문제는 있게 마련이다. 문제가 얼마나 커질지는 그 문제를 처리하려는 당신의 의지에 따라 결정된다.

나는 대개 일이 자연스럽게 해결되도록 두고 보는 쪽이다. 대부분 나는 개입하려 하지 않는다. 항상 해야 하는 '중요한' 일이란 대단히 많다. 그러나 상황은 자동으로 해결되는 법이 거의 없다. 오래 두고 볼수록 상황은 더욱 복잡해진다.

상황이 저절로 해결된 듯 보이는 경우란 대개 문제가 잠시 숨어버린 것다. 다시 표면으로 나타날 때는 개입된 사람이 더 많아지고 해결할 문제도 더 많아진다.

만일 하나님께서 당신의 마음속에 비전을 주셨다면 아마 위험에 처할 일이 너무 많아서 조만간 조정 문제를 해결하지 않을 수 없게 될 것이다. 수화기를 들고 전화를 걸으라. 편지를 쓰라. 약속을 하라. 행동을 취하라.

당신이 다루고 있는 특별한 문제가 원래의 비전에 어떤 영향을 주는지 설명하라. 당신의 말이 절박해지는 것은, 바로 위기와 비전 사이의 관계 때문이다. 그렇지 않다면 비난을 받을 수도 있다.

그렇게 하면서 팀 구성원들을 조정 상태로 이끄는 태도를 모델로 삼으라.

- 리드하되 지배하지 말라.
- 성실한 사람이 되라.
- 의견 차이를 바로 해결하라.
- 팀원들을 최대한 믿으라.

이렇게 행동하지 않으면 가족이나 조직에 불화가 일어날 것이다. 그 불화는 결국 당신의 비전을 어그러뜨릴 수 있다. 이 네 가지에 충실하면 팀원들의 비난이 표면으로 드러날 때, 이 부분에 대해서 당신은 도덕적인 권위를 갖게 된다. 더 나아가 당신은 좀더 나은 지도자, 남편, 아내, 고용주 또는 하나님께서 당신을 선택하신 어떤 역할이든, 좀더 나은 역할까지 감당할 수 있게 될 것이다. 가장 중요한 것은 당신이 축복받을 만한 사람이 된다는 것이다.

# VISIONEERING PROJECT

**비저니어링 프로젝트 12**

1. 당신의 팀원들 사이에 조정되어야 할 문제가 있는가?

2. 문제의 해결을 가로막는 것은 무엇인가?

3. 대치의 결과로 일어날 수 있는 최악의 상황은 무엇인가?

4. 팀원 간에 조정이 이루어지지 않을 때 그것은 비전과 어떤 관련이 있는가?

5. 만일 조정 문제가 해결되지 못할 경우 비전에 미치게 될 부정적 영향은 무엇인가?

6. 당신의 리더십이나 태도가 팀원들 사이에서 일어나는 조정 문제에 어떤 영향을 미치는가?

7. 조정 문제를 해결하기 위해 어떤 조치를 취할 필요가 있는가?

## 13장 | 도덕적인 권위

본을 보이는 것은 타인에게 영향을 끼치는
중요한 일이 아니라 유일한 일이다.
– 앨버트 슈바이처 –

스무 살 때, 나는 아버지 교회에서 청년부 담당 인턴 목사로 일했다. 그것이 나의 첫 번째 공식 목사직이었다. 나는 그 일에 대해서는 아무것도 몰랐다. 그러나 청년에 대해서는 많이 알고 있었다. 그래서 시드(Sid) 목사님이 나를 채용했던 것 같다.

시드 목사님을 따라다닌 몇 주 후, 그는 인턴이 무슨 일을 해야 하는지 정확히 설명하기 위해 거리낌없이 이야기를 나눌 자리를 마련했다.

시드 목사님은 말했다. "앤디, 목사는 지도자입니다. 목사는 지도할 필요가 있어요."

'지도하라고? 내가 어떻게 지도할 수 있지?' 나는 청년 목회에 대해서는 아무것도 몰랐다.

"하지만 청년부 담당은 목사님이시잖아요."

나는 그의 대답을 절대로 잊지 못할 것이다.

"앤디, 지위를 갖는 것과 영향력을 끼치는 것은 별개의 문제입니다. 나는 지위를 갖고 있지만 당신은 학생들에게 영향을 끼치고 있어요. 그들은 내

지위 때문에 나를 따르지만 당신의 영향력 때문에 당신을 따르게 될 겁니다. 이제 나는 당신의 영향력과 지도력이 필요해요. 두려워하지 말아요. 리드하세요."

우리의 지위보다는 우리의 영향력이 비전을 성취하는 데 훨씬 더 중요하다. 일반적으로, 비전을 낳고 이행하는 이들은 지위가 있는 사람들이 아니다. 비전을 소유한 사람이 발휘할 수 있는 힘이란 오직 영향력뿐이다. 비전을 소유한 사람의 출발점이 되는 것도, 지지대 역할을 하는 것도 바로 비전을 소유한 사람의 영향력이다. 영향력은 보통 다른 이들의 행동을 이끌어낼 수 있는 유일한 수단이다. 영향력이면 충분하다.

영향력이란 흥미롭다. 규명하기 어렵다. 설명하기도 어렵다. 그러나 누군가 영향력을 가지고 있다는 것을 우리는 알아본다. 또한 누가 영향력을 가지고 있지 않은 것도 알아본다. 우리는 우리에게 영향을 끼치는 사람이 누구인지 알고 있다. 그러나 왜 그들이 우리의 삶에 그렇게 많은 영향을 끼치는지 확실하게는 모른다.

만일 비전을 소유한 사람이 자신의 비전을 끝까지 유지하고자 한다면, 영향력 또한 동일하게 유지해야 한다. 우리는 사람들을 움직여서 지금 현재의 위치에서 그들이 있을 수 있거나 있어야 하는 위치로 옮길 수 있다. 지위는 선택이지만 영향력은 필수이다.

대개 하나님으로부터 받은 분명한 비전을 수행하게 하는 열정은, 비전을 소유한 사람의 영향력을 높이는 데 사용된다. 느헤미야가 그랬다. 그는 왕에게 술 따르는 사람일 뿐이었다. 그러나 예루살렘에 대한 부담이 그의 영혼 속에서 불타오르기 시작하자 그는 영향력 있는 사람이 되었다. 그는 왕에게 영향을 끼쳤다. 또 예루살렘에 살고 있던 혼란에 빠진 사람들에게 영향을 끼쳤다.

영향력을 높이는 다른 원동력에는 부, 지위, 의사 소통 능력, 교육, 업적,

수행 능력 등이 있다. 그러나 큰 영향력을 발휘하면서도 이런 것들은 하나도 갖추지 못한 사람도 있다. 다시 말해, 영향력은 복잡 미묘한 것이다. 그런데도 그 영향력은 보면 안다. 그렇지만 왜 어떤 이들이 영향력을 지니는지 그 이유가 반드시 분명한 것만은 아니다.

우리의 삶에 영향을 끼치는 이들은 대개 전통적인 의미의 권위를 거의 갖고 있지 않다. 그들은 권력으로 상징되는 것을 거의 갖고 있지 않다. 그들 삶의 무언가가 영향력으로 보이는 권위를 그들에게 부여하고 있다. 우리는 그들에게 이끌리고 그들처럼 되고 싶어한다. 우리는 그들을 존경한다. 그러나 그것은 그들의 지위 때문이 아니다. 지위가 아닌 다른 것 때문이다.

그렇다면 무엇 때문인가? 마음을 열어 그들의 영향력을 받아들이도록 우리에게 영향을 끼치는 것은 도대체 무엇인가?

## 필수 요소

하나님께서 우리의 마음에 비전을 품게 하셨다면, 아마 우리가 영향력을 끼치며 활약할 수 있는 무대 또한 이미 준비해두셨을 것이다. 그러나 비전을 이루어나가는 데 필요한 영향력을 얻고 유지하기 위해 반드시 갖추어야 할 자질 하나가 있다. 이 자질이 없으면 우리에게 있다고 생각하는 어떠한 영향력도 결국 증발해버리고 말 것이다.

모든 위대한 지도자와 모든 성공한 아버지와 어머니 또 누구든 하나님께서 주신 비전을 성공적으로 성취한 사람들은 지위와 업적이 아닌 내적인 신념과 자신의 삶을 기꺼이 그 신념에 맞추어 따르려는 마음을 가지고 있다. 그들의 삶이 설득력이 있는 것은 그들이 보여주는 신념과 행동이 일치하기 때문이다. 지속적으로 영향력을 끼칠 수 있는 열쇠가 바로 이것이다.

이 원동력을 가장 잘 표현하는 것이 도덕적인 권위이다. 영향력을 획득하고 유지하기 위해서 당신은 도덕적인 권위를 지녀야 한다. 도덕적인 권위는 지속적인 영향력에 중대한 것으로서 타협할 수 없고, 없어서는 안 될 필수 요소이다. 도덕적인 권위가 없다면 당신의 영향력에는 한계가 있으며, 오래 가지 못할 것이다.

도덕적인 권위는 언행이 일치할 때 얻게 되는 신용이다. 그것은 다른 사람들이 지켜보는 당신의 말과 행동의 관계이자, 당신이 주장하는 당신과 실제 당신 사이의 관계이다. 도덕적인 권위를 갖춘 사람은 나무랄 것이 없다. 즉 그의 생각과 말과 행동에서 일치하지 않는 점을 찾아내지 못한다는 말이다. 신념과 행위가, 믿음과 행동이 서로 일치한다.

다른 무엇으로도 도덕적인 권위를 대신할 수 없다. 의사 소통 능력, 부, 성취, 교육, 재능 그리고 지위가 아무리 높더라도 부족한 도덕적인 권위를 메울 수는 없다. 이런 자질들을 갖추고 있지만 우리에게 별다른 영향력을 행사하지 못하는 많은 이들을 우리는 잘 알고 있다. 왜냐하면 그들이 주장하는 그들 자신과 우리가 인식하는 그들 사이에 모순이 느껴지기 때문이다.

우리는 도덕적인 권위가 부족해 보이는 사람의 영향은 받지 않으려 한다. 말과 행동의 불일치는 지도자의 영향력에 치명적이다.

이로 인해 도덕적인 권위는 쉽게 깨어진다. 그것을 얻는 데는 평생이 걸린다. 그렇지만 한순간에 잃어버릴 수 있다. 또한 한번 잃게 되면 회복이 거의 불가능하다.

만일 다른 사람들이 당신이 하는 말과 행동 사이에서 일치하지 않는 점을 발견하거나, 또는 당신이 행동하는 바와 그들이 당신에게 기대하는 행동이 일치하지 않음을 보게 되면 당신은 도덕적인 권위를 가질 수 없다. 만일 사람들이 당신의 믿음, 행동 그리고 예상되는 일이 일치하는 것을 보게 되면 당신은 도덕적인 권위를 갖게 된다. 이 모든 것이 언행일치와 관련된 문제이다.

비전을 품은 사람으로서 어떤 희생을 치르더라도 당신이 반드시 지켜나가야 할 한 가지가 바로 도덕적인 권위이다. 도덕적인 권위는 당신을 믿고 따를 만한 가치가 있는 지도자로 만들어준다. 도덕적인 권위는 사람들의 가장 깊은 차원, 즉 그들의 마음과 정신과 양심에 영향을 끼칠 수 있는 자격을 부여한다. 이로써 당신은 당신을 따르는 소명을 받았다고 느끼는 이들에게 도덕적인 권위를 가지고 영향력을 끼칠 수 있게 된다.

가족은 도덕적인 권위의 의미가 좀더 쉽게 평가되고 이해되는 영역이다. 잠시 당신의 부모님에 대해 생각해보라. 그분들은 따를 가치가 있는 분들이셨는가? 어머니와 아버지에 대해 생각하면 존경심이 우러나는가?

만일 그렇다면 이것은 당신이 그분들에게서 언행일치나 조정 상태를 인지했다는 의미다. 부모님에 대한 당신의 존경심은 그들의 재정적, 학문적 또는 사회적 성취만으로 결정되는 문제가 아니다. 그분들은 도덕적인 권위를 갖고 있다.

반면, 만일 당신이 어머니와 아버지에 대해 존경하는 마음이 거의 없다면 아마 당신은 그분들이 보여준 언행의 불일치를 기억하기 때문일 것이다. 그렇다면 당신의 부모는 어떤 재정적, 학문적, 사회적 영예로도 그 불일치를 만회할 수 없다.

그러한 불일치의 정도가 심각해지면 당신은 자연히 그분들의 영향을 덜 받게 된다. 그분들이 도덕적인 권위를 상실했다는 것은 그분들의 영향력 또한 상실했다는 것을 의미하기 때문이다. 반면 도덕적인 권위를 유지하는 부모들은 자녀들에게 평생 동안 영향력을 끼칠 수 있다. 이것이 도덕적인 권위의 힘이자 잠재력이다.

이 점은 결혼 관계에서도 적용된다. 남편으로서, 내가 아내에게 미치는 영향은 나의 능력과 도덕적인 권위에 의해 결정된다. 아내가 나에게 끼치는 영향력 또한 마찬가지다. 이 부분을 인정하는 한 아내는 내가 말하는 것을 믿게 된다. 내가 보여준 도덕적인 권위나 언행의 일치로 아내는 나의 동기를 신뢰하게 된다. 나의 도덕적인 권위에 따라 아내는 내가 그녀가 마음을 둔 곳에 나의 마음도 두고 있다는 사실을 신뢰할 수도 있고, 그렇지 않을 수도 있다.

세상의 모든 능력, 재능, 카리스마도 도덕적인 권위를 대신할 수 없다. 이것은 가족 간에도, 당신과 비전을 나눈 파트너와 당신 사이에서도 동일하게 일어나는 일이다.

## 느헤미야의 큰 결단

지난번에 우리는 복잡한 민생과 경제 위기를 겪는 예루살렘 주민들을 성공적으로 조정한 느헤미야에 대해서 알아보았다. 기억하겠지만 느헤미야와 민장들 간의 열띤 대결 상황은 절정에 이르렀다.

느헤미야는 건축자들을 악용하여 자신들의 부를 축적한 일에 대해 그곳에서 가장 힘 있는 이들에게 도전했다. 느헤미야가 그 일을 마무리짓자 그들은 당황하여 사과하고 빼앗았던 것을 되돌려주고 사라졌다. "그들이 잠잠하여 말이 없기로"(느 5:8 하)라는 말씀 그대로였다.

앞 장에서 언급했듯이, 느헤미야가 벌인 대결의 결과는 약간 비현실적이었다. 어떻게 그토록 권세 있고 부유한 귀족들과 민장들이 느헤미야와 단 한 번 대결한 후 태도가 돌변하여 물러설 수 있단 말인가? 틀림없이 그 이상의 뭔가가 더 있었을 것이다. 삶은 그런 식으로 돌아가지 않는다.

실제로 그 이상의 뭔가가 더 있었다. 느헤미야와 귀족들의 충돌에 이어 나오는 절에서 우리는 느헤미야가 그렇게 수월하게 대결에서 이길 수 있었던 무언가를 찾아볼 수 있다. 느헤미야에게는 도덕적인 권위가 있었다. 그것을 이루기까지 12년이 걸렸다.

느헤미야가 예루살렘에 도착했을 때, 그는 바사 정부가 그 지역을 관리하도록 책임을 맡긴 많은 총독들 가운데 한 사람이었다. 이전의 총독들은 지위를 이용하여 백성들을 희생시켜가며 자신들의 부를 축적했다. 그들에게는 높은 지위와 함께 마음대로 과세할 수 있는 권리까지 있었다. 게다가 농민들의 수확물의 일부를 취할 수 있는 권리도 있었다.

느헤미야는 그러한 특혜를 금지시키기로 마음먹었다. 그렇게 함으로써 그는 자신을 이전 총독들과 차별화했다. 그러나 더욱 중요한 것은, 그가 재건 사업에 헌신함으로써 예루살렘 백성들에 대한 진정 어린 헌신을 증명했다는 점이다. 어느 누구도 그 일이 개인적인 이익을 얻기 위한 것이라고 비난하지 못했다. 그는 여러 나라들 사이에서 예루살렘을 명예롭고 영향력 있는 나라로 회복시키기 위해 그곳에 온 것이다. 그는 자국을 향한 하나님의 비전을 성취하기 위해 거기에 있었다.

> "또한 유다 땅 총독으로 세움을 받은 때 곧 아닥사스다 왕 제 이십년부터 제 삼십이년까지 십이 년 동안은 나와 내 형제들이 총독의 녹을 먹지 아니하였느니라 나보다 먼저 있었던 총독들은 백성에게서, 양식과 포도주와 또 은 사십 세겔을 그들에게서 **빼앗았고** 또한 그들의 종자들도 백성을 압제하였으나 나는 하나님을 경외하므로 이같이 행하지 아니하고 도리어 이 성벽 공사에 힘을 다하며 땅을 사지 아니하였고 내 모든 종자들도 모여서 일을 하였으며 또 내 상에는 유다 사람들과 민장들 백오십 명이 있고 그 외에도 우리 주위에 있는 이방 족속들 중에서 우리에게 나아온 자들이 있었는데 매일 나를 위하여 소 한 마리와 살진 양 여섯 마리를 준비하며 닭도 많이 준비하고 열흘에 한 번씩은 각종 포도주를 갖추었나니 비록 이같이 하였을지라도 내가 총독의 녹을 요구하지 아니하였음은 이 백성의 부역이 중함이었더라 내 하나님이여 내가 이 백성을 위하여 행한 모든 일을 기억하사 내게 은혜를 베푸시옵소서"(14-19절).

느헤미야의 말이 귀족들과 민장들에게 왜 그렇게 무게를 실어주었는지 쉽게 알 수 있다. 그들이 물러난 것은 놀랄 일이 아니다. 그들은 틀림없이 수치심을 느꼈을 것이다. 생각해보라. 느헤미야는 예루살렘 백성들을 악용할 수 있는 충분한 권리를 가지고 있었다. 그는 그가 이끄는 이들을 착취할 수 있을 만한 지위를 가지고 있었다. 느헤미야 이전의 모든 통치자는 늘 그렇게 해왔다. 그러나 그는 백성들을 희생시키지 않으려고 했다.

귀족들과 민장들은 그렇게 백성들을 착취할 권리가 없었다. 그들은 율법을 어기고 있었다. 그렇게 율법을 어기고 백성들을 고생시킨 모든 것을 고스란히 느헤미야에게 떠넘겼다. 기억하겠지만 느헤미야는 자신의 돈으로 귀족들과 민장들이 노예로 팔아버린 유다 사람들을 되샀다. 자신들이 저지른 일을 처리하고 있는 느헤미야를 대면하며 그들이 얼마나 당혹스러웠을지 상상할 수 있겠는가? 자신들의 삶이 스스로를 부끄럽게 했다.

주목하라. 귀족들과 민장들을 움직이게 한 영향력은 느헤미야의 지위가 아니었다. 그것은 그의 도덕적인 권위였다. 예루살렘에 도착해서 성벽 재건의 뜻을 공표한 날부터 그는 줄곧 모든 언행이 일치했다. 그의 믿음과 행동은 일치했다. 그는 끝까지 비전을 좇는 삶을 살았다.

### 근원

도덕적인 권위는 방법이 아니다. 그것은 일을 이루는 방법이나 목적을 위한 수단이 아니다. 진정한 도덕적인 권위란 좀더 나은 지도자가 되기 위해 혹은 사람에 대한 영향력을 높이기 위해 개발하는 그런 것이 아니다. 순전히 지도자와 유력자가 되려는 욕심에 쫓기는 사람들은 거의 모두 도덕적인 권위를 유지하지 못한다. 왜냐하면 위대한 지도력은 위대한 지도자가 되려는 욕심이 아닌 다른 것에 뿌리를 두고 있기 때문이다. 영향력은 유력자가 되려는 욕심이 아닌 다른 것에 뿌리를 두고 있기 때문이다.

총독에게 부여된 식량에 대한 권리를 포기하겠다는 느헤미야의 결단은 백성들 사이에서 자신의 도덕적인 권위를 조장해보겠다는 의도적인 욕심에서 나온 것이 아니었다. 더욱이 그가 귀족들과 민장들과의 대결을 예상하고 그랬던 것도 아니다. 그 결단은 하나님에 대한 경외심과 비전에 대한 헌신에서 나왔다. "나는 하나님을 경외하므로 이같이 행하지 아니하고 도리어 이 성벽 공사에 힘을 다하며"(15절 하–16절 상).

느헤미야는 예루살렘 백성들에 대한 영향력을 얻기 위해 의식적으로 총독으로서의 권리를 버리기로 결단한 것이 아니다. 그는 하나님 앞에서 책망받을 것 없이 행하기 위해 그렇게 했다. 하나님께서는 느헤미야를 부유한 토지 소유자가 되라고 예루살렘으로 보내지 않으셨으며, 느헤미야를 총독으로 세우기 위해 그 모든 일을 행하신 것이 아니다. 그가 총독으로 임명된 것은 단지 목적을 이루기 위한 수단일 뿐이었다. 그는 오로지 훼파된 성벽을 재건하여 예루살렘의 치욕을 없애기 위해 그곳에 왔다.

느헤미야는 하나님으로부터 사명을 받았다. 이 점에 비추어봤을 때 그가 백성들에게 세금을 더 부과했더라면 역효과를 내고 말았을 것이다. 백성들은 부담스럽고 혼란스러운 상태였다. 느헤미야가 정당한 권리를 가졌다고 해서 그 권리를 행사했더라면 성벽 재건 사역은 방해를 받았을 것이다.

느헤미야가 도덕적인 권위를 획득한 것과 유지한 것은 지도력을 얻기 위한 일시적인 책략이 아니었다. 그것은 하나님에 대한 헌신이 드러난 것이었으며 자연스러운 표현이었다.

도덕적인 권위는 영향력과 지도력만이 아닌 다른 무언가에 대한 헌신을 보여준다. 도덕적인 권위는 옳은 바를 행하는 헌신의 결과이다. 어쨌든 도덕적인 권위를 유지하는 이들은 군중의 인기를 얻기 위해 꾸미지 않으며 영향력을 얻을 욕심에 쫓기지 않는다. 그들의 가장 큰 관심사는 옳은 일을 하는 것이다. 설령 옳은 일을 하는 것이 그들의 영향력을 위태롭게 한다 하더라도 말이다.

그러나 상황은 그 정도를 넘어선다. 이쯤에서 '하나님'에 대한 생각을 품었던 수많은 사람들이 방향을 바꾸고 중도에 하차한다. 지도자로서 우리는 우리의 비전이 위태로워진다 해도 기꺼이 바른 일을 해야 한다.

잠시 우리는 그 비전을 내려놓을 필요가 있을 것이다.

비전이 완성되는 것을 보려면 윤리적으로나 도덕적으로 어느 정도 타협해야 한다고 강요하는 환경에 처할 때가 올 것이다.

그런 일이 일어날 경우, 어쩌면 비전이 상당히 진척되어 있는 상태이기 때문에 그대로 타협하고 싶은 유혹을 견뎌낼 수 없을지도 모른다. 또 우리와 동행했던 사람들은 어떤 희생을 치르더라도 비전을 추진해나가야 한다고 옆에서 부추길 것이다.

성경은 그러한 예들로 가득 차 있다. 아브라함이 드디어 아들을 얻게 되었는데 하나님께서는 그 아들을 바치라고 말씀하신다. 아브라함의 딜레마는 당신이 결국 맞닥뜨리게 될 딜레마와 다르지 않았다. 하나님께 순종할 것인가? 아니면 비전을 이루는 최선책처럼 보이는 그 일을 할 것인가?

어두운 엔게디 동굴 속에서 휴식을 취하는 사울 왕을 지켜보며 다윗은 어떻게 했는가? 하나님께서는 다윗에게 이미 왕위를 약속하신 상황이었다. 우연한 목격자의 눈에는 거기서 왕을 살해하는 것이 왕위를 얻을 수 있는 유일한 길로 보였을지도 모른다. 다윗의 동료들은 그렇게 하라고 그를 부추겼다. 사울과 그의 군대가 다윗을 추격해서 죽이는 것쯤은 시간 문제인 것처럼 보였기 때문이다. 그러나 왕을 죽이는 것은 하나님의 율법을 어기는 일이었다.

그래서 다윗은 비전을 소유한 모든 사람이 중도에 품게 될 질문을 되뇌이면서 그곳에 서 있었다. 그 질문은 바로 이것이다. 하나님께 충성할 것인가, 아니면 비전에 충성할 것인가?

어떤 희생을 치르더라도 우리는 우리의 도덕적인 권위를 유지해야 한다. 설령 우리의 비전을 희생하게 되더라도 말이다. 도덕적인 권위를 유지하기 위해서 필요하다면 우리는 비전도 기꺼이 버릴 수 있어야 한다. 비전은 중요하다. 그러나 도덕적인 권위를 유지하는 것은 비전을 추구하는 일보다 우선되어야 한다.

하나님께서 아브라함과 다윗에게 간섭하셨던 것처럼, 우리의 비전이 진정 하나님께서 주신 것이라면 그분께서 간섭하실 것이다.

**지름길**

도덕적으로 타협하고 싶은 유혹과 함께 우리는 지름길을 택하고 싶은 유혹도 받게 될 것이다. 겉으로 보기에는 이러한 지름길이 비전을 가속화시키는 방법처럼 보인다. 물론 그 지름길은 일을 이루어나가는 길이다. 하나님께서는 우리가 가만히 앉아서 일이 돌아가기를 기다리는 자세를 원치 않으신다.

어떤 종류든 타협은 도덕적인 권위를 상실시킨다.

느헤미야는 윤리적으로 궁지에 빠졌다. 그는 귀족들과 민장들이 백성들에게 행한 부정을 알고 있었다. 그리고 그들이 자신을 쫓아낼 힘이 있다는 것도 알고 있었다. 백성들을 움직일 만큼의 부를 가진 그들은 상당한 영향력을 행사하고 있었다. 그들은 재건 사업을 중지시킬 수도 있는 힘이 있었다.

그러나 옳은 것은 옳고 그른 것은 그르다. 그래서 느헤미야는 그들의 행실을 잠자코 보고만 있지 않았다. 비전은 중요했다. 그러나 그는 성벽을 재건하기 위해 부정을 모른 척하지 않았다. 성경에서 보여주듯이, 그는 지도자들과 대결하는 위험을 무릅썼다. 그들의 부정을 도외시하거나 마치 아무 문제 없이 잘 되고 있는 척하는 것은 불법과 타협하여 청렴을 깨는 행위이다. 그래서 그는 옳고 그름의 문제를 해결하기 위해 잠시 비전을 보류해두었다.

**블록 쌓기 14**     도덕적인 권위를 포기해야 한다면 비전을 포기하라.

우리가 도덕적 또는 윤리적인 기로에 서게 될 때 생각해야 할 질문이 있다. 하나님께서 금하시는 무언가를 내게 강요하는 비전, 그런 비전을 하나님께서 주셨을까라는 것이다.

물론 아니다.

어떤 희생을 치르더라도 도덕적인 권위를 유지하라. 이것은 비전을 품은 자로서 당신이 갖추어야 할 영향력의 핵심 포인트이다. 도덕적인 권위가 없다면 당신은 더 이상 따를 가치가 없는 지도자이다.

당신과 협력하고 있는 사람들에게 도덕적인 권위를 얻고 이를 유지할 수 있는 능력은 지도력에 대한 당신의 헌신보다는 당신의 마음 상태와 더 깊은 관계가 있다. 도덕적인 권위는 사람보다는 하나님을 기쁘시게 하려는 소망에 뿌리를 둔다. 도덕적인 권위는 지도력이 아닌 인격의 발로이다.

어떤 희생을 치르더라도 하나님께 순종하라. 손을 펴서 당신의 비전을 잡고 그분께서 간섭하시는 것을 지켜보라.

## 마더 테레사

우리 세대에 마더 테레사만큼 도덕적인 권위의 힘을 극명히 보여준 사람도 드물 것이다. 그녀는 자신의 비전을 구현했다. 그녀는 자신이 먼저 행하지 않는 일은 어느 누구에게도 요구하지 않았다. 회의론자들도 그녀의 신학에는 돌을 던질지언정 그녀의 인격에 대해서는 결코 비난하지 않는다. 돌을 던지는 이들이 있다면 그들은 도리어 어리석은 사람들로 판명되는 것이다.

그녀의 비전은 인간으로서 존엄의 가치를 발현할 수 없는 환경에서 살고 있는 이들을 돌보는 것이며, 그 일을 영적인 목적으로 하는 수녀회의 질서를 세워가는 것이었다. 그녀는 1948년에 수녀가 되었고 2년 후에는 '사랑의 선교 수녀회'를 설립하였다. 그들의 임무는 가난한 자, 버림받은 자, 병든 자, 죽어가는 자들을 찾아 돌보는 것이었다.

마더 테레사는 자신의 비전에 따라 캘커타를 택했다. 세계의 존경을 한 몸에 받은 명성이 시작된 곳도 바로 그곳이었다.

1952년에 그녀를 비롯한 '사랑의 선교 수녀회' 선교사들은 버려진 성전을 그들의 첫 번째 사역을 위한 본거지로 사용할 수 있도록 캘커타 시로부터 허락을 받았다. 그 성전은 죽어가는 이들을 위한 집으로 사용될 것이었다. 마더 테레사는 그곳을 '니르말 흐리다이'(Nirmal Hriday, 순결한 마음—역주)라고 불렀다. 거리에서 홀로 죽어가던 캘커타의 빈민들이 이곳에서 마지막 임종의 시간에 위로와 씻김을 받았다. 가톨릭 선교 단체가 그곳에 생겼다는 소문이 금세 퍼졌다. 힌두교 성직자들은 자신들의 사원 근처에 가톨릭 단체가 있는 것이 몹시 불편했다. 그들은 그곳을 옮겨달라고 당국에 청원했다.

어떤 때는 사원의 성직자들이 니르말 흐리다이로 와서 선교사들에게 즉각 떠나달라고 항의하기도 했다. 마더 테레사는 "당신들이 날 죽이고 싶다면 내가 여기 있소! 기쁘게 내 목을 베시오. 그렇지만 불쌍한 내 환자들을 내쫓지는 말아주시오."[1]라고 말해서 그들을 돌려보내기도 했다.

결국, 의심스러운 눈초리로 그들을 바라보던 이들에게 그 사명의 청렴함과 동기의 순수성을 확인시켜주는 사건이 일어났다.

마더 테레사는 힌두교 성직자 가운데 한 사람이 결핵에 걸렸는데 악화되고 있다는 소식을 들었다. 그의 병은 치료가 불가능했기 때문에 시립 병원에서조차 거절당한 상태였다.[2]

마더 테레사는 그를 니르말 흐리다이로 데려왔다. 그리고 그가 죽는 날까지 돌보았다. 그가 죽자 마더 테레사는 그의 시신을 거두어 힌두교 사원으로 돌려주었다.

이 사건이 캘커타 사람들의 마음을 움직였다. 자신의 비전에 헌신하는 마더 테레사의 마음이, 그녀가 섬기러 온 이들과 그녀를 분리시켰던 신학과 문화의 벽을 무너뜨린 것이다.

전 생애에 걸쳐 마더 테레사를 보증한 중요한 신임장은 바로 그녀의 도덕적인 권위였다. 그 권위 때문에 그녀는 세상에서 가장 권세 있는 독자들을 갖게 되었고, 또한 그들에게 영향력을 끼치게 되었다. 낯설고 적대적인 환경에서도 그녀는 용기 있게 자신의 소신을 폈다. 그녀의 말은 그녀의 삶과 또 그녀가 소중히 여겼던 신학과 일치했다.

레이건 대통령의 특별보좌관이었던 페기 누난(Peggy Noonan)은, 믿음과 말과 행동을 일치시킨 마더 테레사의 헌신이 공개적으로 드러난 순간을 목격했다.

1994년 2월 3일, 마더 테레사는 워싱턴에 와서 모든 청중을 경탄케 하고 또 일부 청중을 당혹스럽게 만든 연설을 했다. 그들 가운데는 마더 테레사가 연설을 마치자 아내에게 고개를 돌리고 "내 턱이 아직 붙어 있소?"라고 물었다는 미국 상원 의원도 있었다. 매년 힐튼 호텔에서 열리는 국가 조찬 기도회에, 워싱턴 당국자 대부분을 포함한 삼천 명의 인사가 참석했다. 전통에 따라 미국 대통령과 영부인도 참석했다. 1994년 이날, 빌 클린턴(Bill Clinton)과 힐러리(Hillary) 여사는 높은 단에 앉아 있었다. 부통령과 영부인 그리고 다른 주요 인사들, 상원 의원들, 대법원 판사들도 연단 바로 아래 위치한 작은 단 위로 테레사 수녀가 올라서자 큰 박수갈채를 보냈다. 그녀는 박수에 고개를 끄덕였다. 이어 그녀는 손에 연설

---

1. Ascension Research Center, www.ascensionresearch.org/teresa.html.
2. Subir Bhaumik and Meenakshi Ganguly/Calcutta and Tim McGirk/New Delhi, "Seeker of Souls," *Time*, 15 September 1997, 81–82.

문을 들고, 부드럽게 노래하는 듯한 목소리로 연설문을 읽어나갔다.

청중은 민주당원, 공화당원, 모든 종파의 온건주의자들로 구성되어 있었다. 아마 절반은 조찬 기도회 운동 회원인 그리스도인들이었을 것이고, 몇몇은 아주 독실한 신자였으며, 몇몇은 약간 독실한 신자들이었을 것이다. 나머지 절반은 여러 종교를 믿는 이들이 혼재해 있었다. 즉 회교도, 유태인, 관망자, 불가지론자와 무신론자, 관료, 외교관, 리포터, 웨이터들도 있었다. 마음씨가 선량한 사람, 남의 말을 잘 경청하는 사람들이 모두 한자리에 모여 있었다. 그들은 모두 그녀를 사랑했다. 그러나 시간이 지나면서 그녀의 연설은 조금씩 날카로워졌다.

"자녀들이 보내놓고 잊어버린 우리의 노부모들을 보호하고 있는 어느 시설의 거실에서 경험한 일을 저는 절대로 잊을 수가 없습니다. 그 시설에는 좋은 음식과 안락한 인테리어, 텔레비전, 그 밖의 모든 것이 제공되고 있었지만 그곳에 있는 노인들은 하나같이 문쪽을 바라보고 있었습니다. 더욱이 그분들 중에서 얼굴에 미소를 띠고 있는 분은 한 분도 없었습니다. 저는 그곳의 수녀님에게 물어보았습니다. '여기서 안락한 생활을 즐기고 계신 이분들이 왜 모두 문 쪽을 바라보고 계신 거죠? 왜 얼굴에 미소가 없으신 거죠? 우리 집에 계신 분들조차 얼굴에서 종종 미소가 감돌곤 하는데요. 임종하시는 분들도 미소를 지으십니다.' 그러자 수녀님이 말하더군요. '날마다 그분들은 기대하고 있습니다. 자녀가 만나러 와주기를요. 그분들은 자신들이 잊혀졌다는 사실 때문에 마음에 큰 상처를 입었습니다'라고 말입니다."

그녀는 계속했다. "그러나 저는 오늘날 가장 큰 평화의 파괴자는 낙태라고 생각합니다. 예수님께서는 '어린아이를 영접하는 것이 나를 영접하는 것이다'라고 말씀하셨습니다. 그렇다면 모든 낙태는 예수님을 거부하는 행위이고, 예수님을 영접하지 않고 무시하는 행위입니다."

잠시 동안 서늘한 긴장감이 감돌고 깊은 침묵이 흘렀다. 그리고 행사장 한쪽에서 박수갈채가 시작되었다. 곧 행사장 전체가 박수갈채에 휩싸였다. 내 생각에 5-6분 간 박수소리가 멈추지 않았던 것 같다. 하지만 모두가 박수를 친 것은 아니었다. 마더 테레사와 단 몇 걸음을 사이에 두고 단에 앉아 있던 대통령과 영부인은 박수를 치지 않았다. 부통령과 부인도 마찬가지였다. 그분들은 마치 마담 투소의 밀랍인형 박물관에 앉아 있는 조각상 같은 모습이었다. 그들은 어떠한 근육도 움직이지 않은 채 단호히, 그러나 유쾌한 미소로 연사를 바라보고 있었다. 마더 테레사는 아마도 세계가 어떻게 돌아가는지도 모르는 채, 자신이 불편한 주장을 폈다는 사실조차 모르는 것 같았다. 그리고 이제는 거기 모인 모든 사람이 동의하는, 조금은 덜 자극적인 주장을 할 때가 되었다는 사실도 모르고 있는 것만 같았다. 그녀는 계속해서 말했다.

"실로 낙태는 어린이를 대상으로 하는 전쟁입니다. 저는 그 죄 없는 어린 아이들이 살해당하는 것이 싫습니다. 그것도 어머니에 의해 저질러지는 살인이 아닙니까. 어머니가 자기 자식까지 죽이면서 어떻게 다른 사람들에게 서로 살인하지 말라고 말할 수 있겠습니까?…낙태를 허용하는 문화는 사람들에게 원하는 것을 얻기 위해서라면 어떠한 폭력을 사용해도 좋다고 가르치는 것과 다를 바 없습니다. 서로 사랑하라고 가르치지 않고 있는 겁니다. 그래서 사랑과 평화의 가장 큰 파괴자는 낙태입니다."

마더 테레사는 다시 한 번 낙태에 반대한다고 말했다. 그리고 병원과 경찰서, 놀란 어린 소녀에 대해 이야기했다. "어린이를 죽이지 마십시오. 저는 어린이를 원합니다. 제게 어린이를 주십시오. 낙태당할 아이를 기꺼이 제가 받겠습니다. 그리고 그 아기를 사랑해줄, 또 그 아이에게서 사랑을 받을 부부에게 그 아이를 맡기겠습니다."

아마도 그녀는 자신의 말이 소위 관계를 '회복시키는' 것이 아니라 '분열시키고' 있다는 것을, 즉 개신교와 가톨릭교를 분열시킬 뿐만 아니라 가톨릭 내부를 분열시키고 있다는 사실을 알지 못했든지 아니면 그런 데는 전혀 신경 쓰지 않은 것 같았다. 그녀의 말은 꾸밈이 없고 노골적이었다. 그래서 그 말은 시원한 물을 한 컵 쭉 들이키는 것처럼 훌륭했고, 직설적이면서 타협하지 않는 어조로 단단히 버티고 서 있었다. 연설을 마치자 그녀는 기립박수를 받았고 들어올 때처럼 조용히 커튼 사이로 사라졌다. 그녀는 누구나 다 아는 또한 누구에게도 알려지지 않은 권위를 가지고 있었다. 때문에 그렇게 할 수 있었다.[3]

나는 이 이야기를 좋아한다. 이 이야기가 그려내는 이미지가 좋다. 자그맣고 허리가 약간 굽은 여인이 연단 위로 살짝 얼굴이 보이도록 올라서서 세계에서 가장 막강한 권세를 가진 이들에게 연설하고 있는 모습을 그려보라. 손을 들어 반대하는 사람이 있다면 어느 누구라도 충분히 제압할 수 있을 만한 도덕적인 권위를 지닌 그녀의 늙고 가냘픈 체구를 상상해보라. 도덕적인 권위의 힘이란 바로 이런 것이다.

그리스도인으로서 우리가 도덕적인 권위를 일구고 유지하는 것은 의무이다. 우리는 영향을 끼치는 사람으로 살아가도록 부름받았다. 그리고 세상이 우리를 지켜보고 있다. 그리스도께서는 우리가 다른 사람들에게 어떻게 살아야 할지 말해줄 만한 권위자가 되라고 하지 않으셨다. 그분은 우리의 착한 행실을 본 사람들이 우리가 소유한 것을 갖고 싶어하도록 영향을 끼치는 사람이 되라고 우리를 부르셨다.

---

3. Peggy Noonan, "Still, Small Voice," Crisis, February 1998, Vol. 16, No. 2, 12–17.

## 비결

도덕적인 권위를 일구고 유지하려면 세 가지가 필요하다. 인격, 희생 그리고 시간이다.

### 인격

인격은 하나님께서 옳다고 하시는 옳은 일을 하고자 하는 의지이다. 느헤미야는 자신의 합법적인 몫인 식량을 요구하지 않았다. 그 상황에서는 그렇게 하는 것이 옳았기 때문이다. 백성을 보호하는 것이 총독으로서 마땅한 책임이기 때문에 그는 권세자들과 맞섰다. 느헤미야는 옳은 일에 헌신한 처음이자 최고의 사람이었다. 성벽 재건을 위해 헌신하는 것은 옳은 일에 헌신하는 부차적인 일일 뿐이었다.

여기에서 중요한 것은 복종이다. 인격적인 사람이 되려면 하나님의 기준과 가치와 원칙을 따라 살아야 한다. 인격은 하나님의 법칙이 이치에 맞을 때나 맞지 않을 때도 따르는 것이다. 우리에게 이로울 때나 우리를 가로막을 때도 하나님의 말씀을 따르는 것이다. 인격적인 사람은 옳은 일을 하는 것이 자신의 비전을 지연시키거나 비전을 소멸시킨다 해도 반드시 그렇게 한다.

아내와의 첫 번째 데이트 때, 30분이 지나자 이야깃거리가 다 떨어져버렸다. 그녀는 원래 조용한 성격이었고 나는 초조했다. 잠시 고통스러운 침묵의 시간이 흐른 뒤 내 입에서 불쑥 이런 말이 튀어나왔다. "모델 일 해본 적 있으세요?"

도대체 그 질문이 왜 나왔는지 모른다. 나는 갑자기 그녀가 그날 밤 기숙사로 돌아가 룸메이트를 깨워서 "이 얘기는 꼭 들어야 돼"라고 말하는 상상이 들었다. 나는 아내의 눈도 마주칠 수 없었다. 기숙사 여학생들은 아마 시대에 뒤떨어진 데이트 상대로 나를 낙인 찍을 것이고 몇 달 동안 사람들은 내게 다가와 "모델 일 해본 적 있으세요?"라고 놀려댈 것만 같았다.

그러나 놀랍게도 그녀는 이렇게 말했다. "예, 잠깐이요."

그녀의 어조로 보아 내게 들려줄 만한 이야기가 있는 것이 분명했다. 또 그녀가 말하는 태도로 보아 그것이 상당히 민감한 이야기라는 것도 알 수 있었다. 화젯거리가 그것밖에 없었던 나는 그녀를 채근했다.

"정말입니까? 이야기해주세요."

아내는 조지아 공대에 다니기 위해 애틀랜타로 이사 온 뒤, 곧 의류 마트에서 모델 일을 할 기회가 있었다고 한다. 그후 모델이 될 기회가 잇따랐다. 머지않아 그녀에게 모델 일은 파트타임 일거리가 되었다. 그 일은 수입도 괜찮았고 재미있기도 했다. 그리고 물론 매우 우쭐해지는 일이기도 했다. 애틀랜타의 한 의류 회사가 큰 파티를 열었다. 아내와 두 명의 다른 여학생은 파티에 초대된 부인들을 위한 패션 쇼에 모델로 서게 되었다. 그녀들은 여성 관객들을 위한 여러 가지 의상을 입었다.

아내의 첫 번째 의상은 이브닝 가운 계열이었다. 그런데 두 번째 의상으로 갈아입기 위해 무대 뒤로 돌아왔을 때 그녀는 충격을 받았다고 한다. 그 의상은 남에게 보이고 싶은 것이 아니었다. 옆에 있는 의상도 나을 게 없었다.

그녀는 자신의 옷으로 갈아입고 담당자를 찾아가 '그런' 옷을 입고 무대에 나갈 수 없다고 했다. 담당자는 쇼가 한창 진행 중인데다 여자 관객들밖에 없지 않느냐면서 화를 냈다.

그러나 아내는 생각을 바꾸지 않았다. 그녀는 자기 물건을 챙겨서 서둘러 나왔다.

말할 것도 없이 나는 감동했다. 어려운 상황에서 이익이 될 수도 있는 기회를 박차고 나와 언행일치를 보여준 한 여인이 거기에 있었던 것이다.

이것이 인격의 정수이다. 아내는 희생을 마다 않고 옳은 일을 했다. 그날 오후의 결단으로 아내가 이후 수년간 아내를 따르는 수백 명의 십대 소녀들로부터 도덕적으로 인정받게 될 줄은 아내 자신도 몰랐다. 또한 언젠가는 그 일이 우리 딸에게도 어머니로서의 도덕적인 권위를 세워줄 것이다.

### 희생

앞에서도 말했듯이, 비전은 본질상 쉽게 얻을 수 없는 자원을 요구한다. 비전을 위해 싸우는 사람들은 비전을 성취하기 위해 기꺼이 희생할 마음이 있음을 보여주어야 한다. 희생은 앞으로 일어날 일에 대한 당신의 헌신을 가장 잘 보여준다.

일반적으로 말해서 사람들은 비전을 결심한 당사자보다 그 비전에 대해 더 많은 노력을 기울이지 않는다. 다른 사람들의 헌신을 끌어내려면 비전을 소유한 사람이 길을 안내해야 한다.

당신이 비전을 위해 진정으로 희생한다면, 다음의 두 가지 일이 일어날 것이다.

1. 주위 사람들이 당신이 마음속에 품고 있는 것이 무엇인지 어렴풋이 감지한다.
2. 당신 역시 당신의 마음속에 있는 것을 어렴풋이 감지한다.

당신이 비전을 위해 희생한다는 것은 아이스링크 펜스에서 나와 스케이트를 타고 중앙으로 들어가는 것과 같다. 실행하지 않는 헌신은 사람들의 마음을 움직이지 못한다. 그러나 비전을 위해 개인적인 희생을 감수해가며 당신의 헌신을 증명할 때, 영향을 끼칠 수 있는 가능성은 상당히 높다. 희생은 당신에게 협력하지 않거나 당신을 지지하지 않으려고 구실을 찾는 사람들이 벌이는 피상적이고 자기 보호적인 저항을 깨뜨린다. 희생은 당신을 비판하는 사람들의 소리를 침묵시킨다.

레인 존스(Lane Jones) 목사는 대학교 연설 과목 시간에 일어난 희생과 신념의 강력한 연관성을 잘 보여주는 일화를 소개해준다.

> 우리의 숙제는 설득력 있는 연설문을 준비하는 것이었다. 주제는 제품 판매에서부터 기독교 변증에 이르기까지 다양했다. 급우들보다 나이가 조금 많은 한 여학생이 있었다. 수업 시간 동안 그녀의 발표 내용으로 미루어, 나는 그녀가 그리스도인이라는 것을 알 수 있었다. 그래서 그녀가 임신 중절 합법화에 반대하는 연설문을 작성했다는 것이 그리 놀랍지 않았다.
>
> 나는 그때의 긴장감을 기억한다. 그녀가 취한 논조의 상당 부분이 종교적인 시각에서 나온 것이었다. 당신도 쉽게 상상할 수 있는 일이지만 그 강의실에는 도덕적 기준이나 종파가 매우 다양한 사람들이 앉아 있었다. 그녀는 낙태를 반대하는 논점으로 연설 내용을 풀어나갔다. 그녀는 이론적인 요점을 주장한 다음 (어느 정도는 이미 다른 학생들의 연설에서도 주장되었던 바이다. 낙태는 분명히 인기 있는 쟁점이었다.) '일반적으로 용인되는' 예외의 경우, 즉 강간, 근친상간, 산모의 생명이 위태로울 경우에도 낙태에 동의하지 않는다고 하면서 연설을 매듭지었다. 바로 이 부분 때문에 임신 중절 합법화를 반대하는 다른 학생들에게서조차 반감을 샀다. 반대로 임신 중절 합법화를 지지하는 학생들은 공격하기 쉬운 타깃이라도 발견한 듯 의기양양해졌다.
>
> 그러나 그녀는 2-3년 전 강간당했을 때 자신의 세계가 얼마나 파괴되었는지 이야기했다. 그 결과는 임신이었다. 그녀는 혼혈이 틀림없어 보이는 작은 아이의 사진을 꺼내 보이며 아이의 이름을 말했다. 그녀는 아들이 그녀 인생의 기쁨이며 그 아이 없는 삶은 상상할 수도 없다고 말했다.

이어서 그녀는 어떤 환경에서도 낙태는 용인될 수 없다고 믿는 자신의 주장을 반복했다.

그녀가 연설을 마쳤을 때 잠시 침묵이 이어졌던 걸로 기억한다. 대부분 다른 '논쟁적인' 주제의 연설이 끝나면 열띤 논쟁과 파별적인 공격이 뒤따랐는데 이번에는 아니었다. 토의할 것이 없었다. 그녀의 주장에는 이론적인 것이 아무것도 없었다. 교실 앞으로 나온 교수도 잠시 할 말을 잃은 듯 했다. 그리고 이렇게 평가했다. "연설자가 할 수 있는 가장 힘 있는 주장은 개인적인 경험에서 나온 것입니다." 청중은 어떤 주장에 대하여 동의하지 않을 수도 있다. 하지만 살아가면서 체화된 신념에는 동의하지 않을 수 없다는 진리를 나는 다시 한 번 생각하게 되었다.

신념을 위해 개인적인 희생을 감수할 때, 그것은 당신에게 도덕적인 권위를 부여한다.

강의실에 모인 임신 중절 합법화 지지자들이 그 여학생의 의견에 전적으로 수긍하지는 않았을 것이다. 그러나 그 도덕적인 권위 앞에서 지적인 이의를 제기할 수는 없었다. 그들은 그녀의 견해에 대해서는 이의를 제기할 수 있었겠지만, 그녀의 성실성이나 진실성에 대해서는 이의를 제기할 수 없었다.

자신의 신념을 위해 희생해온 사람들의 말에는 거역할 수 없는 힘이 있다.

### 시간

도덕적인 권위는 하룻밤 새 얻어지지 않는다. 그것은 마음대로 제조할 수 있는 것도 아니다. 도덕적인 권위는 우리가 지배할 수 없는 환경에 대한 적절한 반응을 통해 얻어진다. 즉 단련되는 것이다.

우리는 인격을 강화시키는 운동이나 훈련에 열중할 수 있다. 그러나 도덕적인 권위는 우리의 인격이 시험을 받을 때만 획득된다. 이 예기치 않은 시험에 대한 반응으로 우리의 도덕적인 권위가 결정되는 것이다.

느헤미야는 유다의 총독으로서 자신의 지위를 이용하지 않겠다고 결단하기 전에는 단지 인격적인 사람일 뿐이었다. 그러나 자신의 몫인 식량을 포기하겠다고 결단한 다음부터 그에게는 도덕적인 권위가 생겼다. 아내는 그날 오후 의상 모델 일을 거절하기 전까지 단지 인격적인 여성이었다. 그러나 아내가 교육적인 영향을 끼친 십대 소녀들에게 도덕적인 권위를 인정받은 것은, 그 일을 포기하고 걸어나온 그 결단 때문이었다.

경험은 도덕적인 권위에 필요한 요소다. 따라서 도덕적인 권위를 얻는 데는 시간이 필요하다. 마더 테레사의 경우 국가 조찬 기도회에서 연설할 정도의 도덕적인 권위를 인정받는 데 평생이 걸렸다. 도덕적인 권위가 그녀의 생애에 일어난 단 하나의 사건으로 생긴 것은 아니다. 오랜 세월 동안 캘커타의 빈민들에 대한 사심 없는 헌신적인 봉사가 뒷받침되어 이루어진 것이다.

언행일치에 대한 우리의 헌신을 보여줄 기회는 많을 것이다. 공개적으로 언행일치를 보여줄 때마다 우리는 더욱 신뢰할 만하고 믿을 수 있는 사람이 된다. 사람들이 우리의 뜻을 거역할 수 없게 된다.

그런 기회가 왔을 때 어떻게 해야 할지 알고 있겠지만 그때가 언제일지 달력에 표기해놓을 수도 없는 노릇이다. 그래서 어떻게 살아야 할지 늘 깨어 있어야 한다. 도덕적인 권위를 부여하거나 파괴시킬 만한 또 다른 기회와 가능성은 우리에게 날마다 있다.

## 취급 주의

내가 십대였을 때, 나와 내 친구들을 훈련시키겠다고 나선 삼십대의 짐(Jim)이라는 선생님이 있었다(여기서 짐은 가명임을 밝혀둔다). 짐은 뛰어난 성경 교사였다. 수백 명의 젊은이들이 매주 그에게 배우기 위해 모여들었다. 그래서 그가 우리에게 소그룹으로 모이는 시간을 기꺼이 할애해주었다는 것은 매우 영광스러운 일이었다.

우리는 제자 훈련과 기도를 하기 위해 짐의 집에서 정기적인 만남을 가졌다. 뿐만 아니라 그는 우리를 캠핑과 래프팅에도 데리고 갔다. 그런데 우리가 함께 갔던 마지막 캠핑 여행 때, 내가 그에게 몹시 실망하는 사건이 일어났다. 그래서 나는 그룹에서 중도하차했다. 당시 나는 그 일을 어떻게 이해해야 할지 몰랐다. 어쨌든 짐은 그의 도덕적인 권위를 상실하는 결정을 내렸다.

우리는 북쪽 조지아 산맥에서 캠핑을 하고 있었다. 우리 일행은 짐과 나 그리고 친구 세 명을 합해서 모두 다섯 명이었다. 짐은 그곳의 골프용, 주거용 리조트 소유권을 갖고 있었다. 그곳은 당시 주택이 없는 미개발 숲이었다. 유일한 문명의 흔적이라곤 클럽하우스, 수영할 수 있는 못 그리고 워터 슬라이드 기능을 하도록 디자인된 인공 개울 정도였다.

상상이 가겠지만, 워터 슬라이드에서 우리는 오후 시간을 다 보냈다. 물론 우리만 있는 것은 아니었다. 수십 명이나 되는 다른 가족들도 그곳에 있었다. 따라서 시간이 경과하면서 줄이 길어졌다. 짐은 참을성이 부족한 사람이었다. 모두가 다 아는 사실이었다. 나는 다음 사건이 그의 성급함과 모험심의 산물이라고 생각된다.

현대식 수영장에 있는 워터 슬라이드와 달리 그 슬라이드는 달리 폐장할 방법이 없었다. 결국 개울물에 지나지 않았기 때문이다. 그래서 여섯 시가 되면 관계자들이 '폐장'이라고 쓴 간판을 매달았다. 보통 사람들에게는 그 정도 금지판이면 충분했다.

다섯 시쯤 되자 짐이 우리를 모아놓고 말했다. "얘들아, 워터 슬라이드는 여섯 시면 닫아. 지금 식사를 하고 오자. 그런 다음 폐장된 뒤 다시 와서 어두워질 때까지 놀자."

나는 충격을 받았다. 폐장된 워터 슬라이드를 몰래 다시 타러 가자는 그의 생각에 충격을 받은 건 아니었다. 사실 짐이 찬성하든 반대하든 간에, 나라도 그렇게 하자고 제안했을 것이다. 분명히 나는 즐거운 시간을 보내기 위해 몇 가지 규율을 어길 수 있는 사람이었다.

내가 충격을 받은 것은 그가 우리의 지도자였다는 사실이다. 나는 믿을 수가 없었다. 충격을 받은 나는 그들과 함께 갈 수 없었다. 나는 못에서 혼자 수영하기로 했다.

사십대의 성인이 되어서 돌아보니 내가 짐을 너무 가혹하게 판단했다는 생각이 든다. 하지만 열여섯 살의 나는 영적 지도자에게 그 이상의 것을 기대했던 같다. 그 순간부터 짐의 설교를 듣기 어려웠다. 그의 언행은 일치하지 않았다. 그 당시 그 일이 어떤 동기로 일어났는지 완전히 이해하지는 못했지만 결과적으로 짐은 나에게 도덕적인 권위를 잃고 말았다. 그런데 그는 그 사실을 전혀 알지 못했다. 그는 인격의 시험을 받았을 때 잘못된 결정을 내렸다.

## 상실과 회복

도덕적인 권위에 대해 말할 때마다 나는 그것을 잃었을 때 다시 회복할 수 있느냐는 질문을 받는다. 많은 경우에 그럴 수 있다고 믿는다. 그러나 치러야 할 대가가 매우 크다. 사람들에게 용서를 구하는 일도 그렇다. 도덕적인 권위를 회복하는 데는 용서 외의 것도 필요하다. 많은 사람들이 용서를 구하기는 하지만 도덕적인 권위를 회복할 수 있을 만큼 하지는 않는다. 설명해보겠다.

삭개오를 기억하는가? 그 작은 남자를 기억하는가? 그가 예수님을 만난 후 죄지은 이들을 모아놓고 이렇게 말했다면 어떨까. "제게 좋은 소식이 있어요! 저는 예수님을 만났고 모든 죄를 용서받았어요. 저는 세금을 거두는 자로서 권리를 남용했고 따라서 여러분 가운데 많은 분들을 재정적 궁지로 몰아넣었음을 깨닫습니다. 제가 얼마나 죄송스럽게 생각하는지 알아주셨으면 합니다. 저를 용서해주십시오. 지금부터 정직하게 행하겠다고 약속드립니다."

당신에게 과도하게 세금을 부과하여 부자가 된 사람이 이렇게 말한다면 당신은 어떻게 반응하겠는가? 그를 용서하겠는가? 아마 그럴 것이다. 그를 저녁식사에 초대하겠는가? 아마 그렇지는 않을 것이다. 다음 주 안식일에 그의 간증을 듣기 위해 가족을 데리고 회당으로 가겠는가? 그렇지 않을 것이다.

진지하게 사과한 후에도 삭개오는 도덕적인 권위를 얻지 못했을 것이다. 그의 말을 뒷받침해줄 만한 행실을 보이지 않았기 때문이다. 오랫동안 그는 탐욕과 기만에 찬 마음을 행동으로 보이며 살아왔기 때문이다.

그러나 그가 가난한 이들에게 소유의 절반을 주겠다고 했을 때(눅 19:8), 그 지역 사람들이 어떻게 생각했을지 상상해보라. 십분의 일이 아니라 절반을 주겠다고 했다. 종교 지도자들도 그렇게 하지 못했다. 아무도 그렇게 하지 못했다.

그런데 그것은 시작일 뿐이었다. 덧붙여 그는 과도하게 세금을 징수했던 모든 이에게 갚아주겠다고 했다. 그것도 각 사람에게 불법으로 몰수한 금액의 네 배를 갚겠다고 했다.

삭개오는 공정하고 정당한 정도 이상의 행동을 했다. 그는 용서에 합당한 정도 이상의 행동을 했다. 그는 돌려주었다. 어느 누구도 그렇게 많은 양을 돌려받으리라고 기대하지 못했다. 그는 대부분의 사람들이 합리적이라고 생각하는 정도 이상의 일을 했다. 그리고 말한 그대로 행했을 때 삭개오는 도덕적인 권위를 얻게 되었다. 사람들은 그의 신앙을 진지하게 받아들였다. 그가 예수님을 만났다고 이야기하자 사람들은 그의 이야기를 경청했다.

물론, 삭개오가 도덕적인 권위를 잃었던 것은 아니다. 그는 아예 처음부터 도덕적인 권위를 가진 적이 없었다. 그러나 당신은 내 말의 요지를 알 것이다. 다른 사람들이 자신을 진지하게 받아들이도록 하기 위해 삭개오는 단순히 용서를 구하는 정도 이상의 행동을 해야 했다. 용서를 구하는 정도로는 충분하지 않았다.

만일 우리가 도덕적인 권위를 상실했다면 그것을 회복하는 데는 치러야 할 대가가 따른다. 말만으로는 회복할 수 없다. 도덕적인 권위를 회복하는 데는 이전 장에서 요약한 바 있는 세 가지 요소가 동일하게 필요하다. 더욱이 우리에게는 더 많은 시간과 희생이 필요할 것이다.

우리는 우리의 행위와 그 결과에 대해 전적으로 책임을 져야 한다. 사람들을 실족시킨 것은 두 번째 부분인 우리 행위의 결과이다. 진실한 마음으로 미안해한다면 하나님은 흡족해하시겠지만 사람은 아니다. 도덕적인 권위를 회복하기 위해서는 우리가 행한 그 결과에 대해 실질적인 책임을 져야 한다. 그것은 돌려주는 것을 의미한다. 분명히 말하면 희생이 요구되는 것이다.

사람들은 도덕적인 권위를 지닌 사람들을 분명히 알아본다. 부모들이여, 어떤 희생을 치르더라도 자녀들에게 도덕적인 권위를 유지하라. 지도자들이여, 당신의 삶이 당신의 말과 믿음을 증명하도록 살라. 당신이 믿는 바를 믿지 않는 사람들은 늘 있게 마련이다. 그러나 당신이 주장하는 그 믿음을 의심하게 할 빌미를 주지 말라. 우리의 삶은 우리의 말보다 언제나 설득력이 있다. 느헤미야처럼 우리의 행위가 우리의 말처럼 웅변하고 있음을 확신하자.

모든 위대한 지도자들과 성공한 아버지와 어머니들 그리고 하나님께서 주신 비전을 받아들이고 성공적으로 마무리한 사람들은 언행이 일치했기 때문에 신뢰를 받고 영향력을 가질 수 있었다. 그들의 삶에는 설득력이 있었다. 그들은 도덕적인 권위를 가지고 있었다.

## VISIONEERING PROJECT

**비저니어링 프로젝트 13**

1. 당신의 비전에 비추어 당신의 말과 행동이 일치하지 않는 부분은 무엇인가?

2. 당신의 강점과 약점에 비추어 가장 크게 일치하지 않는 부분은 무엇인가?

   나는 우리 교인들에게 복음을 선포하는 행사에 믿지 않는 사람들을 초청할 목표를 세우고, 그들의 삶에 투자할 것을 계속적으로 권면하고 있다. 우리는 이것을 '투자와 초청의 복음 전도 전략'이라고 부른다.

   나의 경우 '교인들'에게 너무 마음을 빼앗겨서 믿지 않는 사람들의 삶에 투자하지 않을 가능성이 있다. 만일 그런 일이 일어난다면 나는 교회의 비전 가운데 그 부분에 대한 도덕적인 권위를 잃게 될 것이다.

3. 당신이 도덕적인 권위를 잃었거나 손상된 영역이 있는가?

   당신의 여러 역할과 관계에 대해 생각해보라.

   - 배우자에게 당신은 도덕적인 권위를 유지하고 있는가?
   - 아이들에게 당신은 도덕적인 권위를 유지하고 있는가?
   - 함께 동역하는 이들에게 당신은 도덕적인 권위를 유지하고 있는가?
   - 당신의 비전을 후원하고 있는 이들에게 당신은 도덕적인 권위를 유지하고 있는가?

4. 당신의 도덕적인 권위를 회복하기 위해 어떤 조치를 취할 필요가 있는가?

## 14장 | 방해에 대응하기

내가 이제 큰 역사를 하니 내려가지 못하겠노라.
— 느헤미야 —

매년 나는 대략 일곱 번의 결혼 주례를 한다. 한 커플의 결혼 주례를 승락하기 전에, 나는 혼전 카운슬링을 위해 적어도 네 차례는 나와 만나야 한다고 그들에게 요청한다. 대부분은 열심히 그렇게 한다. 오랜 경험상 나는 가능하면 빨리 카운슬링을 시작하는 것이 현명하다는 것을 알게 되었다. 왜냐하면 결혼식 날짜가 다가올수록, 커플은 결혼 생활보다는 결혼식에 대해 더 많이 생각하기 때문이다. 특히 신부의 경우에 그렇다. 물론 그럴 만도 하다. 결혼식 준비가 쉬운 일이 아니기 때문이다. 결혼 준비의 책임은 일반적으로 신부의 몫이다. 따라서 신부가 그 큰 행사를 치러내려면 상당한 압박감을 느끼게 된다. 그 상황을 이해하지 못하는 것은 아니지만, 결혼식을 앞둔 커플이 중요한 결혼 생활보다 결혼식에만 관심을 갖는다는 것은 상당히 불행한 일이다.

결혼 생활은 하나의 비전이다. 두 사람은 이루어질 수 있는 일과 이루어져야 하는 일을 정신적으로 그려보면서 결혼식을 기다려야 한다. 그들은 각자 기대를 갖고 있다. 대개 그들은 부모님들을 보면서 경험했던 관계와는 사뭇 다른 관계를 꿈꾼다. 그들은 자신들이 원하는 것보다는 원하지 않는 일에 대해 더 많이 알고 있다. 결혼 생활은 모든 의미에서 하나의 비전이다.

그런데 불행하게도 대부분의 커플은 결혼 생활보다는 결혼식을 준비하는 데 훨씬 많은 시간을 들인다. 그렇지만 만일 당신이 약혼한 커플들에게 결혼식과 결혼 생활 중 어느 것이 더 중요하냐고 물어보면 하나같이 결혼 생활이 중요하다는 데 동의할 것이다.

나는 추한 결혼식을 본 일은 없지만 추한 결혼 생활은 많이 보았다.

나는 커플들에게 결혼식을 연기하라고 권고한 적이 여러 번 있다. 거의 모든 경우 그런 나의 권고에 이의를 제기하는 이유가 결혼식과 관계가 있었다.

"초대장이 이미 인쇄되었는데요!"

"그 날짜에 맞춰 이미 휴가 계획을 세운 친척들과 친구들이 많아요."

"그러기엔 너무 늦었어요. 모든 준비를 마쳤는데요."

어느 커플도 그들의 관계에 대한 나의 평가 때문에 결혼식을 연기하라고 충고했다는 점에서는 이의를 제기하지 않았다. 그들은 내게 결혼 후 문제를 해결할 수 있다고 장담한다. 문제는 항상 결혼식 준비였다. 그들은 취소하기에 너무 늦었다고 느낀다. 원래의 비전, 즉 함께 행복하게 사는 삶보다 행사가 더 중요하다는 걸까. 도리어 결혼식이 결혼을 결정하는 추진력이 되기도 한다.

나는 아버지가 누나에게 결혼식 직전에 하셨던 말씀이 무척 마음에 든다. 아버지가 그 결혼식의 주례이셨다는 사실을 유념하라. 아버지는 말씀하셨다. "베키(Becky), 마음이 바뀌면 윙크를 하거라. 내가 모든 식을 중지시켜 버릴 테니!"

인생은 방해물로 가득 차 있다. 비전은 종종 삶이라는 지평선의 많은 불빛들 속으로 사라져버린다. 중요한 일들은 다급한 일 때문에 희생되고, 이루어질 수 있는 일이 종종 현재의 혼란 속에서 실종되고만다. 결국 결혼식이 다급하다. 그럼 결혼 생활은 어떻게 되는 걸까.

우리의 비전이나 비전의 본질에 관계없이, 깨어 있지 않으면 우리는 방해를 받을 것이다. 일상생활이 비전을 어렵게 만든다. 인생은 현재이다. 청구서도, 위기도 현재이다. 하지만 비전은 나중이다. 그래서 중요한 것은 놓치기 쉽고, 선(善)을 위해 최선(最善)을 희생시키기 쉽다. 우리 모두 부차적인 일들 때문에 비전이 사라질 수 있는 위험을 무릅쓴다. 방해거리들은 서서히 비전을 죽인다. 이번 장에서 우리는 세 가지 유형의 방해물에 대해 이야기해보려 한다. 기회, 비난 그리고 두려움이다. 이것은 느헤미야가 성벽을 완성하는 작업을 하면서 부딪혔던 세 가지 방해물이었다.

## 위험한 초대

지난번에 우리는 느헤미야가 사회적인 불안 문제를 처리한 것을 살펴보았다. 그가 모든 문제를 해결하자 사람들은 성벽을 재건하는 일에 복귀했다. 며칠 후 그들은 일을 거의 마무리짓게 되었다.

상황이 호전되자 느헤미야의 적들이 다시 문제를 일으키기 시작했다. 느헤미야가 성벽 재건 사업을 완성하는 데 며칠밖에 걸리지 않는다는 사실을 알게 된 산발랏과 그의 동료들은 놀랍기도 하고 화가 났다. 군사적인 위협도 소용이 없었다. 그들은 성벽 건축자들을 공격할 용기를 내지 못했다. 그래서 그들은 다른 계획을 가지고 나타났다.

건축자들을 교란시키거나 위협하는 대신에, 느헤미야를 집중 공략하기로 한 것이다. 지도자를 교란시킬 수 있으면 전체적인 진행을 방해할 수 있을 거라고 생각했다.

"산발랏과 도비야와 아라비아 사람 게셈과 그 나머지 우리의 원수들이
내가 성을 건축하여 허물어진 틈을 남기지 아니하였다 함을 들었는데 그

때는 내가 아직 성문에 문짝을 달지 못한 때였더라 산발랏과 게셈이 내게 사람을 보내어 이르기를 오라 우리가 오노 평지 한 촌에서 서로 만나자 하니"(느 6:1-2 상).

산발랏과 동료들이 느헤미야를 초대했다. 그들의 계획은 느헤미야가 성벽 재건 사업에서 손을 떼게 하고 그를 지지하는 사람들과 멀어지게 한 다음 죽이는 것이었다. 느헤미야도 처음에는 그들의 계획 전모를 알지 못했다. 그들이 만나고 싶어한다는 사실만 알았다. 그들이 평화 협정을 체결하고 싶어하는 것으로 알았다. 곧 성벽이 완성되리라는 것은 그 근방 사람들이 모두 확신하는 일이었고, 예루살렘이 그 지역에서 자리를 차지하게 되면 주변 나라들이 예루살렘과 정상적인 관계를 맺게 될 것은 자명한 이치였다. 하지만 느헤미야의 반응을 보라.

"실상은 나를 해하고자 함이었더라 내가 곧 그들에게 사자들을 보내어 이르기를 내가 이제 큰 역사를 하니 내려가지 못하겠노라 어찌하여 역사를 중지하게 하고 너희에게로 내려가겠느냐 하매 그들이 네 번이나 이같이 내게 사람을 보내되 나는 꼭 같이 대답하였더니"(2절 하-4절).

나는 "내가 이제 큰 역사를 하니 내려가지 못하겠노라"고 한 느헤미야의 대답이 마음에 든다. 이제 나는 이 책을 읽는 당신이 일상에서 약간 벗어난 일을 해보았으면 한다. 그 구절을 다시 읽어보기 바란다. 준비되었는가?
"내가 이제 큰 역사를 하니 내려가지 못하겠노라."
다시 한 번 큰 소리로 읽어보라. 그런데 이번에는 '큰'이라는 단어를 강조해서 읽어보라.
"내가 이제 '큰' 역사를 하니 내려가지 못하겠노라."

느헤미야는 자신의 일이 하나님의 일임을 알고 있었다. 그는 위대한 일을 하고 있었다. 그는 다른 사람을 만날 시간이 없었다. 그는 위대한 일에서 마음을 빼앗기지 않고 집중하려고 애를 썼다. 멈추지 않으려 했다. 그는 하나님께서 행하라고 부르신 그 일을 중단 없이 해내려 했다.

산발랏을 만날 시간을 내는 것은 '나쁜' 일이 아니다. 적과 화평하는 것은 좋은 생각인 것 같다. 그러나 하나님께서는 성벽을 재건하라고 느헤미야를 부르셨다. 그는 산발랏을 만날 기회를 방해물로 여겼다. 그것은 당연한 일이었다. 산발랏은 화평할 의도가 없었으니 말이다.

## 첫 번째 방해물: 기회

우리의 일상생활에는 하나님께서 우리를 부르신 중요한 일에서 우리의 마음을 빼앗을 가능성이 있는 기회들이 언제든 나타날 수 있다. 오락의 기회, 운동의 기회, 재정의 기회, 관계의 기회, 종교의 기회, 투자의 기회, 직업의 기회, 사업의 기회 그리고 휴가의 기회가 있다. 목록은 무한하다.

나를 교란시킬 가능성이 가장 큰 기회는 항상 좋은 기회들이다. 내가 쉽게 정당화할 수 있는 그런 기회다. 즉 만남, 상담, 설교 예약, 친교 활동 그리고 회의가 있다. 지금보다 훨씬 더 바빠지기도 한다. 그래서 하나님께서 내게 하라고 명하신 몇 가지 일들을 훨씬 느리게 수행하게 된다. 중요한 일을 성취하기 위해서는 좋은 일도 거절할 줄 알아야 한다. 대체로 그런 일들은 최선을 다하려는 당신의 마음을 빼앗을 가능성이 높다. 느헤미야가 산발랏의 초대에 응했더라면, 적들이 그를 죽였을 것이다. 이렇게 비전을 성취할 수 있는 기회를 잃어버리도록 이용당할 수 있는 약속, 취미, 관계, 초대가 있다.

### 그랜트 이야기

내겐 좋은 친구가 있는데, 그를 그랜트(Grant)라고 부르겠다. 나는 그를 친구로 또한 영적 지도자로 생각한다. 그랜트는 56세다. 이십대 초반이었을 무렵, 그는 옥외 광고업을 하는 회사에 다녔다. 그랜트는 무엇이든 누구에게나 판매할 수 있는 그런 사람이었으며 그 일을 잘 해냈다. 그런데 문제가 생겼다.

사장은 종업원들에게 일주일에 엿새 동안 일하도록 지시했다. 그는 자기 사업을 위해 사는 사람이었고, 따라서 직원들도 그래야 한다고 생각했다. 월요일부터 토요일까지 직원들이 사무실에 없으면 뭔가 잘못되었다고 생각한다. 그는 인센티브제를 도입했다. 사장은 직원들에게 그가 회사를 매각하게 되면 상당한 이익 분할을 하겠다고 약속했다. 나중에는 결국 회사를 매각했다.

그랜트는 열심히 일했다. 또 노동의 대가를 합당하게 받는 것도 분명히 괜찮았다. 그랜트와 그의 아내는 커다란 집과 두서너 대의 자동차를 소유하는 풍족한 생활을 할 수 있으리라는 비전을 갖게 되었다. 그러나 매주 토요일마다 해야 하는 격무는 꿈에 그리던 가정을 만들고 싶은 그들의 희망을 앗아갔다. 그랜트는 이 '굉장한' 기회를 버리기로 결심했다.

그랜트가 사표를 제출하자 사장이 앞으로 무엇을 할 거냐고 물었다. 그랜트는 모르겠다고 말했다. 그는 정말 몰랐다. 그러나 한 가지는 분명히 알고 있었다. 다음에 무엇을 하든지 그것은 가족과 관련하여 이루어질 수 있고 또 이루어져야 하는 비전과 대치되지 않으며, 그 비전을 지지하는 일이 되리라는 것을 말이다.

그랜트는 다른 지역에서 직접 옥외 광고 회사를 차렸다. 하나님께서는 그의 용기와 헌신에 복을 주셨다. 그의 사업은 번창했다. 그러나 더욱 중요한 것은 그랜트와 그의 아내가 아이들을 향해 가졌던 비전이 실현되는 것을 보았다는 것이다.

앞서 언급했듯이, 전 회사 사장은 회사를 매각했다. 그동안 그와 함께 회사에서 근무했던 사람들은 거액의 수표를 받았다. 그러나 대부분 소중한 가족을 잃었다. 그들 가운데 한 부부는 보상금을 받은 몇 년 후에 파산했다.

그 회사의 사장도 마찬가지로 여러 희생을 치렀다. 아이들은 자라서 모두 떠나버렸다. 그와 아이들은 거의 만나지 않았고 피상적인 관계에 머물렀다.

### 바람직한 추세

나는 가족을 위해 '좋은' 직업을 포기하기로 결단하는 사람들을 점점 더 많이 만나고 있다. 이것은 바람직한 추세다. 많은 경우에 하나님께서는 이들의 관계와 재정에 복을 주신다.

'좋은' 기회 때문에 가족을 향한 비전을 빼앗기는 일이 없도록 하라. 밤에 아이들에게 이불을 덮어주면서 이렇게 속삭여라. "내가 이제 위대한 일을 하니 내려가지 못하겠노라." 남편들이여, 지금 아내에게 회사 일 때문에 늦겠다고 말하려 한다면, 책상에 있는 아내의 사진을 보고 이렇게 속삭여라. "내가 이제 위대한 일을 하니 내려가지 못하겠노라." 그리고 자리에서 일어나 집으로 향하라.

부인들이여, 꽉 차 있는 스케줄 표에 '좋은' 활동 한 가지를 더 추가하고 싶은 생각이 든다면 가족을 생각하라. 그리고 자신에게 이렇게 속삭여라. "내가 이제 위대한 일을 하니 내려가지 못하겠노라." "제가 그 일을 하겠습니다"라고 하나님께 순종한 마당에 그리고 그분께서 아이들을 축복해주신 마당에, 하나님께서 주신 비전을 이루는 데 도움이 되지 않는 행사나 취미, 그 밖의 활동으로 방해받지 않도록 하라.

만일 당신이 독신이라면 관계와 관련하여 이루어질 수 있고 또 이루어져야 하는 당신의 비전이 방해받지 않도록 하라. 하나님께서 당신의 삶에 적합한 사람을 이끌어주시기를 기다리는 동안, 그분이 당신의 인격을 매만지시도록 하는 것은 위대한 일이다. 어떤 희생을 치르더라도 순결과 성실을 지켜내라. 당신은 너무 바빠서 내려갈 수가 없다!

기회의 제단에 희생되는 것은 가족만이 아니다. 빚을 청산하려는 비전을 가졌으면서도 끊임없이 더 많은 물건을 소유하려는 유혹에 빠지는 이들을 보곤 한다. 호화 주택 때문에 목회 비전에 혼선을 겪는 목회자들을 나는 많이 보아왔다. 많은 그리스도인들이 믿지 않는 친구와 이웃들을 만나 전도하고자 하는 비전을 가지고 있으면서도 취미나 각종 오락 때문에 그 일에 방해를 받곤 한다.

모든 비전에는 수십 가지의 잠재적인 방해물이 있다. 좋은 기회 때문에 당신의 비전이 실현되는 기쁨을 빼앗기지 않도록 깨어 있으라. 좋은 일과 중요한 일, 좋은 기회와 당신이 부르심 받았다고 느끼는 일을 분별하기 위해 열심히 노력하라.

### 두 번째 방해물: 비난

느헤미야가 부딪친 두 번째 방해물은 비난이었다. 이제 느헤미야는 비난에 익숙해졌다. 그런데 이 비난은 건축자들이나 성벽 재건 사업을 겨냥한 것이 아니었다. 느헤미야를 향한 것이었다.

그에 대한 비난은 부당한 형태로 찾아왔다. 산발랏은 똑같은 초대를 다섯 차례나 했다. 네 번이나 느헤미야는 똑같이 반응했다. "나는 이제 큰일을 하니 내려가지 못하겠노라." 그러나 다섯 번째에 산발랏은 초대 이상의 것을 보냈다.

"산발랏이 다섯 번째는 그 종자의 손에 봉하지 않은 편지를 들려 내게 보냈는데 그 글에 이르기를 이방 중에도 소문이 있고 가스무도 말하기를 너와 유다 사람들이 모반하려 하여 성벽을 건축한다 하나니 네가 그 말과 같이 왕이 되려 하는도다 또 네가 선지자를 세워 예루살렘에서 너를 들어 선전하기를 유대에 왕이 있다 하게 하였으니 지금 이 말이 왕에게 들릴지라 그런즉 너는 이제 오라 함께 의논하자 하였기로"(느 6:5-7).

그 당시 편지는 파피루스나 가죽에 쓰였다. 글을 쓴 재료를 말아서 끈으로 묶고 진흙으로 봉하는 것이 풍습이었다. 그러나 이 편지는 개봉되어 있었다(5절). 산발랏은 그 편지를 전하는 모든 사람이 편지의 내용을 알 수 있도록 고의로 편지를 밀봉하지 않았던 것이다. 그의 목적은 물론 느헤미야가 스스로 유다의 왕이 되려 한다는 소문을 퍼뜨리는 데 있었다.

진실이 아니었다. 그러나 사람들은 대개 진실에는 관심이 없다. 만일 느헤미야가 자신을 왕으로 선언하려고 기초를 다지고 있다는 소문이 돌면 사방에서 이에 반대하는 소리가 나올 것이다. 우선 그의 백성들은 바사 정부와의 유대를 파기하는 데 관심이 없었다. 다른 하나는 만일 그 소문이 아닥사스다 왕의 귀에라도 들어가는 날이면 느헤미야는 당장 밧줄로 묶인 채 귀환되고 말 것이다. 어느 쪽이든 산발랏은 기뻐할 것이다. 그는 느헤미야를 제거하고 싶어했다. 그 일을 누가 하느냐는 아무 상관이 없었다.

느헤미야는 자신을 변호하기 위해 쉽게 정당화할 수 있었을 것이다. 그러나 많은 부분이 위태로운 상황이었다. 왕들은 머릿속이 정치적 야욕으로 가득 찬 총독을 참지 못하는 법이다. 게다가 예루살렘의 건축자들은 그 일을 그만둘 구실을 찾느라 안달이었다. 그러나 느헤미야는 다시 한 번 임박한 과업에 초점을 맞추었다. 그는 시간을 내서 자신을 변호하지 않았다. 그는 일어날 수 있는 일에 대해서는 걱정하지 않았다. 그는 이루어질 수 있는 일과 이루어져야 할 일을 향해 계속 나아갔다.

느헤미야는 이렇게 반응했다.

"내가 사람을 보내어 그에게 이르기를 네가 말한 바 이런 일은 없는 일이요 네 마음에서 지어낸 것이라 하였나니"(8절).

그는 산발랏과 그 패거리의 속셈을 알고 있었다.

"이는 그들이 다 우리를 두렵게 하고자 하여 말하기를 그들의 손이 피곤하여 역사를 중지하고 이루지 못하리라 함이라"(9절 상).

느헤미야는 소문을 추적하는 대신 처음 이 일로 인도하신 분께 주의를 돌렸다. "(하나님이여) 이제 내 손을 힘있게 하옵소서"(9절 하).

우리가 주목해본 것처럼 비전은 수많은 비난에 직면하게 하는 일이다. 당신이 아직 이루어지지 않은 어떤 일에 열의를 가지고 있는 한, 결국 누군가는 당신을 비난하거나 혹은 당신의 동기에 의문을 품을 것이다.

사람들은 비전을 소유한 당신의 초점이 어느 정도 강한지를 이해하지 못한다. 사회적으로 우리는 아직 이루어지지 않은 일을 위해 좋은 기회를 포기하는 지도자들에게 익숙하지 않다. 새롭거나 혁신적인 무언가를 추구하는 이들을 불신한다. 특히 개인적인 이익보다는 명분을 위해 그 일을 한다고 주장할 경우에는 더욱 그렇다.

### 잘못 겨냥된 화살

더욱 고통스러운 것은 대개 비전을 지닌 사람들이 그와 정반대의 일을 하려 한다는 비난을 받게 되는 것이다. 느헤미야의 상황을 생각해보라. 그는 막강한 지위와 특권을 거절했다. 예루살렘에 도착한 그는 총독으로서의 지위를 거절했고 심지어 자신의 몫인 식량도 받지 않았다. 그런데도 그는 권력에 굶주렸다는 비난을 받았다.

이것은 내가 거듭 목격하는 일이다. 그들에게 쏟아지는 비난은 거세고 모질다. 따라서 무시하기도 어렵다. 그것은 감정적인 이슈가 된다. 결국 당신은 하지 않으려고 애썼던 바로 그 일 때문에 비난을 받는다. 그 점이 고통스러운 것이다.

여기에서 당신의 비전은 위험에 처한다. 분노는 관심의 한 형태이다. 이 분노가 비전을 방해하고 있다. 당신을 비난하는 이들의 말 때문에 일어나는 감정이 비전에 집중하던 당신의 마음을 빼앗을 가능성이 있다. 생각해보라. 권력에 도취해 있다고 비난받는 일보다 느헤미야에게 더욱 화가 나는 일이 또 있을까? 산발랏은 정곡을 찔렀다. 게다가 산발랏은 현재의 인터넷과 맞먹는 편지에 그 비난을 썼다. 느헤미야는 틀림없이 분노했을 것이다.

그러나 그는 칼을 움켜쥐고 산발랏을 찾아 나서는 대신에, 하나님 앞에 다시 한 번 분노를 토해냈다. "(하나님이여) 이제 내 손을 힘있게 하옵소서." 다시 풀어쓰면, 이 말은 "하나님이여, 제 명예를 맡으시옵소서. 그동안 저는 당신께서 저를 이곳으로 이끄사 행하라고 하신 그 일을 계속 하겠나이다"라는 뜻이다.

비난 때문에 방해받지 말라. 당신의 분노와 화를, 처음 그 일을 시키신 그분께 가져가라. 누가 옳은지는 시간이 말해줄 것이다. 최악의 경우는 당신이 분노 때문에 다른 곳에 집중하게 되는 것이다. 나는 나를 비난하는 이들에게 대답하거나 소문의 근원을 추적해내는 일에 너무나 많은 시간을, 귀중한 '비전의 시간'을 낭비했던 적이 있다. 아버지께 마음을 쏟아놓으라. 그리고 비전으로 돌아가라.

### 더러운 렌즈

또 다른 하나의 원동력이 있다. 당신은 당신이 하지 않으려 애썼던 일 때문에 비난을 받기도 하겠지만, 당신을 비난하는 사람들에게 혐의가 있는 일에 대해서도 비난을 받을 것이다.

산발랏이 그 예다. 그는 권력에 굶주린 사람이었다. 느헤미야의 성공에 그가 그렇게 불끈한 이유는 자신의 권력이 위협을 당하기 때문이었다. 그도 많은 비판자들이 벌인 일을 했다. 즉 산발랏 자신이 그랬던 것처럼 느헤미야도 그랬을 거라고 가정하는 것이다. 분명히 느헤미야도 마음속으로 자신의 이익을 계산하고 있었으리라는 것이다. 그렇지 않다면 그가 왜 그렇게 성벽 건설에 헌신하겠는가? 산발랏은 이 점에 혐의를 두고 말한다.

하지만 불순한 동기를 갖고 있는 사람들은 주변 사람들의 동기까지 의심하는 법이다. 그것을 '투사'(投射)라고 한다. 그들은 자신들의 행동이 자신들의 이기적인 야심으로 치장되어 있으므로 다른 사람들도 그들과 마찬가지라고 가정하는 것이다. 이 사람들은 이기적인 렌즈를 끼고 당신의 열심을 관찰한 다음 최악의 상황을 가정한다. 당신은 어떻게 해서도 그들을 납득시킬 수 없다. 그렇게 해보았자 소용이 없다. 다시 분노를 아버지께 쏟아놓고 계속 일하라.

비전이 구체적이면 구체적일수록 당신은 더 많은 비난을 받게 된다. 당신이 택한 미래를 좇아 행동할 때는 다음의 말들을 조심하라.

"당신이 하는 모든 것이 일입니다."
"왜 안 가시는 거죠?"
"당신은 너무 종교적이에요."
"맞아요. 가족이 중요하죠. 그렇지만 오늘 하룻밤만이에요."
"당신에게는 이제 흥미가 없어요."
"그 일이 얼마나 가겠어요?"

"옛날에 그 일을 했던 사람을 알고 있어요."

사람들은 비전을 가진 사람들이 보이는 범상치 않은 태도에 대해 해명을 들으려 한다. 안타까운 것은 그들이 대개 사실을 받아들이기 꺼린다는 점이다. 부당하게도 그들은 사실을 다르게 본다. 만일 당신이 일보다는 가족에게 우선순위를 두고자 마음먹고 근무 시간을 줄이면 직장에서 근무 시간을 채우지 않는다고 고발당할지도 모른다. 결혼할 때까지 성적 순결을 지키기로 결심했기 때문에 동성연애자라는 비난까지 듣고 있는 미혼들을 나는 알고 있다. 집안 살림을 맡고 있는 엄마도, 별다른 기술이 없으니까 집 안에 틀어박혀 있다는 비난을 면치 못하고 있는 실정이다.

당신이 비전에 초점을 둘 때는 항상 비난이 따를 것이다. 비전을 가진 사람들은 두드러져 보인다. 그 점이 사람들을 불편하게 한다. 사회의 흐름은 늘 순응주의로 움직인다.

### 해결책

비난하는 이들을 잠잠케 할 최선책은 당신의 비전이 이루어지는 것을 보여주는 것이다.

잠시 이야기를 앞서 나가보자. 예루살렘 성벽이 완성되었을 때 느헤미야의 비판자들이 보인 변화를 주목해보라.

> "성벽 역사가 오십이 일 만인 엘룰월 이십오 일에 끝나매 우리의 모든 대적과 주위에 있는 이방 족속들이 이를 듣고 다 두려워하여 크게 낙담하였으니 그들이 우리 하나님께서 이 역사를 이루신 것을 앎이니라"(15-16절).

당신은 이 이야기가 마음에 들 것이다. 느헤미야의 비판자들은 하나님께서 간섭하셨음을 깨닫자 곧 자신감을 잃었다. 비전이 완성되면 비판자들을 단번에 잠잠케 할 수 있다.

당신이 가진 비전의 원천이 하나님이시기 때문에, 가장 혹독한 비판을 퍼부었던 사람들조차 하나님께서 당신을 통해 이루신 일에 대해 어떠한 변명도 할 수 없는 때가 올 것이다. 이미 성취된 일을 놓고 논쟁을 벌일 수는 없는 것이다. 하나님이 성취하신 일을 두고 논쟁을 벌인다는 것은 불가능하다.

비판에 지지 말고 당신의 마음을 빼앗기지 않도록 하라. 필요하다면 아버지께 토해내라. 그리고 절제되지 않는 에너지를 그분께서 당신에게 맡기신 일에 쏟으라. 당신은 당신을 비난하는 이들에게 어떤 책임도 없다. 책임이 있다는 생각이 들게 하려고 그들이 온갖 행동을 한다 해도 말이다.

당신은 이루어질 수 있고 이루어져야 하는 일을 이루어내기 위해 당신을 동역자로 불러주신 그분께만 책임이 있다. 사도 바울은 데살로니가 교회 성도들에게 그리스도인다운 행위로 비전을 유지하라고 격려했다.

"너희를 부르시는 이는 미쁘시니 그가 또한 이루시리라"(살전 5:24).

하나님께서 감동을 주신 모든 비전에 대해서도 똑같이 말할 수 있다. 하나님께서 이루고자 하시는 일은 반드시 이루어진다. 우리의 책임은 신실함을 유지하는 것이다.

### 세 번째 방해물: 두려움

느헤미야는 세 번째 방해물에 부딪힌다. 기회와 비난에 이어 그는 생명이 위협받는 상황에 처했다. 다시 한 번, 산발랏이 남몰래 일을 꾸몄다. 이번 아이디어는 느헤미야에게 겁을 주어서 예루살렘 사람들이 그를 불신하도록 하는 것이었다.

산발랏은 느헤미야를 자기들 앞으로 데려올 수 없자 그를 위험한 상황에 빠뜨릴 내부 사람을 찾아냈다.

"이 후에 므헤다벨의 손자 들라야의 아들 스마야가 두문불출 하기로 내가 그 집에 가니 그가 이르기를 그들이 너를 죽이러 올 터이니 우리가 하나님의 전으로 가서 외소 안에 머물고 그 문을 닫자 저들이 반드시 밤에 와서 너를 죽이리라 하기로"(느 6:10).

예루살렘에 거주하는 유다인 스마야는 느헤미야를 자신의 집으로 초청했다. 느헤미야가 도착했을 때, 스마야는 느헤미야의 생명에 관련된 음모를 꾸며댔다. 산발랏이 느헤미야가 잠자는 동안 그를 죽일 암살자를 보낼 계획이 있다는 것이었다. 스마야의 말대로라면 느헤미야가 살 수 있는 유일한 희망은 성전으로 달려가 제단에 꼭 붙어 있는 것뿐이었다.

이것은 꽤 교묘한 음모였다. 알다시피 제사장들만이 성전의 제단으로 갈 수 있는데 느헤미야는 제사장이 아니었다. 만일 느헤미야가 성전의 신성함을 그렇게 모독한다면 그 일로 느헤미야는 유다 사람들의 불신을 사게 될 것이다.

이러한 규약에는 예외가 있었는데, 율법에 따르면 어떤 상황에서는 제사장이 아닌 사람도 도피하기 위해 성전에 들어갈 수 있었다. 재판관의 진술을 들을 때까지 가해자는 그곳에서 안전하게 머무를 수 있다. 만약 어떤 사람이 우연히 누군가를 죽였는데 희생자의 가족 가운데 복수할 만한 사람이 있는 경우, 그는 도피하기 위해 성전에 들어와 제단에 붙어 있을 수 있었다(민 35:6-15).

백성들은 도피하기 위해 성전으로 들어갈 수 있는 기회가 있었다. 그런데 이번에는 분명히 그런 상황이 아니었다. 스마야는 느헤미야를 속여서 이스라엘의 모든 백성 앞에서 백성들이 그를 불신할 만한 일을 하도록 할 작정이었다. 도피하기 위해 성전으로 내달리는 것은 율법을 어기는 일일 뿐만 아니라 지도자로서의 권위 또한 크게 손상시키는 일이다. 총독이 암살을 기도하는 사람을 피해 성전에 숨어 있다는 말이 밖으로 새어나갈 것이다. 그러면 건축자들에게 확신을 심어주지 못할 것이다. 게다가 암살자가 없었다면 두말할 것도 없다.

그러나 느헤미야는 다시 한 번 성벽 재건을 훼방하는 방해물을 제거한다. 우리는 느헤미야의 반응을 보고 느헤미야가 자기 자신을 비전과 어떤 관계에서 보았는지 알 수 있다.

> "내가 이르기를 나 같은 자가 어찌 도망하며 나 같은 몸이면 누가 외소에 들어가서 생명을 보존하겠느냐 나는 들어가지 않겠노라 하고"(느 6:11).

느헤미야가 자기의 유익만을 위했더라면 달아날 이유가 충분했다. 그러나 느헤미야는 비전을 품었을 뿐만 아니라 비전이 그를 품고 있었다. 부름 받은 위대한 사명에 비교해볼 때, 암살의 위협은 사소한 일에 지나지 않았다. 이것을 달리 말하면 이렇다. "나는 이제 위대한 일을 하니 내 생명을 보호하기 위해 내려가지 못하겠노라. 나의 안전보다 더 중요한 일이 있다."

느헤미야는 비전의 크기와 중요성을 이해하고 있었다. "이 신성한 책임을, 하나님의 임무를 부여받은 내가 어떻게 이 과업을 포기하고 생명을 보존하려 하겠느냐?" 느헤미야는 자신을 자신보다 큰 무엇의 일부에 지나지 않는 존재로 인식했다. 그는 자신을 보존 가치가 없이 희생시켜도 좋을 존재라고 생각했다. 그래서 그는 도망치지 않았다.

느헤미야는 어쩌면 이 일을 산발랏의 또 다른 계략이라고 처음부터 의심했는지도 모른다. 다음의 말씀으로 이 사실을 확인해볼 수 있다.

> "깨달은즉 그는 하나님께서 보내신 바가 아니라 도비야와 산발랏에게 뇌물을 받고 내게 이런 예언을 함이라 그들이 뇌물을 준 까닭은 나를 두렵

게 하고 이렇게 함으로 범죄하게 하고 악한 말을 지어 나를 비방하려 함이었느니라"(12-13절).

모든 비전에는 밝히 드러나지 않는 요소들이 있다. 비전의 초기 단계에는 밝혀진 것보다는 밝혀지지 않은 것이 더 많다. 미지의 세계는 두려움을 자극한다. 따라서 비전을 가진 모든 사람은 "…하면 어떻게 하지?"라고 가정한 시나리오에 반드시 부딪쳐보고 경험해보아야 한다.

"그는 내가 찾던 사람이 아니야. 그렇지만 다른 사람이 나타나지 않으면 어떻게 하지?"

"난 정말 이 일을 그만두어야 해. 하지만 다른 직업을 구하지 못하면 어떻게 하지?"

"분명히 거절해야 할 일이야. 하지만 그 대가로 보너스를 받지 못하게 되면 어떻게 하지?"

"하나님께서는 내가 이 관계를 시작하길 바라고 계셔. 하지만 그들이 나를 받아들이지 않으면 어떻게 하지?"

"자본금을 좀 올릴 필요가 있어. 하지만 투자자들을 구하지 못하면 어떻게 하지?"

더 굉장한 시나리오도 있다. 즉 그 어떤 것보다 비전의 전망을 어둡게 하고 비전을 흔들어놓는 시나리오가 있다. "실패하면 어떻게 하지?"

분노처럼 두려움도 하나의 시각을 형성하는데, 우리는 이 밝혀지지 않은 '어쩌지'라는 시나리오에 집중하다가 그만 이루어질 수 있는 일과 이루어져야 하는 일을 놓치는 수가 있다. 우리가 보고 싶어하는 좋은 일이 일어날 가능성보다는 나쁜 일이 일어날 가능성에 비중을 두고 우리의 상황을 평가하게 하는 것이 바로 두려움이다.

만일 포기하면, 우리는 비전에서 떠나기 시작한다. 우리는 성벽 건설을 그만두고 위대한 일을 떠나 안전한 제단으로 달아나버린다.

두려움 때문에 하나님께서 당신을 통해 이루고자 하시는 일을 놓치지 말라. 두려움 때문에 결혼, 재정, 관계, 직업 또는 직무에 대한 당신의 비전을 빼앗기지 않도록 하라. 이룰 수 있고 또 이루어져야 한다고 당신이 믿는 믿음을 두려움에 빼앗기지 말라. 일어날지도 모를 일 때문에 일어나야 할 일을 하는 데서 물러서서는 안 된다. 하나님께서 당신을 부르신 일에 비추어 볼 때, 당신과 같은 위치에 있는 사람들이 후퇴해야 되겠는가? 당신의 비전을 통해 이루어질지도 모르는 잠재적인 선을 생각해볼 때, 당신과 같은 위치에 있는 누군가가 두려워 달아난다면 말이 되겠는가? 그렇지 않다고 생각한다. 당신 역시 그렇지 않다고 생각할 것이다.

## 머나먼 학교

고등학교 때, 나는 평균 성적 이하의 학생이었다. 대학의 첫 학기가 끝나고 나는 학생처장으로부터 학사 경고 통지서를 받았다. 다음 학기까지 평점을 2.5까지 끌어올리지 못하면 가급제 기간을 가져야 했다. 그래서 나는 진지하게 공부에 매달렸다. 그런데 두 번째 학기가 지나고 또다시 가급제 기간을 받으라는 통지서를 받았다. 이제 한 번만 더 성적이 나쁘면 나는 퇴학을 당하게 될 것이었다.

다행히도 세 번째 학기는 무사히 넘어갔다. 이것은 내 실력이라기보다 엄청난 시간을 쏟아부은 결과였다. 어쨌든, 나는 학교에 남아 있을 수 있게 되었고 5년 안에 대학을 졸업했다. 나는 줄곧 여름 계절학기를 수강했다. 성적을 잘 받는 것은 쉽지 않았다. 나는 스터디 그룹 사람들을 보며 '이 사람들은 어떻게 그렇게 빨리 학위를 받을 수 있는 거지?'라고 생각했던 일을 아직도 기억한다.

목회를 준비하기 위해 대학원에 가겠다고 결심했을 때, 달라스 신학교에 가라는 권고를 받았다. 진심으로 내가 가고 싶은 곳이었다. 교과 과정이 내가 관심 있는 것들로 완벽하게 짜여 있었다. 내가 좋아하는 설교자들과 작가들이 그곳을 다녔다. 부모님도 그 학교를 권하셨다.

그런데 두 가지 문제가 있었다. 우선, 전통적인 3년제 신학교 과정과 달리 4년제였다. 학교를 4년씩이나 더 다녀야 한다는 것은 힘들게 느껴졌다. 둘째, 달라스 신학교는 공부하기 무척 어렵다는 평판이 나 있었다. 헬라어 3년, 히브리어 2년을 마쳐야 한다. 대부분의 신학교는 그 절반 정도를 요구한다. 성적 제도는 내가 본 적도 없는 것이었다. 그들은 지망 학생들에게 GRE(graduate record examination, 미국 대학원 진학 희망자를 대상으로 하는 시험 – 편주)를 보라고 하는데 내게는 그 일이 재앙과도 같았다. (그것도 한 번이 아닌 두 번씩이나!). 간신히 들어간다고 해도 학업을 제대로 따라갈 수 없을 거라는 확신이 들었다.

그래서 나는 겁쟁이들이 하는 행동을 했다. 달라스 신학교 신청서를 집어던지고 다른 두 학교에 신청서를 냈다. 나는 마음 밑바닥에서부터 겁을 내고 있었다. 달라스 신학교는 전혀 불가능하다고 생각한 나는 진학을 앞둔 그 해 여름에 포트워스에 있는 한 학교를 알아보기 위해 텍사스로 갔다. 시내를 구경하려고 달라스로 차를 몰았지만 일부러 달라스 신학교를 보지 않았다.

학기가 시작되기 두 달 전, 나의 선택을 위해 기도해오시던 아버지가 시외 전화를 걸어오셨다. 이렇게 통화하기 몇 주 전에 나는 이미 결정을 내렸는데도 아버지가 계속 기도하셨다는 사실은 이상한 일이었다. 내게는 이미 룸메이트와 강의 스케줄까지 나와 있었다. 아버지는 왜 나의 결정에 대해 아직까지 기도하고 계신 것일까? 결정은 이미 끝났는데도 말이다.

하지만 아버지와 나눈 대화를 곰곰이 생각하면서 나는 다른 학교에 가고 싶은 바람 때문이 아니라 달라스 신학교에 대한 두려움 때문에 그 선택을 했다는 사실을 깨달았다. 그것은 좋은 결정이 아니다. 다음 날 아침 나는 달라스 신학교에 전화를 걸어서 입학 허가 신청서를 요청했다.

입학 허가 절차를 밟으면서 달라스 신학교야말로 내가 있어야 할 곳이라는 확신이 들었다. 그러나 나는 여전히 두려웠다. 그렇지만 내게는 내가 하고 싶은 목회의 방향이 있었다. 달라스 신학교는 그 비전을 이룰 수 있도록 내가 그만한 자격을 갖출 수 있게 해줄 것이다. 그래서 나는 그곳을 선택했다. 달라스 신학교를 다니는 것은 상상한 것보다 훨씬 더 벅찬 일이었다. 그러나 거기는 내가 있어야 할 곳이었다. 하나님은 은혜로운 분이셨다. 나는 제때에 졸업할 수 있었다. 하지만 또다시 호된 학사 일정에 뒤쳐지지 않으려고 애를 쓰면서 계절학기 내내 학교에 있었다.

미지의 두려움 때문에 하나님이 당신의 마음에 품어주신 일이 방해받지 않도록 하라. 실패보다 더 좋지 않은 일은 믿음으로 비전을 추구해보지도 못한 것을 후회하며 사는 것이다. 뿐만 아니라 하나님이 그렇게 중요한 비전을 위탁하신 사람이라면 당신은 두려움으로 뒷걸음칠 필요가 없다.

### 블록 쌓기 15        방해받지 말라.

방해받지 말라. 좋은 기회나 비난 또는 두려움이 당신이 추구하는 비전을 방해하지 못하도록 하라. 결승선에 초점을 맞춰라. 하나님께서 당신의 마음에 품게 하신 일 또는 그 일에서 끊임없이 당신의 마음을 빼앗는 갖가지 목록들을 적을 지면이 이 장 끝에 나온다. 잠시 시간을 갖고 진정한 영적 탐색을 해보기 바란다. 당신도 어느 날 갑자기 자신이 시간을 '투자'하기보다 '낭비'했다는 사실을 깨닫게 되기를 원치 않을 것이다.

방해물이 앞을 가로막을 때 다음 세 가지를 기억하라.

- 당신은 지금 위대한 일을 하고 있으니 내려갈 시간이 없다.
- 비전을 성취한다면 당신을 비판하는 이들이 곧 잠잠하게 될 것이다.
- 당신을 부르신 비전의 중요성을 감안한다면 후퇴란 있을 수 없다.

얼마 전에 나는 이 원칙을 노스 포인트 교회 성도들과 나누었다. 그후, 나는 한 성도로부터 다음과 같은 이메일을 받았다. 비키(Vicky)는 뛰어난 재능을 갖춘 여배우이다. 그러나 그녀는 당분간 전업 주부로 살아가기 위해 그녀의 꿈을 보류해두기로 했다. 그녀의 남편 폴(Paul)은 프리랜서 스포츠 해설자이자 텔레비전 스타다.

> 목사님께,
>
> 목사님의 고무적인 설교를 들은 며칠 후 제게 일어난 일을 목사님께 알려드리고 싶어요. 남편이 가끔 음성 오디션을 받는데 얼마전 저도 남편과 함께 전화로 음성 오디션을 받았습니다. 오디션 후에 남편이 말하더군요. "그들이 아마 당신에게 배역을 맡길 거요. 당신은 정말 이 방면에 재능이 있어요"라고 말이에요. 일주일 후, 저는 남편을 대신해서 에이전트에게 전화를 하게 되었는데, 저와 통화하던 그녀가 제가 대본을 아주 훌륭하게 읽는다는 말을 하더군요.
>
> 제가 대본 읽는 일을 하는지 미처 몰랐다고 하면서 만일 일을 하고 싶으면 전화하라고 하더군요. 사랑하는 아이들을 위한 자원봉사나, 교회학교 초등부 이상은 절대로 나가지 않는 이 가정 주부에게 얼마나 달콤한 제안이었겠어요?
>
> 저는 그 일이 얼만큼의 소득을 올려줄지 잘 알고 있습니다. 애틀랜타에서는 성우 일을 할 기회가 많거든요. 저는 그녀에게 고맙다고 말한 뒤, 아이가 좀더 자라면 몰라도 지금 당장은 할 수 없노라고 말했어요. 그 말

을 하는 데 힘이 들지 않았습니다.

저는 전화를 끊고 미소 지으며 크게 말했어요. "내가 이제 위대한 일을 하니 내려갈 수 없노라"고 말입니다. 거절하는 일이 힘들었을지도 모르는 저희 같은 부인들에게 용기를 주셔서 감사합니다. 저는 많은 엄마들이 이 사실을 깨닫게 되기를 바랍니다. 또 목사님의 설교는 우리 모두에게 힘이 되었어요. 제가 아이한테 이 이야기를 했더니 제 손을 오랫동안 꼭 잡더라구요. 아이는 제가 집에 있는 엄마가 되어주기 위해 일을 포기한다는 사실을 잘 알고 있답니다.

그런데 어머니날에 정말 좋은 일이 있었어요. 우리 아이에게는 카드를 잘 만드는 재능이 있답니다. 그래서 저는 항상 아이에게 카드를 만들어 달라고 부탁합니다. 이 카드 역시 아이의 작품입니다. 카드 앞면을 보면 서로 닿으려고 내밀고 있는 두 손이 스케치되어 있지요. 스케치한 그림 옆으로 "내가 이제 위대한 일을 하니…"라는 말이 적혀 있어요. 뒤표지도 비슷하지만, 그 그림에는 두 손이 닿아 있답니다. 그리고 "…나는 내려갈 수 없노라"고 적혀 있습니다.

이 카드는 언제나 제게 큰 힘이 되어줄 증거입니다. 감사합니다.

비키 드림.

# VISIONEERING PROJECT

**비저니어링 프로젝트 14**

1. 어떤 기회가 당신의 비전을 방해하는가?

2. 이에 대한 당신의 계획은 무엇인가?

3. 사람들이 당신의 비전을 비판할 때 어떻게 반응하는가? 사람들이 당신의 동기를 의심할 때 어떻게 반응하는가?

4. 비전과 관련하여 당신의 가장 큰 두려움은 무엇인가?

5. 비전과 관련하여 생길 수 있는 가장 나쁜 일은 무엇인가?

6. 당신이 하려고 했던 일이 비참하게 실패했다고 상상해보라. 결과는 어떻게 될 것인가?

# 15장 | 삶은 오묘하다

저기 저 물가에 놓여 있는 빈 새 둥지가
아무도 믿을 수 없고 아무도 설명할 수 없는
이야기를 내게 들려주었다.
— 스티븐 커티스 채프만(Stephen Curtis Chapman) —


이 장을 쓰면서, 아내와 나는 다섯 살배기 개릿(Garrett)에게 글 읽기를 가르치고 있다. 다섯 살배기 어린애가 글 읽는 법을 배울 필요가 있는지 확신이 서지 않는다. 그러나 개릿은 자기가 글을 읽어야 할 때라고 우리를 설득했다. 개릿 바로 위의 아이는 글을 읽을 수 있다. 그래서 우리는 형제가 서로 경쟁하는 틈을 타 열심히 가르쳤다.

며칠 전 내가 집에 도착하자 개릿은 나에게 글을 읽어주려고 안달이었다. 우리는 이층으로 올라가서 바닥에 앉았고 개릿이 글을 읽기 시작했다.

한 사람이 늙은 염소에게 낡은 외투를 주었습니다. 늙은 염소가 말했습니다. "이 낡은 외투를 먹어야겠어." 그래서 염소가 외투를 먹어치웠습니다. 염소가 말했습니다. "재미있었어. 그런데 낡은 외투를 먹어치웠더니 이제 추워." 이제 늙은 염소는 슬프답니다.

개릿이 이것을 읽는 데 약 3분이 걸렸다. 내게는 30분같이 느껴졌다. 나는 개릿이 얼마나 이해했는지 체크하려고 내용에 관한 질문을 했다. 우리의 대화는 다음과 같이 진행되었다.

"개릿, 노인이 염소에게 뭘 주었니?"

"어떤 사람이요?"

"이야기 속에 나오는 사람. 이야기 속에 나오는 사람이 늙은 염소에게 뭘 주었잖아. 뭘 주었더라?"

"몰라요."

"외투를 줬어. 노인이 염소에게 외투를 줬어. 염소가 그 외투를 어떻게 했니?"

"입었어요?"

"아니야, 먹어치웠어."

"재미있네요, 아빠."

시작부터 개릿과 내가 서로 다른 계획을 갖고 있었다는 것이 분명해졌다. 나는 개릿이 책을 읽고 이해하기 바란다. 하지만 개릿은 단어를 바르게 읽으려고만 한다. 그 일이 내게 유쾌하지 못한 초등학교 시절의 기억을 떠올려주었다. 어느 날 나는 수업 시간에 앞에 나가 글을 읽게 되었다. 개릿처럼, 나의 목표는 단순히 나에게 할당된 페이지를 한 단어도 틀리지 않고 읽어내는 것이었다.

헨더슨 밀 초등학교에 다니는 모든 학생은 앞에 나와서 잘못 읽었을 때 어떤 끔직한 결과를 맞게 될지 잘 알고 있었다. 나와 같은 학년에는 메리 제인(Mary Jane)이라는 이름으로 통하는 친구가 있었다. 나는 그 애의 진짜 이름이 뭔지 몰랐다. 물어볼 생각도 없었다. 그러나 그 애가 왜 그 별명을 얻게 되었는지는 알고 있었다.

1학년 때 그 애는 앞에 나와서 글을 읽고 있었다. 읽어야 할 다음 대목은 이랬다. "그녀는 '안녕' 하고 말했다. '내 이름은 메리 제인이야.'" 불행하게도 그 애는 "그녀가 말했다"라는 부분을 빠뜨렸다. 결국 그는 "안녕, 내 이름은 메리 제인이야"라고 읽은 것이다. 그때부터 그는 메리 제인이 되었다. 두말할 필요도 없이, 그 사건에서 가장 중요한 것은 글을 얼마나 이해했는지가 아니었다. 우리는 단어를 정확하게 읽는 것을 열망했다.

그런데 우리가 단어를 정확히 읽어내는 일에 무리하게 집중해 있는 동안, 배후에서는 어떤 일이 일어나고 있었다. 서서히 그러나 확실하게 우리는 이해할 줄 알게 되었다. 물론 이것이 우리 선생님과 부모님께서 바라시던 목표였다. 우리가 읽고 있는 것을 이해할 수 있을 때 우리에게 새로운 세계가 펼쳐질 것을 그분들은 알고 있었다. 그래서 그분들은 우리가 단어를 정확히 읽는 것으로 만족하지 않았던 것이다. 그분들은 우리가 조금씩 이해할 수 있도록 이끌었다. 결국 그 계획은 성공한 것이다.

## 좀더 깊은 조류

당신이 정신없이 비전을 추구하는 과정에 있는 동안 아마 당신이 인식하지 못하는 어떤 일이 배후에서 진행될 것이다. 그것은 당신이 알 수 없는 것이다. 그것은 당신의 일이 완성되어서야 비로소 분명해질 것이다. 당신이 비전을 이루는 일에 몰두하고 있는 동안, 하나님께서는 그 비전을 궁극적으로 보완하고 좀더 깊은 의미를 부여할 계획을 가지고 일하신다.

눈앞의 일에 집중한다는 점에서 우리는 개릿과 같다. 하지만 아이에게 글 읽기를 가르치는 부모처럼, 하늘에 계신 우리 아버지께서는 좀더 넓고 중요한 계획을 마음에 두고 계신다. 여기에서 아버지의 계획은 우리의 계획과 대척되는 경쟁적인 것이 아니다. 그와 반대로, 우리가 나중에 알게 되겠지만, 후자는 전자에 필요한 예비적 계획이다. 우리가 그렇게도 완성하여 보기를 열망하는 비전들은 실제로 비전보다 훨씬 더 큰 무언가를 예비하고 있다.

느헤미야는 비전의 세세한 일들을 처리한다는 것이 어떤 것인지 잘 알고 있었다. 매일매일이 어제처럼 느껴졌을 것이다. 옮겨야 할 바위가 더 많아졌고, 치워야 할 쓰레기도 더 많아졌을 것이다. 해결해야 할 민생 불안이 더 많아졌을 것이다. 성벽 재건 사업에 넋이 빠지기 쉬웠을 것이다. 그러나 하나님께서는 느헤미야가 인식조차 못할 일을 이미 배후에서 하고 계셨다.

느헤미야가 보내는 하루와 병행하시는 하나님의 계획을 이해하기 위해, 우리는 우선 이스라엘 국가를 건설하시려는 하나님의 목적을 신속하게 살펴볼 필요가 있다.

## 이방을 향한 빛

이스라엘을 향한 하나님의 궁극적인 목적은, 이스라엘을 주변 국가들의 빛으로 세우는 것이었다. 이사야 선지자는 그것을 다음과 같은 식으로 말했다.

> "내가 또 너를 이방의 빛으로 삼아 나의 구원을 베풀어서 땅 끝까지 이르게 하리라"(사 49:6 하).

이방 나라들이 이스라엘 가운데서 일하시는 하나님을 보고 "이스라엘의 하나님이 진정한 하나님이시다"라고 고백하도록 하시려는 것이었다. 이스라엘을 등대로, 횃불로 삼고자 하신 것이다. 하나님의 위대하심과 능력을 지속적으로 상기시켜줄 역할을 이스라엘에게 맡기시려는 것이었다. 하나님께서는 그분의 인격을 이스라엘을 통하여, 이스라엘과 접하게 되는 모든 나라와 이스라엘에 대한 이야기를 듣는 모든 나라에 나타내고 싶어하셨다. 이스라엘은 하나님께 영광을 돌리고 주변국들을 구원하게 될 것이다.

우리는 이스라엘 백성들을 출애굽시키던 모세로부터 시작하여 느헤미야에 이르기까지 구약 전체를 통해 일어난 일들을 잘 알고 있다. 하나님께서는 거듭거듭 하나님의 임재하심을 이스라엘을 통해 다른 세계에 알리셨다.

이 점이 구약 성경 전체에 흩어져 있는 조금은 기묘한 기사들을 해명해준다. 예를 들면 애굽의 재앙이 그것이다. 그 이야기를 읽노라면 마치 수많은 자연 전술이 펼쳐지는 것처럼 느껴진다. 하나님께서는 바로의 마음을 변화시키는 데 얼마나 걸릴지 알고 계셨다. 그런데도 그분은 왜 곧장 열번째 재앙을 내려서 끝장을 내지 않으셨을까?

하나님께서는 그분의 백성을 단순히 속박에서 구원해내시는 것 이상의 계획을 갖고 계셨다. 그분은 애굽 사람들에게 가르치고 싶으셨다. 애굽은 그때 당시 세계 최강국이었다. 바로는 자신을 신(神)으로 생각했다. 하나님께서 택하신 백성들을 통해 당신의 능력을 보여주기 시작하실 장소로 애굽보다 더 좋은 곳은 없었다.

이스라엘의 하나님께서는 애굽의 모든 우상을 하나씩 제거하셨다. 열 재앙은 각각 애굽인들이 신성시했던 것들에 해당한다. 예를 들면, 그들은 나일 강을 숭배했다. 하나님께서는 나일 강을 피로 변하게 하셨다(출 7:20). 그들은 태양을 숭배했다. 하나님께서 애굽 전역을 삼 일간 암흑에 빠뜨리셨다(10:22). 하나님의 정밀하심에 애굽인들의 기세가 꺾였다. 그들의 신을 모두 집결해놓아도 이스라엘의 하나님에게는 상대도 되지 않았다. 애굽 사람들은 밤에 깨어나 장자가 죽임당한 것을 알았다. 그들은 이스라엘의 하나님이 진짜 하나님이심을 인정하는 수밖에 없었다. 그래서 바로는 그 압박에 굴복하고 이스라엘 백성들을 놓아준다.

고대 세계는 이방 종교와 숭배가 난무했다. 나라마다 신 또는 신들을 갖고 있었다. 이 신들의 능력은 전투에서 판가름났다. 군대가 자기 나라 신의 우상이나 상(像)을 전투에 가지고 나오는 것이 예사였다. 군대의 승리는 자기 나라 신의 승리였고 군대의 패배는 자기 나라 신의 패배이기도 했다. 두 군대가 전투에서 만나면 최강의 신을 가진 군대가 유리하다는 가정에서 그렇다.

하나님께서 자신을 알리기 시작하신 것은 이렇게 대단히 미신적이고 군국주의적인 풍토에서였다. 그래서 이스라엘의 역사를 통해 하나님께서 적들의 오만한 콧대를 꺾고 놀라게 하는 방식으로 군사적으로 개입하셨던 것이다.

하나님께서는 왜 여호수아에게 여리고 성을 곧장 공격하기보다 주변을 돌라고 요구하셨을까? 하나님께서는 단순히 가나안 성을 함락시키는 것 이상의 일을 원하셨기 때문이다. 하나님은 주변국들이 이스라엘 군대의 용맹 때문이 아니라 이스라엘의 하나님 때문에 놀라기 원하셨다.

하나님께서는 왜 미디안 진영을 공격하기 전에 병사를 소수로 줄이라고 명령하셨을까(삿 7장)? 같은 이유에서이다. 왜 물매를 든 양치기 소년이 노련한 용사를 죽일 수 있게 하셨던 걸까(삼상 17장)? 왜 여호사밧에게 찬양대를 앞세우고 적진을 향해 전진하게 하셨던 걸까(대하 20:21)? 각 사건마다 하나님께서는 배후에 뭔가 다른 뜻을 두고 계셨다. 그분께서는 이스라엘을 그분의 영광과 힘을 보여줄 거울로 사용하고 계셨다.

때때로 그 거울이 더러워지고 흐려지기도 했다. 이스라엘은 종종 자신들의 힘과 영광의 근원을 잊곤 했다. 이스라엘은 자신들의 거룩함을 잊고 주변국들의 우상 숭배를 받아들였다.

그럴 때마다 하나님은 좋은 아버지처럼, 서둘러 그의 백성들을 훈육하셨다. 훈육은 일반적으로 외국의 침략이라는 형식으로 이루어졌다. 임박해온 군사적, 정치적 혼란과 위협으로 왕들은 자주 회개했고 그때마다 하나님께서는 다시 한 번 역사하셔서 당신의 위력을 보이시며 이스라엘을 구해내셨다. 마치 하나님께서 이렇게 말씀하시는 것 같았다. "사람들이 지켜보고 있다. 나는 너희들이 불순종하는 것을 내버려둘 수가 없다. 그것은 나의 명예에 관한 문제이다. 너희에 관한 문제가 아니다. 나에 관한 문제이다."

그러나 결국, 이스라엘의 지도자들은 하나님을 향한 강퍅한 마음을 돌이키지 않았다. 느부갓네살이 침략하여 나라의 기반을 파괴했고, 고위층과 가장 명석한 지도자들을 바벨론으로 압송했다. 포로로 사로잡히고 독립을 상실하면서 하나님께서는 이스라엘의 우상 숭배와 불신을 징계하셨다. 수년 후 느헤미야가 예루살렘으로 귀환할 무대를 마련하신 시기가 바로 이때의 포로 상태이다.

느헤미야가 성벽 재건 사업에 분주할 동안, 하나님께서는 주변 나라들에게 그분의 능력을 다시 한 번 보여주시기 위해 무대를 세우고 계셨다. 결국 성벽이 완성되었을 때 그 주변국들의 반응을 보라.

> "성벽 역사가 오십이 일 만인 엘룰월 이십오 일에 끝나매 우리의 모든 대적과 주위에 있는 이방 족속들이 이를 듣고 다 두려워하여 크게 낙담하였으니 그들이 우리 하나님께서 이 역사를 이루신 것을 앎이니라"(느 6:15-16).

'낙담하였으니'라는 말은 문자 그대로 그들의 '눈높이가 낮아졌다'라는 뜻이다. 바꾸어 말하면 스스로 높이 여기던 평가가 무너졌다는 의미이다.

그들은 몹시 자만심이 강한 사람들이었다. 그들이 바로 느헤미야와 백성들을 자격이 없다고 비난하던 사람들이었다. 그들은 그렇게 협박을 일삼고 위협하던 무리였다. 그러나 성문이 제자리에 달리자 그 모든 일이 갑자기 중단되었다. 그리고 누가 공적을 인정받게 되었는지 주목하라. 느헤미야가 아니었다. 건축자들이 아니었다. "우리 하나님께서 이 역사를 이루신 것을 앎이니라."

하나님의 도우심으로 느헤미야와 그의 팀이 52일 만에 사람들이 불가능하다고 말하던 일을 이루어냈다. 물론 바로 그 점이 하나님께서 내내 강조하시고자 했던 것이다. 또다시 이스라엘의 주변 나라들이 하나님의 능력과 임재를 보게 되었다.

이전에도 언급했듯이, 이 이야기에서 가장 격려가 되는 것은 기적이 없었다는 사실이다. 하나님께서 분명히 개입하셨지만 초자연적인 일은 아무것도 일어나지 않았다. 바다를 가르는 기적도, 지진도, 재앙도 없었다. 노역, 훌륭한 지도자 그리고 하나님의 손길만이 존재했다.

## 당신에게 있는 기회

당신이 당신의 삶을 향한 하나님의 비전을 추구할 때 포함되는 세부 사항들에 넋을 잃고 있는 동안—좋은 부모와 신실한 배우자 되기, 순결 지키기, 어울리는 이성 찾기, 어울리는 이성 되기, 사업 또는 목회 계획 세우기—하나님께서는 당신이 인식하지 못하는 무언가를 계획하고 계신다.

신약에서 한 가지 중요한 변화가 일어났다. 하나님께서 이방의 빛이 되는 책임을 이스라엘로부터 교회와 성도들 개개인에게로 옮기셨다는 것이다.

예수님께서 그것을 이렇게 설명하셨다.

> "너희는 세상의 빛이라 산 위에 있는 동네가 숨겨지지 못할 것이요 사람이 등불을 켜서 말 아래에 두지 아니하고 등경 위에 두나니 이러므로 집 안 모든 사람에게 비치느니라 이같이 너희 빛이 사람 앞에 비치게 하여 그들로 너희 착한 행실을 보고 하늘에 계신 너희 아버지께 영광을 돌리게 하라"(마 5:14-16).

이전에는 이스라엘과 이스라엘의 군사적 승리에 초점이 맞춰져 있었다면 이제는 우리 삶의 방식과 개인의 인격에 초점이 맞춰지고 있다. 우리는 비전을 좇으며 벽돌을 쌓고 모르타르(시멘트와 모래를 물로 반죽한 것-편주) 위를 절벅거리며 돌아다니면서도 그리스도의 인격을 나타내는 삶을 살아야 한다. 우리는 사람들이 주목할 만한 태도로 행동해야 한다. 더 깊이 관찰해 본 결과, 우리의 삶에 무언가 신성한 것이 있다는 결론을 이끌어내야 한다.

> **블록 쌓기 16** 우리가 추구하는 모든 비전에는 거룩함이 잠재되어 있다.

당신의 삶에 대한 하나님의 궁극적인 계획은 그분께서 당신에게 주신 가족, 사업, 목회, 재정을 향한 비전의 범위를 초월한다. 그분께서는 당신을 독자적인 빛으로서 당신의 문화 가운데 배치해두셨다. 무언가 거룩한 것, 분명히 이 세상에 속하지 않는 것을 절실하게 볼 필요가 있는 세상에 하나의 등대로 세워두셨다.

하나님께서는 당신의 비전과 관련한 성취의 차원을 넘어, 사람들을 그분께로 이끌기 원하신다. 우리의 비전은 좀더 위대한 목적을 위한 수단이다. 즉 하나님의 영광과 인간의 구원이다. 이것이 그분의 궁극적인 목적이자 궁극적인 바람이다.

많은 그리스도인들이 중요한 관계를 잘 모른다. 때문에 우리 교회는 자신들의 삶을 구분하고 싶어하는 사람들로 만원이다. 그들은 종교 생활과 세속 생활을 구분한다. 종교 생활은 하나님과 관계 있는 모든 일을 말하고, 세속 생활은 그 외의 일들이라고 여긴다.

설상가상으로, 그들은 자신들의 세속적인 일들에 대한 하나님의 관심을 과소평가하고, 그들의 종교적인 일에 대한 그분의 관심을 과대평가한다. 결국, 그들은 예루살렘 성벽 재건 사업에는 '종교적인' 요소가 하나도 없다고 평가한다.

그러나 사실, 우리의 세속적인 일에 하나님 나라의 가능성이 더 많이 잠재되어 있다. 세상 사람들이 지켜보는 것은 우리의 세속적인 삶의 영역이다. 시장, 클럽, 각종 모임이야말로 하나님의 거룩한 손길이 절실하게 필요한 환경이다. 그곳이야말로 기꺼이 그렇게 쓰임받기 원하는 사람들을 통해 하나님께서 그분의 능력을 보여주고 싶어하시는 곳이다. '경외의 요소'가 개입될 가능성이 가장 큰 것도 바로 그런 영역의 환경에서다.

그런 이유로 비전에 대한 좀더 넓은 잠재성을 이해하는 사람들은 종교 생활과 세속 생활을 구분하지 않는다. 거룩한 일과 세속적인 일 모두 동일한 목표로 동일한 무대에서 행해진다. 그들은 모든 환경에서 항상 스스로 빛된 존재이다. 특별한 그들에게는 모든 역할, 관계, 책임에 거룩함의 잠재성이 있다. 이들이야말로 진실을 속임수나 전통과 맞바꾸지 않는 특별한 소수이다. 우리 가운데 너무 많은 사람들이 자동차 범퍼 위에 붙인 스티커로, 주일의 스케줄로 스스로를 구분하는 것 같다. 다른 자동차 범퍼에 붙어 있는 물고기 스티커를 보고 마음이 찔려서 신호를 지켰다는 그리스도인 운전자의 이야기를 나는 아직까지도 들어본 적이 없다. 또 우리가 주일 아침에 일상적으로 드리는 예배는 아직까지도 하나님에 대한 경외심을 세상에 분명히 드러내지 못하고 있다.

## 눈에 띄기

드디어 성벽이 완성됨으로써 하나님의 임재와 능력이 두드러지게 나타났다. 하나님께서 우리 앞에 두신 여러 가지 비전을 좇으면서 우리가 생각해야 할 문제는 이것이다. 즉 나의 비전에는 하나님의 임재와 능력을 나타내는 잠재성이 있는가? 느헤미야의 말을 빌려본다면, 이 일이 하나님의 도우심으로 이루어졌음을 사람들이 알 수 있게 하려면 어떤 일이 일어나야 했을까?

나는 하나님께서 그들에게 주신 비전과 그들을 통해 궁극적으로 하나님께서 하기 원하시는 일과의 관계를 이해한 많은 사람들을 만나는 특권을 누렸다. 지금 생각나는 사람들 중 사역자는 하나도 없다. 그러나 그들은 모두 스스로를 사역자로 여긴다.

그들의 생활을 관찰해본 결과, 비신앙인의 관점에서 그들을 바라보면서 주목하게 되는 세 가지 특징을 발견해냈다. 물론 이보다 더 많다. 그러나 여기에서는 놓칠 수 없고 도저히 무시할 수 없는 세 가지만을 소개한다. 말하자면 이 세 가지는 가히 이해할 수 없는 삶의 표식이다.

### 1. 평안

평안은 희귀한 '성품'이다. 사람들은 그것을 인위적으로 만들어내느라 많은 시간과 돈을 쓴다. 화학적으로 이 상태를 만들어낼 수 있다면 이것은 큰 사업이 될 수 있을 것이다. 평안은 눈에 띈다. 사람들의 호기심을 자극하고 수많은 질문을 불러일으킨다.

"어떻게 가만히 앉아서 당하니?"
"그게 무섭지 않아?"
"그를 미워하지 않니?"
"그녀를 용서했어?"
"걱정 안 돼?"
"뭐가 위태로운지 알고 있어?"
"고소 안 할 거야?"
"어떻게 밤에 잠이 오니?"
"늘 이렇게 침착해?"

질과 지미 | 어느 날 지미(Jimmy)는 내게 자신과 9년 간 그리스도에 대해 이야기를 나눠온 한 친구와 함께 점심식사를 하자고 제안했다. 9년이라니!

나는 불신자인 질(Gill)에게 지미와 9년 간이나 교제할 수 있었던 이유가 무엇인지 물어보았다. 내 생각에, 9년이면 그가 지미에게 진저리가 난다고 말할 만반의 준비가 되었을 법한 시간이다.

그는 웃으며 말했다. "간단합니다. 지미는 제가 원하는 것을 갖고 있어요. 걱정하지 않는 거죠."

평안은 이 세상에서 눈에 띄게 빛나는 부분이다. 하나님의 시각에서 볼 때, 당신이 비전을 추구하면서 유지하는 평안은 비전을 이루는 것보다 중요할지도 모른다. 그 점에서 나는 유죄다. 나는 생활의 자질구레한 일들과 압박 때문에 평안과 기쁨을 잃어버리는 시간을 보내곤 했다.

그러나 나의 평안과 기쁨이 나만을 위한 것이 아니라면 어떻게 할 것인가? 평안과 기쁨이 나와 접촉하는 이들의 걸음을 멈추게 하고 호기심을 느끼게 한다면, 그렇게 하시려고 하나님께서 사용하시는 등대라면 어떻게 할 것인가? 나의 평안과 기쁨이 나의 신앙을 누군가에게 진정으로 밝혀주는 요소라면 어떻게 할 것인가? 어두운 세상에서 나의 평안과 기쁨이 더 밝게 빛난다면 어떻게 할 것인가? 또 만사형통할 때보다 사람들의 이목을 집중시킬 기회가 된다면 어떻게 할 것인가?

이 세상에서 평안이 왜 그다지도 밝게 빛나는지 아는가? 당신이 접하는 모든 사람은 그들이 원하는 미래의 그림을 그리며 성인이 되는데, 그들이 그리는 그림의 정서적인 부분에는 하나같이 평안이 들어 있다. 그들은 평안을 평안이라고 말하지 않고 행복이라는 딱지를 붙여놓는다. 무엇보다 그들은 행복하기 원한다.

오랜 시간 추구해왔지만 인생은 그들이 의도했던 대로 이루어지지 않았다. 그들은 처음 의도했던 대로 꽤 많은 물질을 모았다. 그러나 관계에 있어서는 상황이 좋지 않다. 그리고 그들은 정서적으로 매우 공허해져 있다. 그들은 행복하지 않다. 그들에게는 평안이 없다. 그들은 밤에 침대에 누워 천

장을 쳐다보며 안도의 숨을 쉴 수가 없다.

그런데 그들이 드디어 평안을 지닌 누군가를 만났다면 그들은 당연히 그를 주목하게 될 것이다. 그가 가진 평안은 그들의 불안을 더 두드러지게 하고 그들의 어두움을 노출시킨다. 그리고 그들은 평안을 얻을 수 있다는 사실에 직면한 자신을 발견한다.

그런데 요즘 당신은 어떤가? 당신의 비전과 관련해 압력에 저항하고 있는 당신에게 평안이 있는가? 당신의 삶 속에 평안이 있는가 하는 것은 중요한 문제이다. 하나님의 시각에서 볼 때, 당신의 비전이란 단지 당신이 느끼는 평안을 전시하기 위한 기회일 뿐인지도 모른다.

### 2. 건강한 관계

이 세상 모든 사람이 지대한 관심을 보이는 것은 성공적인 관계이다. 우리는 관계를 맺는 일이 어려운 세상에서 살고 있다. 관계에 관한 것이라면 사람들이 얼마나 불합리한지 나는 끊임없이 놀라고 있다. 관계를 맺지 못하는 기능 장애까지 일어나고 있는 형편이다.

사람들은 관계에 환멸을 느낀다. 그들이 원하는 관계의 꿈은 실현되지 않고, 삶은 의도했던 대로 이루어지지 않는다. 사람들은 주변 사람들로부터 가능한 한 많은 사랑과 편애를 얻어내려고 하지만 항상 기대에 못 미친다.

그때 그들은 건강한 결혼과 행복한 가족, 휴일에 집에 가는 것을 즐거워하는 사람들을 보게 된다. 그리고 그들은 의아해한다.

"저들은 저런데 나는 왜 아니지?"

"뭐가 다른데?"

"그들은 어떻게 저렇게 되었을까?"

"그들의 비밀은 뭘까?"

"그들은 참 운이 좋아."

당신이 결혼을 했든 안 했든 상관없이, 당신이 결혼 생활에 대해 비전을 갖는 것은 중요하다. 당신은 가족에 대한 비전을 품을 필요가 있다. 가족 간에 이루어질 수 있고 또 이루어져야 하는 일에 대한 분명한 그림이 필요하다.

일이나 목회를 위해 또는 다른 비전 때문에 당신의 관계를 희생시키지 말라. 일과 목회는 흔하고 평범한 것이다. 성공적인 사업이나 목회는 우리가 흔히 보고 접할 수 있는 것들이다. 그렇지만 바람직한 결혼 생활은 매우 희귀하다. 건강한 가족 관계란 우리에게 예외적인 경우가 되고 말았다.

가정이 흔들리고 있는 성공적인 사업가들은 얼마든지 많다. 결혼 생활이나 가족 관계를 희생시키고 이룩한 사업이나 목회에는 특별함이나 거룩함이 없다.

반면, 큰 사업체를 이루었으면서 동시에 가족도 번창하고 화목한 사람을 내게 보여달라. 그러면 하나님께서 그에게 엄청난 주의를 기울이고 계시다는 것을 당신에게 보여주겠다. 바로 그때 믿지 않는 사람들이 발을 멈추고 경탄한다. 바로 그때 사람들이 하나님께서 개입하셨다는 결론을 내리게 된다.

당신에게 중요한 관계들은 어떤가? 당신의 결혼 생활은 어떤가? 아이들과의 관계는 어떤가? 만일 독신이라면 도덕적 순결의 측면에서는 어떤가? 아버지, 어머니여, 당신은 가족과 당신을 지켜보는 사람들에게 하나님의 능력과 은총을 증거하고 있는가?

당신은 이것이 비전과 무슨 관계가 있느냐고 질문할 것이다. 그러나 모두 관계가 있다. 우리가 비전을 이루기 위해 사람들을 희생시키고 순결을 희생한다면, 우리가 언덕 위의 빛이라는 것은 가당치도 않은 일이다. 만약 그렇게 한다면 우리는 하나님께서 우리의 수고에 복을 더해주실 만한 동기를 없애는 꼴이 된다. 우리 스스로 쓸모없는 존재가 되었으므로 우리는 축복을 받을 수 없게 된다. 그때 우리에게는 하나님께서 주의를 기울이실 만한 거룩한 요소가 모두 사라지고 만다.

리처드와 커트 | 내게는 콘도미니엄을 개발하는 리처드(Richard)라는 친구가 있다. 그에게 커트(Curt)라는 사업 파트너가 있는데 수년간 그들은 많은 돈을 벌었다. 리처드는 52세이고 약 20년 간 그리스도인의 삶을 살아왔다. 그는 내가 만난 이들 가운데 가장 아량이 넘치는 사람이다. 사업의 성공 또한 하나님의 나라와 그 나라의 확장에 기여하라고 허락하신 하나님의 방법임이 너무나 분명해 보였다. 그는 성공해서 유명해졌다. 그는 자신의 모든 성공에 대한 영예를 공개적으로 하나님께 돌렸다.

리처드가 소유한 다른 특별한 특징은 옳은 것에 대한 흔들리지 않는 헌신이다. 그는 정직을 타협해야 하는 거래를 수차례 포기했다. 사실, 그런 이유 때문에 커트는 리처드와의 동업이 즐거웠다. 그는 리처드를 믿을 수 있는 사람이라고 확신했다.

리처드의 믿음, 인격 그리고 든든한 가족 관계에도 불구하고, 커트는 영적인 문제에는 전혀 관심이 없었다. 리처드는 그 문제를 강요하는 것이 어리석은 일임을 알고 있었다. 대신 그는 계속해서 정직한 삶을 실천했다.

11년 간 리처드는 커트를 위해 기도했다. 그러던 어느 날 사업차 서부로 출장길에 올랐을 때, 커트가 리처드에게 불쑥 말을 꺼냈다. "나도 그리스도인이 되었네." 순간 두 사람은 서로를 바라볼 수 없을 만큼 감동했다. 그들은 한마디도 없이 앞만 응시했다. 며칠 후에야 리처드는 모든 이야기를 듣게 되었다.

커트의 가족 관계는 매우 위태롭고 어려운 상황으로 치닫고 있었다. 그도 문제가 있다는 것을 알고 있었지만 어떻게 문제를 해결할지 그 방법을 몰랐다. 그는 사업에는 능숙했지만 가족 관계를 회복시키는 일은 어찌해야 할지 몰랐다.

마약 중독인 아들을 입원시켜야 했을 때 그의 상태는 최악이었다. 가정의 붕괴에서 오는 압박감이 커트를 무너뜨렸다. 그러는 동안 그는 줄곧 리처드와 그의 가족을 지켜보았다. 그것은 그가 늘 바라던 그림이었는데도 자신의 힘으로는 성취할 수 없었다. 마지막 희망마저 사라져버리자 그는 이제 남은 선택은 하나님께 도움을 구하는 것임을 깨달았다.

현재 커트와 그의 가족은 힘을 모아 상황을 회복해가고 있다. 커트는 매주 예배에 참석하고 있으며, 리처드가 권하는 책은 모조리 읽고 있다. 그의 아들은 퇴원했다. 커트와 그의 아내는 그들의 결혼 생활을 재건하고 있다.

비전을 좇는 동안 중요한 관계를 희생시키지 말라. 비전의 세부 사항에 사로잡힐 때 관계를 단순화하고 싶다는 유혹을 받는다. 결국, 비전의 요소는 절박하지만 관계는 절박하지 않기 때문이다.

그럴지라도 기억하라. 관계가 아니라면 당신의 비전은 세상적인 것이 되어버리고 만다. 당신의 비전에 거룩함을 더하는 것이 바로 관계임을 잊지 말라.

### 3. 인격

우리를 언덕 위의 빛으로 세워주는 그리스도인의 불가피한 세 번째 표식은 인격이다. 그리스도인에게 인격이란 하나님께서 옳다고 하시는 일을 개인적인 손해를 개의치 않고 행하는 것이다.

이런 인격은 아주 희귀하고 고매한 것이라 사람들은 그것을 의심스러운 시선으로 바라본다. 그들은 우리에게 감추어진 다른 계획이 있을 거라고 가정한다. 옳은 것을 위해 옳다고 하는 것은, 그들로서는 들어본 적이 없는 일이기 때문이다. 나는 때때로 사람들을 불편하게 하는 인격의 예들을 보게 된다. 인격이란 우리 사회의 도덕적인 관계에서 벗어난 비절대론에 역행하는 것이다. 물론 정확히 이 점 때문에 인격은 사람들의 주의를 끌고 또 하나님 나라의 수많은 가능성을 내포한다.

인격은 꿈을 추구하는 동안에는 외면하기 쉬운 것이다. 앞에서 토의했듯이, 모든 비전에는 성취하는 지름길이 있다. 그런데 이 지름길은 대개 정직을 포기하라고 요구한다. 겉으로 보기에 중요하지 않은 것 같은 이 타협에는 아이러니가 있다. 타협이 비전의 진보를 가속화하는 동시에 우리의 성공을 서서히 손상시킨다는 점이다. 지름길은 우리가 목적지에 도착하는 데 걸리는 시간을 단축시켜준다. 그러나 우리가 목적지에 도착할 때쯤에는 이미 부정직과 타협했다는 사실 때문에 가슴을 치게 될 것이다.

만일 비전을 위해 우리의 인격을 희생한다면 하나님께서는 그 과정에서 떠나신다. 그분은 기만 위에서 이루어진 어떤 것으로도 영광을 받으실 수 없다. 그것은 기만에게 영광을 돌리는 일이다. 타협한다면 우리는 축복을 받을 수 없다. 우리가 우리의 인격을 훼손한다면 우리가 비전을 통해 이룩할 수 있는 하나님 나라의 가능성마저 심각하게 축소시키게 될 것이다.

**닉과 앨리슨** | 닉(Nick)은 애틀랜타 중소 정보 서비스 업체의 자금 관리 이사다. 닉은 결혼할 때 아내가 아닌 이성과 식사를 하거나 함께 자동차를 타지 않겠다고 결심했다. 닉은 '사업' 관계가 다른 식으로 발전하는 경우를 너무나 많이 보았다. 그는 결혼 생활과 가족에 대한 비전을 갖고 있었다. 이 결심은 그 비전을 보호하기 위한 방법이었다.

그의 의도가 아무리 고결하더라도, 그 결심은 업무상의 불편을 초래할 수밖에 없다. 회사의 자금 관리 이사로서 그는 판매자와 고객들의 관계를 촉진시켜야 한다. 그 일은 많은 점심 식사를 의미하며 여성 회계 대리인들과의 점심 미팅을 거절해야 하는 것이다. 이러한 그의 기준은 상대의 기분을 상하게 할 수 있었다. 그럼에도 불구하고 그는 자신이 옳다고 믿는 바를 고수했다.

닉이 맡은 책임 가운데는 회사와 은행의 관계를 양성화하고 보호하는 일이 있었다. 그의 회사에 임명된 회계 대리는 앨리슨(Allison)이라는 젊은 독신녀였다. 앨리슨은 그녀의 고객과 좋은 관계를 유지하기 위해서 닉에게 점심식사를 제안했다. 닉은 다른 설명 없이 정중하게 거절했다. 그러나 앨리슨은 계속 고집을 피웠다.

머지않아 이 때문에 그들 사이에 긴장감이 조성되었다. 닉은 앨리슨에게 설명을 하기로 마음먹고 자신의 결심에 대해 들려주었다. 그는 그 일이 그녀와 아무 관계가 없다는 것과 다른 모든 여성들에게도 그 자세를 유지하고 있다고 설명했다.

그런데 도리어 앨리슨이 호기심을 나타냈다. 그녀는 닉에게 질문하기 시작했다. 그녀는 닉에게 결혼 생활에 충실하기 위해 그렇게 진지하게 노력하는 남자는 한 번도 보지 못했다고 말했다. 그녀의 세계에서는 그 반대의 경우가 일반적이었다.

대화를 하던 중 닉은 그리스도를 향한 자신의 신앙에 관해 앨리슨과 허물없이 나누고 싶은 마음이 들었다. 닉은 앨리슨과 복음을 나누었다. 그녀는 크게 감동했고 닉은 앨리슨에게 그리스도를 구원자로 받아들이겠느냐고 물었다. 놀랍게도 앨리슨은 그리스도를 영접했다.

**영화 속에서나** | 어쩌면 당신은 이런 생각을 하고 있을지도 모른다. "그런 일은 내게 절대로 일어나지 않아!" 심지어 이렇게 생각할지도 모른다. "닉에게 일어난 일을 나는 믿지 못하겠어." 또 저쪽에서 누군가가 이렇게 말한다. "닉과 같은 사람이 있다는 것을 믿을 수 없어."

왜 이런 일이 당신에게 일어나지 못하겠는가? 글쎄, 이 말을 오해하지 말기 바란다. 어쩌면 당신은 인격적인 면에서 다른 사람들의 마음을 사로잡지 못하고 있기 때문일 것이다. 당신의 행위가 올바른 주의를 끌지 못하는 것일 수도 있다. 끝내 직장에서도 타협하지 않았던 그의 인격은 결국 누군가로부터 "왜?" 혹은 "어떻게?"라는 질문을 받게 될 것이다. 대단히 드문 경우

이기 때문에 주목하지 않을 수 없다.

가족을 향한 닉의 비전은 하나님께서 그분의 계획을 이루시기 위해 사용하신 촉매였다. 즉 그분에게로 주의를 끄시고자 함이었다. 닉이 그러한 결심을 했을 때, 그는 가족을 위해 품었던 비전의 견지에서 생각하고 있었다. 그러나 그 결심은 닉이 타협을 거절함으로써 닉을 언덕 위의 빛으로 세워주었다.

그것이 하나님의 방식이다.

## 언덕 위의 성

당신은 이런 성경 구절로 기도해본 적이 있는가? "아버지, 저의 빛을 사람 앞에 비치게 하여 그들이 저의 착한 행실을 보고 하늘에 계신 나의 아버지께 영광을 돌리게 하소서"(마 5:16).

나는 그런 기도를 그다지 자주 듣지 못했다. 우리의 기도는 우리의 개인적인 비전과 꿈 사이에서 맴돈다. 우리는 대체로 우리의 기도 에너지를 하나님께 무언가 축복해달라는 것에, 누군가를 변화시켜달라는 것에 그리고 우리가 계획한 사업을 성공시켜달라는 것에 쏟는다. 하지만 그분은 빛을 이해하지 못하는 환경에서 당신의 빛을 계속 비치게 하시는 데 더 관심을 두신다. 우리의 모든 계획과 꿈 그리고 비전은 하나님이 다른 사람들의 주의를 끄시고 그들을 이끄시려는 기회일 뿐이다.

당신이 가족을 위해 기도할 때, 가족의 보호와 축복만을 구하는 간구를 드리지 말라. 당신의 가족을 그들이 있는 곳에서 빛으로 세워달라고 기도하라. 당신이 그토록 애쓰며 노력하는 당신의 가정을 다른 사람들의 주의를 끄는 도구로 사용해달라고 구하라. 다른 사람들이 당신의 가정 생활과 삶의 모습에서 거룩한 요소를 찾을 수 있게 해달라고 구하라.

재정과 사업의 성공을 위해 기도할 때도 신앙과 관계없는 사람들이 깜짝 놀라서 주목하는 방식으로 모든 일을 해결해달라고 구하라. 느헤미야처럼 당신의 성공이 하나님의 도우심 때문이었음을 주변 모든 사람이 깨달을 수 있게 해달라고 기도하라.

우리가 이러한 권고를 진지하게 받아들이지 않는 이유가 있다. 그것은 누군가 우리를 지켜보고 있다고 생각하지 않기 때문이다. 안심하라. 그들은 지켜보고 있다. 당신이 그들을 주시하는 것과 마찬가지로, 그들은 당신을 주시하고 있다. 우리는 서로 지켜보고 대화하는 것을 좋아한다. 그것이 인간의 본성이다.

초대받은 이웃집을 떠나며 당신이 그들에 대해 이야기하듯이, 그들도 당신에 대해 이야기할 것이다.

"남편이 애들한테 어떻게 말하는지 들었지?"

"남편이 말할 때 아내의 눈빛 봤지?"

"저들은 행복해 보여."

"그 카펫을 세탁한 적이 있다고 생각해?"

사무실에서 당신은 동료들이 일하는 태도를 주시한다. 당신이 고용주라면 종업원들이 회사의 일을 맡아 처리하는 태도를 끊임없이 주시할 것이다. 만일 당신이 부모라면 다른 부모들이 자녀들을 어떻게 다루는지 그 태도를 지켜볼 것이다. 만일 당신이 결혼했다면 당신은 다른 부부가 서로를 대하는 태도를 지켜볼 것이다. 만약 당신이 미혼이라면 모든 사람을 주시할 것이다.

우리 모두 서로를 주시하고 있다. 우리는 선한 사람들과 나쁜 사람들을 알아본다. 우리는 신체적으로, 재정적으로, 사회적으로 비교한다. 우리는 선망한다. 우리는 갈망한다. 우리는 잡담을 나눈다. 우리는 비판한다. 그리고 우리는 시기한다. 왜냐하면 우리 모두는 사람을 주시하는 사람들이기 때문이다. 그러니 사실은 사실대로 인정하자. 즉 사람들은 당신을 주시하고, 당신에 대해 이야기하고, 비판하고, 때로는 시기하고 있다는 점을 인정하라.

문제는 이것이다. 그들은 무엇을 보는가? 그들은 누구를 보는가? 그들은 당신의 모든 성공을 열심과 행운 때문이라고 생각하는가? 아니면 당신의 삶에는 그들이 발길을 멈추고 경탄하도록 하는 무엇이 있는가?

사람들은 지켜보고 있다. 그들은 무언가 진정한 것을 찾고 있다. 그리고 그들이 그것을 보게 되었을 때, 결국 그에 대해 물어올 것이다.

내게 피트(Pete)라는 좋은 친구가 있다. 피트는 그리스도인이 된 지 2년이 되었다. 그는 구(舊) 소련 출신이다. 그는 열 살 때까지 예수라는 이름을 한 번도 들어본 적이 없다. 피트가 열두 살 때 온 가족이 미국으로 망명했다. 그의 부모님은 불가지론자였고 피트에게 종교를 권한 적이 없었다.

내가 피트를 만났을 때 그는 그리스도인은 아니었지만 기독교에 대해 상당히 많은 질문을 했다. 나는 가능한 모든 질문에 기꺼이 답해주겠다고 했다. 우리는 격주에 한 번 함께 점심 식사를 하기 시작했다. 그렇게 열 달이 지났다.

나는 피트에게 왜 그렇게 복음에 관심이 있느냐고 물어보았다. 그는 이렇게 말했다.

"나는 내가 꿈꾸는 결혼 생활을 하고 있는 여러 가족과 함께 일하고 있어요. 그들은 모두 그리스도인입니다. 나는 그들이 그리스도인이기 때문에 그런 삶이 가능하다는 것을 알게 되었습니다."

열 달 간의 성경 공부와 토론 후, 피트는 그리스도를 영접했다. 그것이 가능했던 건 그의 주변에서 세상과 다른 모습으로 가정을 꾸리고 사업을 했던 이들이 있었기 때문이다. 피트는 그들에게서 무언가 거룩한 것을 목격했고, 그들을 통해 언젠가 자신도 그런 결혼 생활을 할 수 있으리라는 비전을 품게 되었던 것이다. 그들은 지켜볼 만한 가치 있는 삶을 살았고, 그들도 모르게 피트는 그들을 보고 있었던 것이다.

과거 이스라엘에게 있던 책임이 이제 당신의 어깨 위에 놓였다. 당신은 세상의 빛으로 거기에 있다. 당신은 언덕 위의 성이다.

당신은 어두운 밤을 밝히는 등대이다.

하나님께서 주시는 성공은 당신 혼자만을 위한 것이 아니다. 훨씬 더 위대한 목적을 위한 수단이다. 거룩하고 영원한 목적을 위한 수단이다. 당신이 하는 모든 일에는 잠재된 거룩함이 있다. 완성된 예루살렘 성벽을 보았을 때, 주변국들은 그 일이 하나님의 도우심으로 이루어졌음을 알았다. 나는 세상 사람들이 당신의 삶을 보고 같은 결론을 내리기를 소망한다.

# VISIONEERING PROJECT

**비저니어링 프로젝트 15**

1. 당신의 비전에 잠재된 거룩함은 무엇인가? 당신의 비전이 미칠 영원한 결과는 무엇인가?

2. 당신의 삶과 일에 하나님 나라를 위한 역할을 더하려면 당신은 어떻게 해야 하는가? 언덕 위의 빛이 되려면 구체적으로 무엇을 해야 하는가?

3. 당신은 비전을 좇다가 평안을 잃은 적이 있는가?

    - 평안은 일반적으로 시각의 문제다. 그러므로 그 시각을 회복하라.
    - 평안은 성령의 열매다. 그러므로 성령에 복종하라.

4. 당신은 비전을 성취하기 위해 당신의 인격을 희생하고 있는가?

    - 그렇게 하지 말라. 당신이 받아야 할 칭찬을 망치고 있다.
    - 당신의 성실함과 비전을 통해 이루어질 하나님 나라 사이에는 직접적인 관계가 있다.

5. 당신은 비전을 위해 관계를 축소시키고 있지는 않은가?

    - 당신이 소홀하게 대했던 사람들에게 용서를 구하라.
    - 당신의 주요 관계에 대해 누군가에게 정기적으로 말하라.

6. 이렇게 기도를 시작하라. "아버지, 저의 빛을 사람 앞에 비치게 하여 그들이 저의 착한 행실을 보고 하늘에 계신 나의 아버지께 영광을 돌리게 하소서."

Visioneering

## 16장 | 목적지

하나님께서는 늘 그분이 계획하신 비전 한가운데서 자신을 나타내신다. 그분이 자신을 나타내실 때 일반적으로 '무엇이' 이루어졌느냐에서 '누가' 이루었느냐로 시점이 바뀐다. 하나님께서 허락하신 비전과 관련해 가장 중요한 비밀이 여기에 있다.

> **블록 쌓기 17**   하나님께서 주신 비전의 목적은 바로 하나님이시다.

만약 우리가 하나님께서 주신 비전을 좇고 있다면 하나님께서 우리를 대신하여 행하신 일을 경외감으로 바라보는 순간이 있을 것이다. 그 순간 우리는 우리의 솜씨보다는 하늘에 계신 아버지의 솜씨를 주목하게 될 것이다.

우리의 비전은 우리를 통해 무언가를 하시려고 하나님께서 사용하시는 통로일 뿐만 아니라 우리 '안'에 무언가를 이루시려는 통로이기도 하다. 그분의 간섭하심에 대한 우리의 자연스러운 반응은 경배와 굴복과 순종이다.

하나님께서 나타나실 때 모든 사람이 영향을 받는다. 신자나 불신자, 헌신하는 자나 헌신하지 않는 자, 그것은 중요하지 않다. 극히 미세한 하나님의 임재의 능력이라도 그 흔적을 남기게 되는데, 바울은 "모든 무릎이 내게 꿇을 것이요" 또 "모든 혀가 하나님께 자백할"(롬 14:11) 날이 오리라고 자신 있게 말하고 있다. 심판 날에는 아무도 그분의 영광을 가릴 수 없으며 어느 누구도 그 심판을 견딜 수 없을 것이다.

한편, 하나님께서는 자신의 임재와 영광을 간략한 방식을 통해, 지속적으로 알리고 계신다. 때때로 하나님께서는 세상에 나타나시며 우리에게 그 영광을 보이신다. 그분이 나타나실 때 우리는 변화된다.

예수님이 베드로와 함께 그물을 던진 때를 기억하는가? 베드로는 밤새도록 고기를 잡았지만 엉킨 그물 말고는 아무것도 건질 수 없었다. 호수 한가운데로 다시 노를 저어간다는 생각을 베드로는 한 번도 해본 적이 없었다. 게다가 이번에는 그들을 지켜보는 사람들까지 있다. 많은 무리가 예수님께 몰려들었다. 한낮에도 물고기를 잡지 못했다는 것을 그들 모두가 알고 있었다. 물이 너무 따뜻했다. 물고기는 더 깊고 더 시원한 호수 쪽에 있을 것이다. 그러나 베드로는 예수님의 요청에 굴복했고 자기도 모르는 사이에 다른 사람들에게 도움을 청할 만큼 많은 물고기를 잡아 올리게 되었다.

이 이야기에서 내가 좋아하는 부분은 베드로의 반응이다. 사람들은 아마 이런 반응을 예상했을 것이다. "야, 이 물고기들 좀 봐! 일주일 동안 일하지 않아도 되겠다!" 그러나 베드로는 하나님의 능력을 직접 경험했고, 누가는 베드로의 반응을 이렇게 묘사했다. "시몬 베드로가 이를 보고 예수의 무릎 아래에 엎드려 이르되 주여 나를 떠나소서 나는 죄인이로소이다"(눅 5:8).

하나님께서 나타나실 때 초점이 이동한다. 만유의 하나님께서 그분의 임재를 알리실 때 불룩한 그물 따위는 중요하지 않다. 그런 의미에서 본다면 오랜 시간 폐허 상태로 있던 성벽 재건도 그다지 중요하지 않았다.

## 각성

산발랏과 그의 동료들만이 하나님께서 이스라엘을 위해 간섭하셨다는 것을 알게 된 유일한 사람들은 아니었다. 이스라엘 사람들도 알게 되었다. 그런데 그들은 이해가 좀 더뎠다.

성벽이 완성되자 건축자들은 자신들의 집으로 돌아갔다. 그들은 원래의 삶으로 돌아갈 각오가 되어 있었다. 지난 몇 달 동안 그들의 생활은 붕괴되어 있었고, 이듬해의 수확도 생각해야 했다.

그런데 그들이 일상으로 돌아가려던 순간 지금까지 경험한 일들의 중요성이 마음속에 되살아나기 시작했다. 격렬했던 52일 간의 공사 기간 동안 하나님께서 자신들을 보호하시고 축복하셨다는 생각이 떠오르자 그들은 죄의식과 감사로 벅차올랐다. 죄 의식이 든 것은 여러 해 동안 그들이 하나님의 율법을 무시했기 때문이었다. 감사한 것은 그런 불순종에도 불구하고 하나님께서 그들을 축복하시려고 택하셨음을 깨닫게 되었기 때문이다. 하나님의 간섭이 없었더라면 성벽을 완성할 수 없었음을 그들은 뼈저리게 깨달았다. 때문에 백성들은 영적으로 무감각했던 세월에 대해 깊이 후회하기 시작했다.

성벽은 새해가 시작되기 6일 전에 완성되었다. 율법에 따르면 이때는 유다 사람들이 나팔절을 축하하는 절기였다. 그러나 당시 이스라엘 사람들에게 나팔절은 단지 일을 쉴 수 있는 구실일 뿐이었다. 그들은 특별한 의미를 갖지 않았다.

그런데 이 특별한 정월 초하루에, 백성들은 자발적으로 예루살렘 광장에 몰려들기 시작했다. 축하 의식이나 종교적 의식이 계획되어 있지는 않았다. 백성들의 즉흥적인 모임이었다. 하나님께서 그들 가운데 강림하셨다. 그리고 이제 그분께 합당한 감사와 헌신을 돌려드릴 차례였다.

그런데 무리 중 누군가 그들이 하나님의 말씀을 들을 필요가 있다는 생각을 하게 되었다. 그래서 그들은 율법 학사인 에스라에게 율법책을 가지고 나와 자신들에게 읽어줄 것을 요청했다.

"모든 백성이 일제히 수문 앞 광장에 모여 학사 에스라에게 여호와께서 이스라엘에게 명령하신 모세의 율법책을 가져오기를 청하매 일곱째 달 초하루에 제사장 에스라가 율법책을 가지고 회중 앞 곧 남자나 여자나 알아들을 만한 모든 사람 앞에 이르러 수문 앞 광장에서 새벽부터 정오까지 남자나 여자나 알아들을 만한 모든 사람 앞에서 읽으매 뭇 백성이 그 율법책에 귀를 기울였는데"(느 8:1-3).

그들은 대여섯 시간 동안 서서 에스라가 읽는 율법을 경청했다. 에스라가 읽기 시작했을 때 그들의 반응을 주목해보라.

"에스라가 모든 백성 위에 서서 그들 목전에 책을 펴니 책을 펼 때에 모든 백성이 일어서니라 에스라가 위대하신 하나님 여호와를 송축하매 모든 백성이 손을 들고 아멘 아멘 하고 응답하고 몸을 굽혀 얼굴을 땅에 대고 여호와께 경배하니라"(5-6절).

마치 백성들이 갑자기 자신들의 영적 상태를 각성하게 된 것만 같았다. 아담과 하와처럼 그들은 자신들이 옷을 벗고 있음을 깨달았다. 그리고 곧 수치감이 몰려왔다. 말씀을 읽을 때 백성들이 울었다고 느헤미야는 말한다(9절).

이 장면에서 가장 주목할 부분은 성벽에 관해서는 단 한마디의 언급도 없다는 점이다. 분명히 성벽 재건은 하나님과 그분의 율법에 대해 백성들의 관심을 회복시킨 촉매였다. 그러나 마치 성벽은 잊어버린 듯했다. 성벽 재건의 완성을 축하했다는 언급조차도 없다. 어느 누구도 파티를 제안하지 않았다. 그들의 초점은 재건된 성벽의 비전에서 그들에게 비전을 베풀어주신 하나님께로 향했다.

이것은 베드로와 그의 찢어질 듯한 그물에서도 알 수 있다. 하나님께서 강림하셨다. 그분께서 개입하시자 물고기와 성벽 따위에 대해서는 어느 누구도 말하고 싶어하지 않는다. 그것이 중요하지 않다. 두 가지 사건에서 하나님은 그 사건과 관련된 모든 사람의 주의를 그분께로 집중시키셨다. 이것이 하나님의 방법이다.

### 잊어버린 절기

이스라엘 백성이 여섯 시간 동안 서서 책 읽는 것을 경청했다. 나라면 그 정도로 충분했을 것 같다. 그러나 다음 날이 되자 그들은 또다시 모였다.

에스라가 레위기를 읽어내려가자 그들은 하나님께서 백성들에게 그 해 첫 달 동안에 또 다른 절기를 명하고 계시다는 사실을 발견하고는 매우 놀랐다. 이 특별한 절기는 레위기에 초막절이나 초막이라고 언급된다(레 23:34, 39).

이 절기는 하나님께서 이스라엘 백성을 애굽으로부터 구원해주시고 광야에서 먹여 살리신 일을 상기시키고자 계획된 것이었다. 하나님께서는 백성들이 결국에는 가나안에서 정착하게 될 것을 알고 계셨다. 백성들이 정착했을 때 유목민으로 지내던 세월 동안 하나님께서 그들을 어떻게 돌보셨고 어떤 것을 먹이셨는지 잊게 되리라는 것을 하나님은 알고 계셨다.

초막절은 7일 간 지속해야 했다. 절기 동안 백성들은 나뭇가지로 만든 초막이나 헛간에서 지내야 했다. 초막은 선조들이 광야를 여행하면서 사용했던 집과 비슷한 주거 환경이다.

이스라엘은 수백 년 전 여호수아 때부터 적절한 형식을 갖추어서 이 절기를 지키지는 않았던 것 같다. 중요해 보이지 않았던 것이다. 더욱이 앞마당에 초막을 짓는다는 것이 몹시 불편하기도 했을 것이다.

하나님은 당신이 그 백성들을 먹이시고 보호하시며 간섭하셨음을 상기시키는 시청각 교육 자재로 이 절기를 만드셨다. 그런데 그들은 이 시청각 자료를 무시함으로써 하나님의 약속을 잊었고 결국 하나님도 잊게 되었다.

그러나 이 날은 영적인 회복의 날이었다. 그들은 초막을 짓느라 분주했다. 왜냐하면 하나님께서 명령하셨기 때문이다. 그것이면 족했다. 옛날 이스라엘 백성처럼 그들은 하나님의 능력을 직접 경험했다. 그분의 명령이 이제 이유가 되었다.

> "백성이 이에 나가서 나뭇가지를 가져다가 혹은 지붕 위에, 혹은 뜰 안에, 혹은 하나님의 전 뜰에, 혹은 수문 광장에, 혹은 에브라임 문 광장에 초막을 짓되 사로잡혔다가 돌아온 회중이 다 초막을 짓고 그 안에서 거하니 눈의 아들 여호수아 때로부터 그 날까지 이스라엘 자손이 이같이 행한 일이 없었으므로 이에 크게 기뻐하며"(느 8:16-17).

하나님께서 간섭하실 때 사람들의 주목은 그분께로 모아진다. 하나님의 간섭하심을 인식하게 되면 진정한 경배와 의심 없는 순종이 나타난다. 이것이 하나님께서 당신에게 비전을 주신 궁극적인 계획이다. 그분께서는 자신이 만드신 비전의 종착지에 서 계신다. 당신의 비전은 그분의 영광을 위한 것이다. 그분은 그 끝에 계신다. 그분께서 그 노선의 목적지이시다.

하나님께서는 이스라엘 백성들을 데려가셨던 곳으로 당신을 데려가고 싶어하신다. 진지한 경배가 있고 자발적인 경배가 행해지는 곳, 감사하는 마음이 충만한 순종으로 이어지는 곳으로 데려가기 원하신다. 비전은 우리를 그런 경험으로 안내하기 위한 그분의 중요한 도구 가운데 하나이다.

예수님께 복종하고 그분을 구원자로 영접한 자녀를 둔 부모라면 내가 말하는 바를 잘 알 것이다. 그것은 모든 그리스도인 부모들이 자녀에게 기대하는 순간이다. 그러나 우리는 자녀들을 결단의 순간으로 이끌기 위해 우리가 할 수 있는 일이 많다고 생각하며 살고 있다. 그러나 그 비전이 현실이 되기 위해서는 하나님께서 아이의 마음속에 직접 개입하셔야 한다.

우리 큰아들 앤드류(Andrew)가 자기 마음속에 예수님을 초청하는 모습을 지켜보며 나와 아내는 그 아이를 그 순간으로 인도하기 위해 별다르게 애쓴 일이 없다는 생각이 들었다. 그래서 하나님께서 앤드류를 위해 개입해주신 것에 깊은 감사를 드렸다. 앤드류가 기도할 때 나는 경배했다.

이루어질 수 있고 또 이루어져야 한다고 내가 알고 있던 것은 현실이 되고 있었다. 그런데 그 과정에서 내 역할이란 여섯 살배기 아들의 마음속에 분명히 행하신 하나님의 은총의 역사에 가려졌고, 그 순간 나는 하나님께 경배와 순종을 드리며 아들의 삶에 개입해주신 데 대해 반응하고 있었을 뿐이다. 그 만남의 순간, 나는 하나님을 위해 하나님께 경배드리는 처소로 인도되었다.

하나님께서 우리를 인도하고 싶어하시는 처소는 바로 '하나님을 위한 하나님'의 처소이다. 그 순간 우리가 경배하는 것은 경배하도록 지시를 받기 때문이 아니다. 그렇게 하는 것이 유일하고 합당한 일이기 때문이다. 그곳에는 믿음의 한계가 없다. 그곳에서 우리는 약속 때문이 아니라 우리에게 하나님을 신뢰하도록 요청하시는 하나님의 인격 때문에 그분을 신뢰한다.

당신의 비전을 성취하는 것보다 더 중요한 것은 당신을 향한 하나님의 비전을 성취하는 것이다. 하나님께서는 당신이 그분의 자녀로서, 당신의 생각과 믿음과 행위가 그리스도의 형상을 닮는 분량까지 성장하기를 기대하신다. 인격과 시각과 행실이 그리스도를 나타내는 사람으로 성장하기 원하신다.

에베소 교회 성도들에게 보내는 편지에서 바울은 하나님을 위한 비전을 전하고 있다. 하나님께서 영적인 은사를 교회에 주시는 목적은 다음과 같다고 말한다.

"…그리스도의 몸을 세우려 하심이라 우리가 다 하나님의 아들을 믿는 것과 아는 일에 하나가 되어 온전한 사람을 이루어 그리스도의 장성한 분량이 충만한 데까지 이르리니"(엡 4:12 하-13).

당신과 나를 향한 하나님의 비전은 성숙이다. 하나님의 약속보다 하나님의 인격에 얼마나 기꺼이 반응하느냐로 영적 성숙도를 판단할 수 있다. 우리가 무엇을 하도록 부르심을 받느냐보다 누가 불렀느냐가 더 중요한 위치를 차지하는 것이 영적 성숙이다. 당신의 비전은 하나님께서 당신을 그 위치로 데려가시기 위해 사용하시는 통로이다. 그리고 일단 그곳에 도달하면, 하나님께서 당신의 앞뜰에 초막을 짓고 그 안에서 일주일 동안 살라고 말씀하실 때 당신은 아무런 질문 없이 나뭇가지를 모으기 시작할 것이다.

## 칙필에이 레스토랑

칙필에이(Chick-Fil-A) 레스토랑 체인의 설립자인 트루엣 캐시(Truett Cathy)는, 그의 태도나 생활 양식 면에서 그리고 레스토랑 사업을 개척하는 동안 하나님께서 행하신 모든 일에 대해 감사하고 있다.

1945년 트루엣과 그의 형제 벤(Ben)은 레스토랑을 지어 함께 운영할 비전을 가지고 자금을 공동 출자했다. 트루엣은 차까지 팔아서 애틀랜타 제일은행의 도움으로 10,600달러를 공동 출자할 수 있었다. 트루엣은 그의 저서 『실패보다 성공이 쉽다』(It's Easier to Succeed Than to Fall)에서, 건축 자재가 품귀였던 제2차 세계 대전 시절의 어려움에 대해 설명한다. 그때에도 큰 건축업자들은 무엇이든 구할 수 있었지만 트루엣과 벤은 그렇지 못했다. 그들은 중고 건축 자재를 구입해야만 했다. 못을 구하기가 너무 힘들어서 사용했던 못을 다시 펴서 써야 할 지경이었다.

건물이 완공되면서 그들은 두 번째 어려움에 직면한다. 그들은 식료품을 충분히 구할 수 없었다. 세계 대전 직후의 경제 상태에서 고기를 구하기란 매우 어려운 일이었다. 좀더 크고 자리가 잡힌 레스토랑들은 이미 정부의 규제와 통제를 피하는 법까지 탐색해두고 있었다. 그러나 아무것도 없이 시작한 두 사람에게는 통제가 심한 업계에서 식품을 구할 방법이 없었다.

이런 어려움에도 불구하고, 트루엣과 벤은 예정대로 1946년 5월에 드월프 그릴(Dwarf Grill)을 개업했다. 개업 첫날 건물 주변을 거닐면서, 트루엣은 하나님의 섭리와 돌보심과 간섭하심에 몹시 감격했다. 그는 하나님의 도움이 없었다면 드월프 그릴(2년 후에 드월프 하우스라고 개명했다)이란 단지 좋은 아이디어에 지나지 않았을 것이라고 말했다.

> 나는 혼자 건물 주변을 거닐었다. 나의 가슴은 표현할 수 없는 행복으로 충만했다. 나는 우리를 도와주시고 우리에게 시작할 수 있는 용기와 그 사업을 계속해나갈 수 있는 용기를 주신 하나님께 감사드렸다.[1]

몇 년 동안 트루엣의 비전은 성장했다. 그는 이렇게 말했다. "아이디어는 하나님께로부터 온다. 그러나 아이디어는 지속되지 않는다. 아이디어를 좇아 행동해야 한다."[2] 1967년 트루엣은 그의 새로운 아이디어를 행동에 옮겼다. 그는 최초의 칙필에이를 짓고 헌당했다. 시간이 지나면서 트루엣과 그의 팀은 칙필에이로 연간 총수입 10억 달러에 육박하는 국제적인 레스토랑 체인을 만들어나갔다.

트루엣과 가까운 사람들은 사업 초창기에 하나님께서 그에게 신실하셨음을 그가 잊은 적이 없다고 증언한다. 그는 자신을 위한 하나님의 간섭하

---

1. S. Truett Cathy, *It's Easier to Succeed Than to Fail*(Oliver Nelson Books, A division of Thomas Nelson Pub. 1989), 50.
2. 같은 책 119.

심에 계속 놀랄 뿐이었다. 이 감사 의식은 그 회사의 설립 목적문에 잘 나타나 있다.

> 우리에게 맡겨진 모든 일에 신실한 청지기가 됨으로써 하나님께 영광을 돌린다. 칙필에이를 접하게 되는 모든 이에게 긍정적인 영향을 끼친다.[3]

흥미롭게도, 이 목적문은 회사가 최초로 연간 매출이 감소했을 때 만들어졌다. 하룻밤 사이에 칙필에이는 의미에 중심 가치를 두는 일을 포기해야 할 경제적 불확실성에 직면했다. 인간적으로 말해서, 트루엣에게는 그럴 수 있는 충분한 이유가 있었다.

> 나는 처참한 매출액을 무시할 수 없었다. 레스토랑의 수는 더 많아졌지만 우리의 실제 매출은 하락했다. 나는 우리가 직면하고 있는 문제를 바라보았다. 쇼핑몰 다섯 군데를 개업할 계획이었지만 여러 달 동안 개발업자에 의해 일이 연기되고 있었다. 우리는 전체 프로그램을 쇼핑몰 개업 일자에 맞추고 있었다. 그것은 레스토랑을 소유하지 못한 경영자에게 돈을 지불해야 한다는 뜻이다. 게다가 미국 경제가 엄청난 인플레이션으로 휘청거렸고 이율이 23퍼센트 치솟았는데, 한동안 우리는 이자를 내야 했다. 나는 압박감을 느꼈다. 나는 빚이 두려웠으나 이미 몇 개의 시설에 대한 임대 계약에 사인을 한 상태라 피할 수가 없었다. 무엇을 바라보든, 어느 방향이든 상황은 어려웠다. 나는 벌어지고 있는 일을 이해할 수가 없었다.[4]

---

3. 같은 책 155.
4. 같은 책 154-155.

이렇게 한참 어려울 때, 트루엣과 그의 직원들은 회사 설립 목적문을 붙들고 이겨나가기로 결정했다. 회사의 장래가 위기에 처했을 때, 그들이 자신들의 신앙과 관련하여 그렇게 대담하게 나오자 직원들의 반감이 커졌다. 그러나 트루엣과 그의 가족은 많은 사건에서 하나님의 간섭하심을 경험했으므로 비전을 포기할 수 없었다. 그래서 그들은 칙필에이 전 운영자들과 직원들에게 설립 목적문 사본을 소지하게 하는 캠페인을 벌였다.

6개월 후 회사의 매출이 전년도보다 40퍼센트 가량 늘어났다. 하나님께서는 특별히 트루엣의 신실함으로 영광을 받으셨다. 초창기 드월프 하우스에서처럼 트루엣은 그를 위한 하나님의 간섭하심을 경험했다.

> 하나님께서는 우리가 그 사건에 대해 생각하고 있을 때보다 훨씬 늦게 활동하신다. 우리는 그것을 자주 목격한다. 그래서 우리가 주의를 기울이지 않으면 우리는 그 사건이 끝났다고 받아들인다. 우리는 하나님의 은혜로우신 간섭을 쉽게 잊는다. 그 사건의 적절한 타이밍이 아니었더라면 우리도 그렇게 했을 것이다. 우리는 재정 상태가 어려운 시점에서 레스토랑 운영자들에게 공개적인 헌신을 쏟았다. 회사 설립 목적문이 직원들의 반감과 역반응을 불러일으킬 수도 있었다. 그렇기 때문에 우리는 분명한 태도를 취해야 했다. 그러자 그 외의 모든 것이 서로 맞아 들어가기 시작했다.[5]

트루엣은 '하나님의 은혜로우신 간섭'을 결코 잊지 않았다. 그 결과 그와 리더 그룹은 다른 선택이 더 매력적으로 보이는 상황에서도 자신들의 비전과 목적을 신실하게 지킬 수 있었다. 믿음이 소진한 곳에서 기꺼이 믿음을

---

5. 같은 책 160.

공개하고 그 믿음을 공고히 한 칙필에이는 그 분야에서 독보적인 매출과 시장 점유율을 확보하고 있다. 이 모든 것을 가능케 한 그들의 결단은 초창기 때 그들에게 신실하셨던 하나님을 기억했기 때문이었다.

## 영광 딜레마

하나님께서 감화하신 비전의 끝은 하나님이시다. 비전은 하나님께로 돌아온다. 그러나 이러한 생각에 문제를 제기하거나 비판하는 사람들이 없는 건 아니다.

과거에는 자신에 대한 온전한 믿음을 요구하시는 하나님의 생각이 나를 불편하게 했다. 자기 중심적인 속성이 어떻게 완전하신 하나님의 속성이 될 수 있다는 말인가? 나에게는 이기적이어서는 안 된다고 하시면서, 정작 지시를 하시는 그분께서는 어떻게 온전한 믿음을 요구하시는 건가?

하나님 자신의 권력 강화라는 궁극적 계획에 대한 그분의 생각은 도무지 이해하기 어려웠다. 권력 강화는 인간의 모든 특성 중에서 가장 바람직하지 않은 것이다. 그러나 성경 전체를 통해 하나님께서는 고통을 포함한 모든 것이 궁극적으로 자신의 영광을 위한 것이라는 사실을 밝히고 계신다.

J. I. 패커(Packer)는 그의 책 『미지근한 신앙 생활』(*Hot Tub Religion*)에서 하나님의 영광에 대한 딜레마를 설명하고 있다.

> 하나님께서 자신에게 영광을 돌리는 것을 목표로 하신다는 사실은 처음에는 믿기 어렵다. 우리의 즉각적인 반응은, 그 생각은 하나님께 어울리지 않는다는 불편함, 어떤 종류든 이기심은 도덕적 완전과 모순된다는 불편함, 특히 사랑이라는 하나님의 본성과 모순된다는 불편함을 느끼기 때문이다. 만일 하나님의 목표로서 하나님의 영광을 인간이 차지한다는 것이 옳다면, 하나님께서 똑같은 목표를 갖는 것이 부당하다고 할 수 있

을까? 만일 인간이 하나님의 영광보다 높은 목적을 가질 수 없다면, 하나님은 가질 수 있을까? 만일 인간이 하나님의 영광 이하의 목적을 구하는 것이 부당하다면, 하나님께도 부당할 것이다. 마치 인간이 하나님인 것처럼 인간이 스스로를 위하여 사는 것이 옳지 못한 것은 인간이 하나님이 아니기 때문이다. 그러나 하나님께서 그분이 단지 하나님이시기 때문에 스스로 자신의 영광을 구하신다고 한들 그 일은 부당하지 않다.[6]

영광을 받으시는 하나님에 대한 생각은 불편하다. 그러나 패커가 지적하듯 그것이 유일한 논리적인 선택이다. 그리고 그것이 유일하고도 안전한 선택이다. 우리가 하나님의 궁극적 목적인 그분의 영광을 놓칠 때 우리는 불가피하게 원래 그분의 소유를 우리의 것이라고 주장하기 시작한다. 우리가 그 선을 넘을 때 하나님께서는 우리를 위해 간섭하시기 어려워지고 그것은 우리를 더 큰 진노의 위험에 빠뜨리는 것이다.

우리 마음속에 내재해 있는 것, 다른 사람으로부터 인정과 믿음과 영광을 받으려 한다는 것은, 선의의 비전을 품은 많은 사람들이 자신들의 이기적인 목적을 위해 하나님의 영광을 빼앗는 결과를 가져온다. 잘 알려진 지도자들로부터 시작해서 우리 사회의 모든 사람에 이르기까지 우리는 모두 그것을 경험했다.

그 패턴은 아주 흡사하다. 하나님께서는 한 개인에게 이루어질 수 있는 것과 이루어져야 하는 것을 언뜻 보이신다. 그들은 그 일에 강한 흥미를 갖기 시작한다. 그리고 그 일에 집중한다. 일이 제대로 들어맞기 시작한다. 곧 그들은 성공과 함께 오는 명성과 보상을 누리게 된다. 그런데 이어서 무언가가 끊어져버린다.

---

6. J. I. Packer, *Hot Tub Religion*(Wheaton: Living Books, Tyndale House 1993), 27-28.

지도자는 영적인 기억 상실증에라도 걸린 것처럼 하나님의 축복을 당연시하기 시작한다. 그는 조금씩 스포트라이트를 향해 나아가기 시작하고, 때가 되면 그는 자신이 비전에 꼭 필요한 사람이라고 믿게 된다.

일반적으로 그 뒤편에서 인격은 부패한다. 비전을 완성해가는 여정에서 하나님의 개입하심을 간과하는 사람들은 대개 스스로 하나님 노릇을 하기 시작한다.

그러나 그래서는 안 된다.

## 마무리 잘하기

우리 세대는 하나님께서 택하신 종들 가운데 마무리를 잘 하는 한 인물을 지켜보았다. 50년 이상 빌리 그레이엄 목사는 하나님께서 그에게 주신 비전에 충실했다. 그 결과, 그는 2백만 명 이상의 사람들에게 설교할 기회를 가졌고, 수백만이 넘는 사람들이 라디오와 텔레비전을 통해 그의 목회에 영향을 받았다. 그러한 성취를 바라보는 그레이엄 박사의 시각이 신선하다.

> 천국에 도착하면 나는 맨 처음 이런 질문을 하고 싶다. "주님, 왜 저였습니까? 왜 노스캐롤라이나 출신의 농사꾼 소년을 택하셔서 그렇게 많은 사람들을 만나게 하시고, 그렇게 훌륭한 팀을 갖게 하시고, 20세기 후반에 주께서 하시는 사역에 한 역할을 감당케 하셨습니까?"
> 그러나 지난 세월을 돌아보건대 나는 내 마음의 가장 깊은 데서 몹시 감격스러운 감사가 솟구쳐 오르는 것을 깨닫는다. 우리와 우리의 목회를 통해 하나님께서 무엇을 이루고자 택하셨든지 간에 나는 그에 대한 영예를 차지할 수 없다. 오직 하나님만이 영광을 받기에 합당하시다. 그분께서 행하신 위대한 일에 대해 아무리 감사해도 부족할 따름이다.[7]

하나님께서 계획하신 비전의 목적은 하나님이시다. 그분께서 개입하실 때 당신도 역시 이렇게 질문하는 자신을 발견하게 될 것이다.

"왜 저입니까?"

---

7. Billy Graham, *Just As I Am*(San Francisco: Harper Collins/Zondervan, 1997) 723.

하나님과의 만남으로 누렸던 경이감을 우리의 기억은 다 저장하지 못한다. 우리가 하나님께서 과거에 얼마나 신실하셨는지 쉽게 잊는다는 사실이 이를 증명한다. 그분의 신실하심과 우리의 신앙이 교차할 때 우리는 결코 전과 같을 수 없을 것이며, 다시는 그분을 의심하지 않겠다고 다짐할 것이다. 그러나 시간과 상황은 과거를 흐리게 한다. 새로운 도전은 새로운 의심을 낳는다.

이런 이유 때문에 당신에게는 글로 쓴 기록, 즉 하나님께서 당신을 위해 행하신 일들에 대한 상세한 기록이 필요하다. 당신은 일기를 쓸 필요가 있다.

척 스윈돌(Chuck Swindoll)은 일기를 "주님과 내가 함께하는 여행에 대한 친근한 기록"[8]이라고 묘사한다. 일기는 하나님과 함께하는 당신의 인생 이야기다. 일기는 하나님께서 당신에게 허락하신 경험뿐만 아니라 하나님께서 당신에게 가르쳐주신 교훈을 문서화하는 방법이다.

> 우리 일기의 제목은 하나님이 우리를 대신하여 일하셨을 뿐 아니라 우리 영혼 깊숙이 찾아오셨던 그날, 곧 우리의 활력을 회복시켜주신 그 역사적인 날짜가 될 것이다. 우리는 그러한 하나님의 간섭하심을 글로 써서 보존할 필요가 있다.[9]

우리가 이러한 경험을 기록하지 않는 이유는 우리가 그것을 잊어버릴 수도 있다고 상상도 하지 않기 때문이다. 그러나 우리는 잊어버릴 뿐만 아니라, 특히 자세한 내용은 금세 잊어버린다.

잊어버리는 것보다 더 나쁜 것은, 우리에게는 과거의 사건을 재해석하는 경향이 있다는 것이다. 하나님께서 멀리 떨어져 계신 것처럼 느껴질 때, 우리가 영적인 의미를

---

8. Charles R. Swindoll, *Intimacy with the Almighty* (Dallas: Word, 1996), 65.
9. 같은 책.

부여했던 사건을 다시 생각하면서 우리는 우리가 경험한 것이 정말 하나님이었는지 아닌지 되묻기 쉽다. 그러나 자세하게 기록해둔다면 그런 질문을 할 수 없을 것이다. 책에 기록한 말보다는 우리의 허술한 기억과 논쟁을 벌이는 일이 훨씬 쉽다.

하나님의 간섭하심을 인정할 때 진정한 경배와 의심 없는 순종으로 돌아간다. 하나님의 간섭하심을 분명히 기억한다면 같은 결과를 얻게 될 것이다. 일기를 쓰고 기억하라.

VISIONEERING PROJECT

# 17장 | 진로 유지하기

지도자가 치를 마지막 시험은
일을 수행하고자 하는 확신과 의지를
다른 이들에게 보여주는 것이다.
— 월터 리프만(Walter LippMan) —

내가 어린아이였을 때 우리 집에는 약 6미터짜리 여행용 트레일러가 있었다. 여름마다 우리는 트레일러를 타고 해변으로 향했다. 우리가 좋아하는 야영지는 플로리다 나폴리 외곽의 해변가였다. 60년대 중반에는 그곳에 모래밖에 없었다. 집이 없었다. 콘도도 없었다. 인가받은 야영지도 없었다. 우리는 그저 적당한 장소를 찾을 때까지 가로수를 따라 해변으로 차를 몰곤 했다. 종종 우리는 한 사람도 만나지 못하고 며칠씩 여행하곤 했다.

플로리다 해안의 물결은 아름답지만 해안에 부딪쳤다가 밀려가는 물결은 사납다. 만약 주의를 기울이지 않으면 들어갔던 곳에서 수백 미터나 밀려날 수도 있다. 위험하다기보다는 무서운 일이다. 어린아이였던 나는 해변을 바라보면서 왜 부모님이 야영지를 옮겼는지 의아하게 생각했던 일을 기억한다.

아버지는 트레일러에서 약 37미터 떨어진 해변 아래에 열두 개 정도의 코코넛을 쌓아두곤 하셨다. 만약 물결이 코코넛을 지나 우리를 휩쓸어가려 한다면 우리는 물에서 나와 트레일러가 있는 해변으로 다시 돌아가야 했다.

우리는 가끔씩 우리가 아직 안전한 선 안에 있는지 확인하기 위해 해변 쪽을 힐끗 쳐다보곤 했다. 그렇게만 하면 우리는 그 안에서 무엇이든 할 수 있었다. 그렇게 하지 않으면 우리는 물살을 헤치고 해변으로 다시 걸어 올라와야 한다.

하나님께서 당신 앞에 두신 여러 비전을 추구할 때 당신은 표류하기 쉽다. 어떤 의미에서 우리는 모두 해안으로부터 떠밀고 가는 물결 속에서 놀고 있는 어린애들과 같다. 우리는 물결 속에서 살고 일하고 논다. 그 물결은 우리를 끊임없이 타협과 자만과 편의주의로 끌고 가기도 한다. 분명한 기준점이 없으면 합리화하고 정당화하기 쉽다. 비전을 완성하기 위해 타협이 필요한 수단인 것처럼 보일 때에는 특히 그렇다. 조금이라도 도덕적, 영적 타협에 끌리지 않기 위해 당신은 그 길을 가는 동안 참조할 분명한 신조와 행동 기준을 개발해야 한다. 당신의 핵심 신조와 행동 강령들은 그 코코넛더미와 같은 기능을 한다. 그것들은 당신이 비전을 완성해나갈 때 도덕적, 윤리적 가드레일 역할을 해줄 것이다.

## 기준 높이기

지난번에 우리는 마당에서 야영하는 유대 백성들에 대해 살펴보았다. 초막절이 끝나가자 여러 방백들은 실질적인 변화가 이루어질 시기라는 점을 깨달았다. 그들은 자신들의 영적 추진력이 그들이 방금 빠져 나온 영적 무감각으로 회귀하는 것을 방어할 정도가 못 된다는 사실을 깨달았다. 그들에게는 해변의 코코넛이 필요했다.

방백들은 자신들의 문제가 하나님의 율법을 버린 선조들의 결정에서 시작되었다고 이해했다. 그들의 국경이 침범을 당한 것도 군대가 약해서가 아니라 자신들이 불순종했기 때문이라는 점을 인정했다. 그들은 하나님께서 성벽이 무너지도록 한 번 허락하셨다면 다시 무너지게 하실 수도 있다는 점을 알았다.

그래서 그들은 하나님과 자신들 사이에 글로 쓴 언약을 만들어 여호와 하나님과 그분의 율법에 대해 헌신하기로 약속했다(9:38). 방백들이 그 언약에 서명했고 모든 사람이 계약을 지지하는 맹세를 했다(10:28-39). 이것이 그들의 코코넛더미였다. 그 문서는 그들의 태도와 믿음을 측정하는 분명하고도 객관적인 기준 역할을 하게 될 것이다.

그 언약에서는 이스라엘이 과거 도덕적으로나 영적으로 부패했던 근본적인 세 가지 특정 영역을 다루었다. 즉 이방인들과의 관계, 안식일에 대한 존중 그리고 성전에 대한 관심이었다.

서약을 지키기 위해 그들은 이방인과의 관계와 재정 문제에서 근본적인 조치를 취해야만 했다. 그들은 이방인들과 혼인할 수 없었고, 심지어 어떤 경우에는 연합할 수 없었다. 이미 이방인 아내가 있는 이들에게는 매우 곤란한 일이었다.

재정적으로 그들은 희생이 따르는 여러 가지를 양보했다. 우선, 그들은 안식일에 거래를 하지 않겠다고 동의했다. 그들의 가장 큰 재정적 양보는 농사 짓는 관행과 관계가 있었다. 백성들은 땅의 안식년과 관련한 하나님의 명령을 지키기로 결정했다(출 23:10-11). 이 율법은 농민들이 7년에 한 번은 곡식을 심지 못하도록 하고 있다. 이 율법 배후에 있는 사상은 바로 이것이다. 백성들이 자신들의 수고를 통해서라기보다 하나님께서 하나님의 손으로 그들을 부양하신다는 사실을 신뢰하도록 하기 위함이었다. 당신도 상상이 가겠지만 그동안 이 율법은 아무도 지키지 않았었다.

시간을 갖고 전체 설명을 읽어보면, 확실히 예루살렘 백성들은 그들의 조국에 대해 회복의 비전을 갖게 되었음을 알 수 있다. 그들은 이스라엘을, 이루어질 수 있는 이스라엘과 이루어져야 하는 이스라엘로 보기 시작했고, 따라서 재건 과정에서 생긴 힘을 유지해나가기로 결단했다.

그들은 어릴 적부터 늘 이야기를 들어왔던 옛 이스라엘과 동일시하기 시작했다. 하나님은 이스라엘을 택하사 그들을 위해 공개적으로 개입하셨었고, 이스라엘은 하나님께 신뢰와 충성으로 자신들의 헌신을 드러냈었다.

느헤미야와 통치 위원회는 영적인 추진력과 관련된 처음의 열정이 부식되고 있는 것을 알 수 있었다. 언약을 세우는 것은 그들의 비전을 보호하기 위한 방책이었다. 그것은 꿈이 살아 있게 하는 방법이었다. 만일 그들이 이방인의 영향을 끊고, 농업뿐만 아니라 경제적으로 하나님께서 모든 것을 예비하신다는 사실을 믿는다면, 또 성전을 회복시킨다면 그들은 복받을 자격이 있는 백성들이 될 것이다. 이 모두가 제 위치를 찾게 되면 그들은 하나님께서 이스라엘에게 세우신 역할을 다시 한 번 완수하는 날을 보게 될 것이다.

이스라엘의 사회적, 종교적 개혁은 비전이 성공하기 위해 절대적으로 필요한 원칙을 보여준다. 즉 비전을 가진 이들은 핵심 신조와 행동을 세우고 이를 반드시 고수해야 한다는 것이다.

**블록 쌓기 18**  비전을 유지하려면 핵심 신조와 행동을 고수해야 한다.

올바른 방향으로 비전을 이끌어가기 위해, 관련된 사람들은 서로 협의한 규칙을 기꺼이 지켜야 한다. 이것을 대개 가치 기준이라고 말한다. 사람들이 선택하는 전문 용어와 상관없이, 규칙은 비전의 원래 모습을 보호하기 위해 행위의 한계를 지켜야 한다는 관찰과 경험에서 세워졌다.

짐 콜린스(Jim Collins)는 자신의 베스트셀러『성공하는 기업들의 8가지 습관』(*Built To Last*)에서, '비전을 소유한 회사들'의 성장 내용을 규명하고 연구한 6년 간의 탐색 결과를 소개했다. 메리어트, 쓰리엠, 보잉, 메르크, 소니 그리고 월트 디즈니가 그 회사들이다.

비전을 소유한 회사들은 그들이 속한 분야에서 최고위 조직이며 왕관의 보석으로, 넓게는 모든 사람의 선망의 대상이 되고 또 그들이 속한 산업계에 상당한 충격을 주고 있다.[1]

짐이 그의 연구에서 말하고자 하는 요지는, 비전을 소유한 회사를 그 회사답게 만든 것은 무엇이었냐는 것이다. 그렇게 오랫동안 이 회사들을 그들이 속한 업계에서 최고의 자리에 머물 수 있게 한 것은 무엇이었는가?

그는 이 회사들이 공유하는 여러 가지 특징과 공통 분모를 찾아냈다. 그 가운데 한 가지 특징은 그들의 핵심 가치 기준에 준하여 절대 타협하지 않는 헌신이다. 그는 이 가치 기준들을 '조직의 필수적이고 지속적인 주의·안내 총칙'이라고 규정한다.[2] 비전을 가진 회사에서 이 원칙은 재정적 이득을 위해서라고 해도 결코 타협하지 말아야 할 것으로 간주된다.

콜린스는 조직의 비전에 대한 총칙의 중요성을 강조하는, 전 IBM 사장 톰 왓슨 주니어(Tom Watson Jr.)의 글을 인용하고 있다.

> 어떤 조직이라도 살아남고 또 성공하기 위해서는 일련의 건전한 신조를 가져야 하고, 그 위에서 조직은 정책과 행동을 전제해야 한다고 나는 믿는다. 다음으로 회사의 성공에 가장 중요한 한 가지 요소는 그 신조를 충실히 고수해야 한다는 점이다. …신조는 늘 정책과 행동과 목표 앞에 와야 한다. 후자가 기본 신조를 어길 경우에는 수정되어야 한다.[3]

---

1. 짐 콜린스 & 제리 포라스, 『성공하는 기업들의 8가지 습관』(*Built To Last*, 김영사)
2. 같은 책, 73.
3. 같은 책, 74. Thomas J. Watson, Jr., *A Business and Its Beliefs* (New York: Columbia University Press, 1963), 5-6, 72-73에서 인용.

이 말은 내가 회중들에게 하고 싶은 말이다. "믿음은 항상 정책과 행동과 목표 앞에 두어야 한다." 당신의 비전을 유지하려면, 톰 왓슨이 '신조'라고 칭하는 일련의 믿음을 채택해야 한다. 이 믿음은 당신이 비전을 좇는 동안 당신과 당신의 팀이 그 범위 안에서 활동할 가이드라인을 세워준다.

짐 콜린스와 톰 왓슨은 태초에 하나님께서 세우시고 고수해오신 원칙을 발견했다. 2천 년 동안 교회를 단결시킨 것은 핵심적인 믿음과 또 그 믿음에 따르는 행동이다. 콜린스와 왓슨이 관찰한 이 원인과 결과의 원동력은 모든 지속적인 관계와 조직에 해당된다.

예수님께서는 그것을 이렇게 설명하셨다. "스스로 분쟁하는 나라마다 황폐하여질 것이요 스스로 분쟁하는 동네나 집마다 서지 못하리라"(마 12:25).

'조직', '가족' 또는 '목회'라는 용어를 '나라' 대신에 쓸 수 있다. 어떤 조직도 분쟁 가운데서는 살아남을 수가 없다. 12장에서 우리는 조정의 문제에 대해 논의했다. 거기에서 우리는 비전이 화합의 환경에서 자란다는 점을 강조했다. 비전은 분쟁으로 흐트러진 환경에서는 죽는다. 비전은 분열의 압박 아래에서는 지속될 수 없다.

믿음과 행동에 대한 일치가 고수되는 곳에서만 화합이 유지될 수 있다. 이 믿음과 행동이 팀 구성원들 사이에서 기대되는 행동의 기준을 설정한다. 이를 어기거나 버릴 때 조직이나 가족의 기반은 흔들린다. 더 이상 어떤 것을 기대해야 할지 아무도 모르게 된다. 신뢰가 깨어진 것이다. 비전은 고통을 겪게 된다.

## 축복받을 수 있는 요소

화합만이 문제가 되는 것은 아니다. 느헤미야와 이스라엘이 발견했듯이 지도자들이 간과할 수 없는 또 다른 중요한 원동력이 있다. 미리 결정된 신조와 행동을 고수하는 일은 당신의 비전을 축복의 통로로 만든다. 하나님께서 복 주고자 택하시는 것들이 있다. 예를 들면 순종이다. 그리고 그분께서 복 주기를 거절하시는 것들이 있다. 한 가지 예를 들면 불순종이다.

이스라엘의 문제는 그들이 불순종함으로 복받을 수 있는 범위를 벗어난 것이었다. 사랑은 받되 복은 주어지지 않았다. 더욱이 그들은 불순종하여 하나님께서 그들을 위해 세우신 비전을 놓치고 말았다.

비전을 품은 자로서 당신은 복받을 만한 자격을 계속 유지해야 한다. 다시 말하면, 당신은 성경의 신조를 반영하는 믿음과 행동을 고수하고 당신의 팀도 이를 지키게 해야 한다. 당신의 사업이나 목회는 당신을 경쟁 상대나 경쟁 조직과 구별시키는 이러한 신조가 녹아 있는 특별한 원칙을 만들어야 한다. 그리고 성경에 명시된 기준이 그 중심이어야 한다. 비전과 관련된 다음 구절의 의미를 숙고해보라.

> "여호와의 눈은 온 땅을 두루 감찰하사 전심으로 자기에게 향하는 자들을 위하여 능력을 베푸시나니"(대하 16:9 상).

여호와 하나님께서 당신에게 강한 능력을 베푸시는 일이 당신에게는 얼마만큼 중요한가? 만일 중요하다면 당신은 전심으로 그분을 향하고 있음에 틀림없다. 우리가 하나님이 중요하게 여기시는 것들을 받아들일 때, 우리는 우리의 마음을 그분의 마음에 일치시키는 것이다. 우리의 마음이 온전히 그분을 향할 때 우리는 복받을 자격을 갖추게 된다.

우리의 핵심 신조와 행동은 두 부류로 나눌 수 있다. 일반적인 것과 특별한 것이다. 일반적인 신조와 행동은 모든 그리스도인이 고수해야 할 것들이다. 정직, 순수 그리고 성실은 우리가 가진 비전의 본질과 상관없이 채택되어야 한다. 이러한 특징과 이와 유사한 특징들이 하나님께서 정해주신 비전을 성취하는 데 필수적이다. 결국 하나님께서는 부정함과 불순종에는 복을 주시지 않는다.

　정직과 순수라는 기준을 고수하지 못해서 수많은 비전이 실패로 돌아갔다. 잘못 운영한 재정과 해결되지 못한 관계의 갈등으로 비전이 손상을 입는 예를 우리 모두는 보았다. 도덕적 실패와 더불어 이 두 가지가 내가 알고 있는 모든 실패를 해명해준다.

　개개인의 경우, 그 누군가는 복받을 수 있는 행위의 한계를 벗어나 떠돌았고 그들은 정말 중요한 것이 무엇인지 몰랐다. 톰 왓슨의 말대로 그들의 행동은 믿음을 앞서고 말았다. 우리가 비전에 마음을 빼앗기고 있을 때, 앞으로 나아가기 위해 윤리를 희생시키는 일이 쉽게 벌어진다. 그러나 그렇게 할 때 우리는 하나님께서 복 주실 영역을 벗어나게 된다. 독특한 신조와 행동은 우리의 특별한 비전에 독특함을 부여한다. 트루엣 캐시는 모든 칙필에이 체인점은 주일에 문을 닫는 원칙을 정했다. 그것은 칙필에이의 독특한 신조이다.

　수년 전 빌리 그레이엄 목사님은 설교 사례금을 받지 않기로 결정했다. 모든 사례금 수표는 빌리 그레이엄 연합회 앞으로 보내진다. 그는 자신의 회원들에게도 그렇게 해줄 것을 부탁했다. 그 기준은 재정적으로 정직한 목회의 비전을 유지하기 위해 그가 중요하다고 믿는 기준이다.

　얼마 전 나는 우리 교회 직원들에게 교회 밖에서 단독으로 이성을 만나지 말 것을 요청했다. 우리는 우리 비전의 도덕적인 성실성을 보호하기 위해 이 기준을 세웠다. 우리는 우리의 사역 환경에 그 기준이 적합하다고 믿는다. 이 기준은 당신의 환경에는 적합하지 않을지도 모른다.

## 당신의 목록 만들기

　이 장의 마지막에서 당신은 당신의 비전에 대한 신조와 행동 목록을 만들어보게 될 것이다. 그렇게 하려면 당신이 이루어질 수 있고 또 이루어져야 한다고 확신하는 일의 활동 무대에 대해 다음 두 가지를 질문해야 한다. 한 팀(우리)에게 또는 한 개인(나)에게 두 가지 질문을 할 수 있다.

1. 비전을 성공시키는 데 어떤 일들이 도움이 될까?
2. 비전을 가로막는 일들로는 어떤 것이 있을까?

이 두 질문을 생각해보면, 당신의 비전을 성취하기 위한 필수 요소의 범위를 좁히는 데 도움이 될 것이다.

아내와 나는 우리 가족에 대해 특별한 비전을 갖고 있다. 우리는 어른이 된 우리 아이들과 돈독한 관계를 맺기를 소망한다. 우리는 아이들이 독립한 후에도 우리와 함께 시간 보내는 것을 즐겼으면 한다. 그것이 부모로서 우리의 비전이다.

만일 우리가 아이들에게 그들이 좋아하는 사람들과 싫어하는 사람들을 동일하게 존중하도록 가르친다면 그것은 우리가 그리는 그 관계를 위해 아이들을 준비시키는 좋은 방법이 된다. 우리는 우리 가족의 핵심적인 행동 가운데 하나로 존중심을 택했다. 우리 집안의 제1 규칙은 이것이다. "어머니를 존중하라."

비전은 그 특성상 초기 단계가 흥미롭다. 그런데 하나님께서 당신의 마음에 품게 하신 비전을 성공적으로 이루기 위해서는 흥미와 결단 이상의 것이 필요하다. 이루어질 수 있는 일과 이루어져야 할 일은 분명한 도덕적 행위의 가이드라인과 분리되지 않는다. 당신의 비전을 유지하려면 핵심 신조와 행동에 대한 타협하지 않는 헌신이 필요하다. 그 기준을 세우는 것은 쉽지 않다. 한나절에 끝낼 수 있는 작업이 아니다. 그래서 그 과정을 위해 시간을 들이는 사람이 거의 없다.

당신의 핵심 신조와 행동을 검토하고 기록하는 데 시간을 투자하면 당신의 비전을 효과적으로 보호할 수 있다. 또한 팀원을 구성하는 일에도 지혜가 생긴다. 당신이 세운 그 기준에 모두가 동의해야만 한다. 따라서 팀을 구성하기 전에 이미 세워놓은 기준이 있어야 한다.

그 기준이 되는 내용들은 당신이 기대하고 고심하고 있는 일들일 것이다. 당신의 신조와 행동을 목록으로 만든다면 좀더 명료해질 것이다. 그것을 팀원들이나 가족과 나누면 갈등을 일으킬 수 있는 불가피한 충돌을 피하는 데 도움이 된다.

우리는 길을 가면서 우리 자신을 체크해볼 변하지 않는 기준이 필요하다. 때때로 우리는 해변 쪽을 돌아볼 필요가 있다. 그래야만 우리는 여전히 축복받을 수 있는 영역에서 활동하고 있는지를 알게 될 것이다.

# VISIONEERING PROJECT

**비저니어링 프로젝트 17**

당신의 비전에 대해 다음 질문을 하라.

1. 비전을 이루는 데 도움이 되는 일들로는 어떤 것이 있을까?

2. 비전을 가로막는 일들로는 어떤 것이 있을까?

비전을 성취하기 위해 중요하다고 믿는 신조와 행동의 목록을 작성하라. 일반적인 것 대 특별한 것의 견지에서 생각해보라.

1. 가족
   - 일반적인 것 :
   - 특별한 것 :

2. 목회
   - 일반적인 것 :
   - 특별한 것 :

3. 직업
   - 일반적인 것 :
   - 특별한 것 :

# 18장 | 지도자의 임무

지속적으로 활동하고 담대하게 행하라
제도는 본질적으로 현상을 유지하고 변화를 막으려 한다.
따라서 지도자들은 그에 도전해야 한다.
-『리더십 챌린지』(The Leadership Challenge) -

사람을 이끄는 일은 어렵다. 당신이 십대 아들을 돌보는 편모든, 회사를 이끄는 최고 경영자이든 리더십은 어려운 것이다. 사람들은 제대로 행동하지 않는다. 그들은 비현실적인 아이디어를 계속 내놓는다. 또한 그들은 대개 과거에 집착하기 때문에 어려움을 겪는다.

비전의 세계에는 자동 조종 장치가 없다. 비전이 계속해서 앞으로 전진하려면 비전을 소유한 사람이 지속적으로 주의를 기울여야 한다.

느헤미야의 경우 그의 잘못은 아니었지만 그가 어겼던 한 가지 원칙이 있다.

## 불시의 귀환

아닥사스다 왕이 느헤미야에게 성벽 재건을 위해 떠날 수 있도록 허락한 것은 시간이 정해진 일이었다(느 2:6). 그는 느헤미야를 소중한 인재로 생각했다. 아닥사스다는 왕을 위해 봉사하는 직무에서 느헤미야를 영원히 놓아줄 뜻이 없었다.

느헤미야에게 얼마큼의 시간을 허락했는지 우리는 모른다. 우리가 알고 있는 것은 그가 수산궁으로 돌아오기까지 12년을 예루살렘에 있었다는 것이다. 예루살렘 거민들에게 그가 작별 인사를 할 때는 모든 일이 잘되어가고 있었다. 율법은 정기적으로 광장에서 읽혀지고 있었다. 여호와 하나님에 대한 순종과 믿음을 지속하려는 열정 역시 백성들에게 있었다. 성전이 사회의 중심지로 재부상하고 있었다. 모든 것이 질서가 잡혔다. 느헤미야는 틀림없이 떠나는 것이 좋다고 생각했을 것이다.

이후 그가 아닥사스다와 함께 수산궁에 얼마 동안 있었는지 성경은 우리에게 말해주지 않는다. 그러나 결국 그는 예루살렘으로 다시 돌아갈 수 있게 해달라고 왕에게 구했다(13:6). 왕은 다시 한 번 호의를 베풀었다.

예루살렘으로 돌아가면서 느헤미야의 기분이 어떠했을지 우리는 상상만 할 수 있을 뿐이다. 틀림없이 그는 자신의 첫 번째 여행을 떠올렸을 것이다. 그때는 예루살렘이 어떤 상황인지 자세히 알지 못했다. 이번에는 그가 지난번 떠나올 때의 상황 그대로를 보게 되리라고 기대했다.

그러나 그는 놀라운 상황을 목격한다. 그는 자신의 중요성을 과소평가했던 것 같다. 그는 그 변화가 지속되도록 촉매 역할을 하던 사람이었다. 그가 떠나자 이스라엘은 영적, 사회적으로 타락하고 말았다. 느헤미야가 다시 돌아왔을 무렵은 그가 처음 예루살렘에 왔을 때의 상황과 흡사했다.

### 블록 쌓기 19 — 비전은 지속적인 관심이 필요하다.

우선 성전을 보존해야 하는 이들이 식량을 할당받지 못하고 있었다(10절). 그들은 고향으로 돌아가 자급할 수밖에 없었다. 성전이 무질서해지자 안식일을 지키던 규례도 무너지기 시작했다. 느헤미야가 도착했을 때 안식일은 노동일로 변해 있었다(16절).

무엇보다도 유다 사람들이 다시 이방 여인들과 혼인하고 있었다(23절). 그들의 자녀들은 이민 온 어머니의 전통과 풍습을 배우고 있었다. 어떤 경우에는 아이들이 히브리어조차 하지 못했다(24절).

이 두 번째 귀환 때 성에 달라진 것이 하나 있었다. 백 년이 넘도록 하나님의 백성들이 그분을 버릴 때마다 일어난 일을 상기시켜주는 역할을 했던 파편더미가 없어진 것이다. 하나님의 심판을 상기시켜주는 증거 자체가 없어져버렸다. 그 자리에는 성벽이 서 있었다. 한때 무모한 생각, 비전에 지나지 않던 성벽, 하나님의 간섭이 아니었으면 건설되지 못했을 그 성벽은 하나님의 놀라운 은혜와 능력을 상기시켜주는 시청각 자료 역할을 했다. 그런데 성벽의 그늘 속에서 백성들은 또 잊고 있었던 것이다.

느헤미야는 화가 났다. 그가 화를 내는 것은 당연했다. 그는 처음에 왕에게 허락을 구하려고 생명을 무릎썼고, 성벽 건설에 자신이 소유한 모든 것을 쏟아부었으며, 건설이 진행되던 동안 그의 생명은 거듭 위협을 받았고, 건설이 끝났을 때는 성을 파괴시켰던 사회적, 영적 부정을 바로잡는 일에 철저히 매달렸었다. 간단히 말해, 느헤미야는 예루살렘 성과 백성들에게 엄청난 투자를 했다. 그런데 그 모든 것이 혼란 상태로 되돌아가고 있으니 그는 보고만 있을 수 없었다.

그래서 느헤미야는 담대한 리더십을 행사했다. 레위인들이 적절한 대우를 받지 못해 성전에서 자신들의 위치를 포기해야 했다는 사실을 알게 되었을 때 그는 민장들을 "꾸짖었다"(11절). 이어서 그는 레위인들을 불러모아 다시 직무를 맡겼다.

그는 안식일이 오용되고 있는 문제를 처리하는 데도 진취적이었다. 자비를 베풀 때가 아니었다. 너무 많은 것이 위험했다. 극단적인 대책이 취해지지 않으면 이루어질 수 있는 일과 이루어져야 할 일은 결코 일어나지 않을 것이다.

> "내가 유다의 모든 귀인들을 꾸짖어 그들에게 이르기를 너희가 어찌 이 악을 행하여 안식일을 범하느냐 너희 조상들이 이같이 행하지 아니하였느냐 그래서 우리 하나님이 이 모든 재앙을 우리와 이 성읍에 내리신 것이 아니냐 그럼에도 불구하고 너희가 안식일을 범하여 진노가 이스라엘에게 더욱 심하게 임하도록 하는도다 하고"(느 13:17-18).

상인들이 최근에 시행된 안식일 매매 금지를 피해보려고 성문 밖에서 야영을 하자 느헤미야는 그들에게 육체적 해를 가하겠다고 위협한다(21절).

그러나 그 어느 것도 느헤미야가 이방 여인들과 혼인한 이들에게 취한 행동과는 비교가 되지 않는다. 느헤미야는 그 죄가 이스라엘을 가장 큰 위협에 빠지게 했음을 알고 있었다. 이스라엘의 역사는 이방인들이 국가의 사회 구조에 유입되었을 때, 그들의 종교 또한 침투되는 것은 시간 문제라는 증거를 갖고 있었다. 이에 느헤미야는 어떻게 반응했을까?

> "내가 그들을 책망하고 저주하며 그들 중 몇 사람을 때리고 그들의 머리털을 뽑고 이르되 너희는 너희 딸들을 그들의 아들들에게 주지 말고 너희 아들들이나 너희를 위하여 그들의 딸을 데려오지 아니하겠다고 하나님을 가리켜 맹세하라 하고 또 이르기를 옛적에 이스라엘 왕 솔로몬이 이 일로 범죄하지 아니하였느냐 그는 많은 나라 중에 비길 왕이 없이 하나님의 사랑을 입은 자라 하나님이 그를 왕으로 삼아 온 이스라엘을 다스리게 하셨으나 이방 여인이 그를 범죄하게 하였나니 너희가 이방 여인을 아내로 맞아 이 모든 큰 악을 행하여 우리 하나님께 범죄하는 것을 우리가 어찌 용납하겠느냐"(25-27절).

담대한 일이었다.

느헤미야는 모래밭에 선을 그었다. 기준이 쇠락하고 있는 환경에서 누군가 도덕적인 입장을 취할 때 어떤 사람들에게는 그것이 가혹하게 보일 것이다. 긴 전화 통화 시간이 학습을 방해한다는 것을 아는 부모가 전화할 수 있는 자녀의 특권을 제한하는 것은 간단한 일이다. 그러나 평범한 13세 소녀라면 그 일을 가혹하다고 할 것이다.

비전을 가진 사람들이 그것을 위해 담대하게 행동할 때 힘이 생긴다. 광범위한 변화를 요구하면 과거의 상태에 편안해하는 사람들은 가혹하다고 말할 것이다. 비전가에게는 당연한 지혜로 여겨지는 것이 참호 속의 이들에게는 종종 과격하게 보인다. 그런 일은 일어나게 마련이다. 비전가들은 상황을 다르게 본다.

저주하면서 머리털을 뽑을 만큼 화가 날 때가 오면 다음의 두 가지를 기억하라.

### 1. 담대한 지도력은 비전에 바탕을 두어야 한다

중요한 변화 사항은 비전의 테두리 안에 있어야 한다. 변화는 비전과 분명한 조화를 이루어야 한다. 그렇지 않으면 그러한 변화의 결단은 권력이나 지배력을 추구하는 것으로 해석될 것이다. 이 원칙을 따르지 않는 지도자들은 대체로 개인적인 이익을 위해 결정을 내린다는 비난을 받게 된다.

느헤미야는 곧 자신의 가혹한 반응을 그들이 내내 추구하던 비전과 신속히 결부시킨다. 안식일을 위반한 백성에게 그가 어떻게 반응했는지 주목해보라.

> "내가 유다의 모든 귀인들을 꾸짖어 그들에게 이르기를 너희가 어찌 이 악을 행하여 안식일을 범하느냐 너희 조상들이 이같이 행하지 아니하였

느냐 그래서 우리 하나님이 이 모든 재앙을 우리와 이 성읍에 내리신 것 **이 아니냐** 그럼에도 불구하고 너희가 안식일을 범하여 진노가 이스라엘에게 더욱 심하게 임하도록 하는도다 하고"(느 13:17-18, 강조 추가).

그가 언급하는 재앙이란 성벽의 파괴다. 내가 다시 풀어 써보겠다. "백성들이여! 깨어나시오. 안식일을 경홀히 여기는 것이 성벽을 무너지게 한 첫 번째 이유였소. 여러분이 계속 그렇게 한다면 하나님께서 또 다른 파괴의 재앙을 보내실 것입니다. 그러면 우리가 이룬 모든 일이 헛것이 됩니다. 그러니 안식일을 어기는 일을 당장 멈추시오!"

이러한 느헤미야의 결단은 개인의 야망이나 기호에서 나온 것이 아니었다. 안식일을 위반하는 일이 비전을 위협했다. 무언가 조치가 필요했다. 비전을 이루어가기 위해, 이루어질 수 있고 또 이루어져야 하는 일을 위해, 우리는 기꺼이 담대한 결정을 내려야 한다.

우리 아이들에게 미국 역사를 가르치는 동안 나는 에이브러햄 링컨의 생애에서 다음과 같은 사건을 보게 되었다.

1860년 12월 20일, 사우스캐롤라이나 주는 합중국으로부터의 독립을 선언했다. 그 주는 연방 소유의 모든 재산 관리인들에게 그들의 소유물을 새로이 선출한 주 대표에게 양도할 것을 요청했다.[1] 포트 섬프터의 북군 사령관 로버트 앤더슨(Robert Anderson) 소령은 이에 대한 조치를 요청하는 글을 워싱턴에 보냈다. 그동안 남군은 피킨스(F. W. Pickens) 장군의 지휘 아래 주둔지에서 총체적 훈련을 받았다.

임기가 3개월밖에 남지 않은 부캐넌(Buchanan) 대통령은 결정적인 조치를 취하기를 거부했다. 그렇게 주저하는 몇 주 동안 사우스캐롤라이나의 상

---

1. Paul Johnson *A History of the American People*(New York: Harper Collins, 1997), 460.

황은 계속 악화되었다.

드디어 에이브러햄 링컨이 1861년 3월에 정권을 잡게 되었을 때, 남북전쟁의 첫 번째 전투 무대가 세워졌다. 그는 두 가지 선택권을 갖고 있었다. 하나는 북군을 사우스캐롤라이나에서 끌어내는 것이었다. 그것은 그 주의 주권을 인정하는 일이었다. 아니면 주둔지 양도를 거절할 수 있었는데, 그것은 반역하는 주에 어떤 조치가 가해질지를 보여주는 사례가 될 것이다. 그리고 그 결과는 전쟁일 것이다.

이 두 결과를 뻔히 알고 있는 그의 내각은 세 번째 대안을 제안했다. 아무것도 하지 않는 것이었다.

링컨 대통령은 취임 즉시 노예를 해방시키자는 압력을 받아들이기 시작했고, 대통령의 권한을 이용하여 남북 주 양쪽에서 노예 해방을 선언했다. 그가 노예 제도를 싫어했다고 해서, 이 야만스러운 관행을 종식시키는 것만이 그의 궁극적인 계획은 아니었다. 그의 비전은 노예 없는 국가가 아니었다. 그의 비전은 통일 국가였다. 그를 비판하는 사람에게 보낸 편지에서 그는 이렇게 밝혔다.

> 나의 최고 목표는 합중국을 구하는 것이지, 노예를 구하거나 멸절시키는 것이 아닙니다. 만일 노예를 하나도 해방시키지 않고서 합중국을 구할 수 있다면 나는 그렇게 할 것입니다. 또 모든 노예를 해방시킴으로써 합중국을 구할 수 있다면 또한 그렇게 할 것입니다. 그리고 노예 몇은 해방시키고 몇은 그냥 내버려둠으로써 합중국을 구할 수 있다면 그렇게 할 것입니다.[2]

---

2. 같은 책, 461.

링컨은 이루어질 수 있고 또 이루어져야 할 일에 대한 분명한 이미지를 가지고 있었다. 그것은 단결된 연합국이었다. 그는 남북 분리가 노예 제도보다 더 나쁘다고 생각했다. 그는 합중국을 보존하기 위해 자기가 할 수 있는 모든 일을 하기로 결단했다. 그래서 링컨 대통령은 비전을 추구하는 모든 훌륭한 지도자들이 하는 행동을 취했고, 담대히 행했다.

링컨은 피킨스 장군에게 편지를 보냈다. 그는 남부에 공급할 식량을 가득 실은 배가 포트 섬프터로 급파되었다고 통지했다. 메시지는 분명했다. 링컨은 어떤 희생을 치르더라도 합중국을 지지한다는 것이었다. 피킨스 장군은 주둔지에서 발포함으로써 응했다. 그렇게 남북전쟁이 시작되었다.

전투를 피할 수 있었을까? 그랬을 것이다. 그러나 그러면 링컨은 연합국가라는 비전을 포기해야 했다. 대신에 그는 담대하게 행동했다. 하지만 담대함을 위한 담대함이 아니었다. 그의 결단은 자기가 사랑하는 조국에 합당한 일, 이루어질 수 있고 이루어져야 하는 일에 대한 그의 헌신에 바탕을 두고 있었다.

지도자로서 당신의 결정이 비전의 테두리 안에 있어야 하는 것은 필수이다. 그런데 담대한 반응이 요청되는 환경에서는 다음을 명심하라.

## 2. 분명히 규정된 신조와 행동을 바탕으로 담대한 행동이 실행되어야 한다

당신의 핵심 신조와 행동은 당신과 함께 일하는 사람들의 행위와 결정을 좌우하는 기준 역할을 한다. 담대한 행동을 취할 때가 오면, 당신은 당신의 비전과 관련된 핵심 신조와 행동으로 사람들을 이끌 것이다. 만일 이 신조와 행동이 처음부터 분명하지 않다면 당신의 행동을 설명하기 어려울 것이다.

당신이 미리 규정한 신조와 행동은 당신과 함께하는 사람들이 앞으로 할 수 있는 행동을 결정한다. 가족, 사업, 목회 또는 당신이 관계하고 있는 어느 조직이든 해당된다. 만약 이것이 분명하지 않으면 당신에게는 개혁을 일으키는 데 필요한 수단이 없는 것이다.

느헤미야가 예루살렘에서 개혁을 요구했을 때 그것은 새로운 것이 아니었다. 느헤미야가 채택하는 그 방침들은 새로운 아이디어가 아니었다. 그는 이전에 서로 합의했던 신조와 행동으로 돌이킬 것을 요구했다.

느헤미야에게는 역사적 선례가 있었다. 성전과 안식일 그리고 하나님의 혼인 규례를 어긴 결과가 무엇이었는지 이스라엘은 경험으로 알고 있었다. 그는 신속하게 이 모든 것을 자신의 개혁 요구안에 올렸다.

> "또 이르기를 옛적에 이스라엘 왕 솔로몬이 이 일로 범죄하지 아니하였느냐 그는 많은 나라 중에 비길 왕이 없이 하나님의 사랑을 입은 자라 하나님이 그를 왕으로 삼아 온 이스라엘을 다스리게 하셨으나 이방 여인이 그를 범죄하게 하였나니 너희가 이방 여인을 아내로 맞아 이 모든 큰 악을 행하여 우리 하나님께 범죄하는 것을 우리가 어찌 용납하겠느냐"(26-27절).

분명하게 규명된 핵심 신조와 행동 없이 변화를 요구하는 것은 사전 설명을 듣지 못한 직원에게 수행 평가를 시행하는 일과 같다. 직원은 자신이 어떤 점에서 실패했는지 알지도 못한 채 회사를 떠나게 된다. 성취한다는 것이 어떤 의미인지 진정으로 이해하지 못한 채 말이다.

"상황이 바뀔 필요가 있어요"라고 전달하는 것만으로는 충분하지 않다. 그것은 개미집을 걷어차 부수는 것과 같다. 세워놓은 기준에 맞춰 상황을 돌이키려 한다면 그 기준이 아주 분명해야 한다.

### 블록 쌓기 20 — 비전을 유지하려면 담대한 리더십이 필요하다.

사람들은 이러한 원칙이 은혜, 감수성, 사랑 그리고 신약의 다른 가치와 부합할 때 받아들여진다고 생각한다. 그래서 우리는 자녀들에게 욕하지 말고, 때리지 말며, 다른 사람의 머리카락을 잡아당기지 말라고 가르치지만 느헤미야는 이 세 가지를 모두 어긴 하나님의 사람이었다.

그러나 원칙은 그리스도인의 행위와 성품의 한계 밖에 있지 않다. 사실, 예수님도 어느 유명한 충돌 사건에서 이런 리더십의 모형을 보여주셨다.

> "예수께서 성전에 들어가사 성전 안에서 매매하는 모든 사람들을 내쫓으시며 돈 바꾸는 사람들의 상과 비둘기 파는 사람들의 의자를 둘러 엎으시고"(마 21:12).

나는 이것이 담대함의 범주에 속한다고 생각한다. 이 독특한 행동에 대한 예수님의 말씀을 주목해보라.

> "그들에게 이르시되 기록된 바 **내 집은 기도하는 집이라 일컬음을 받으리라** 하였거늘 너희는 강도의 소굴을 만드는도다 하시니라"(21:13, 강조 추가).

예수님은 자신의 행동을 성전에 대한 아버지의 비전과 이사야 선지자 때로 거슬러 올라가는 옛 신조에 두셨다(사 56:7 비교).

예수님께서는 모든 비전가가 결국 발견하게 되는 것을 이미 알고 계셨다. 즉 선하게 대한다고 반드시 일을 성취하는 것은 아니라는 사실이다. 백성들이 스스로 알 때까지 기다릴 때 비전은 파괴될 수 있었다.

결국 뒤집어야 할 풍조가 있고, 바로잡아야 할 부정이 있으며, 해결되어야 할 문제가 있고, 참을 수 없는 행위가 있는 법이다. 문제가 표면으로 드러날 때 지도자는 그에 대처해야 하고, 단호한 행동을 취해야 한다.

### 당신의 사명

만일 당신이 가정의 리더라면, 상황이 악화되기 시작할 때 개혁을 요구해야 할 당신의 책임을 회피하지 말라. 가족 안에서 이루어질 수 있는 일과 이루어져야 할 일을 당신이 가장 잘 알고 있다. 그 이하의 것은 어떤 것도 받아들이지 말라. 물론 곤란할 것이다. 모든 식구가 이해하는 건 아닐 것이다.

그래서 그게 어쨌다는 건가? 위험에 처한 상황을 생각해보라. 그리고 담대히 인도하라.

만일 하나님께서 당신에게 목회나 어떤 사업에 대한 비전을 주셨다면 하나님께서 초창기에 당신의 마음에 두신 것이 아닌 다른 방향으로 상황이 표류하게 내버려두지 말라. 사람들에게 서로 합의한 기준을 지키지 못한 책임을 단호히 물어라. 만약 당신이 신조와 행동을 정식으로 규정하지 못했다면 지금 즉시 착수하라. 상황이 잘못된 방향으로 흐를 때 그것은 변화를 일으킬 수 있는 기회가 된다.

비전을 틀어지게 할 가능성이 있는 문제들에는 관대하지 말라. 그 문제를 처리하라. 그렇지 않으면 문제를 일으킨 사람들과 조정되지 않은 환경으로부터 당신은 멀어지기 시작하고 사태는 악화될 것이다. 결국, 다루지 못한 문제는 다루기 힘든 문제가 되어버린다.

비전은 지속적인 주의를 요한다. 활동을 쉬지 말라.

비저니어링은 담대한 리더십을 요구한다. 이루어질 수 있고 이루어져야 할 일, 하나님께서 당신 마음에 두신 일들을 이루기 위한 당신의 행보를 방해하는 모든 것을 거절할 수 있는 건강한 힘을 기르라.

# VISIONEERING PROJECT

비저니어링 프로젝트 18

1. 만일 방치하면 당신의 비전을 틀어지게 할 가능성이 있는 어떤 일들이 가족, 직업, 목회 또는 조직에서 진행되고 있는가?

   - 가족
   - 직업
   - 목회
   - 조직

2. 이것을 바로잡기 위해 어떤 행동을 취해야 하는가?

3. 지금이 행동할 때인가?

4. 행동함으로써 당신이 잃는 것은 무엇인가?

5. 아무것도 하지 않음으로써 당신이 잃는 것은 무엇인가?

6. 어떻게 해야 할지 모르겠다면, 이미 그 과정을 겪어낸 사람과 대화를 나누고 그로부터 조언을 받으라.

# 결론

누구나 삶의 어디쯤에서 멈춘다. 느헤미야는 계획적으로 어떤 곳에서 멈췄다. 이루어질 수 있고 이루어져야 한다고 그가 믿었던 일이 현실이 되었다. 성벽이 재건되었다. 백성들이 사회적, 영적 개혁에 대한 그의 요구에 응했다. 성전의 기능이 정상화되었다. 그리고 하나님께서 의도하신 대로 안식일이 지켜졌다.

비전이 완성되었을 때 느헤미야는 자신의 메시지를 이렇게 끝냈다. "내 하나님이여 나를 기억하사 복을 주옵소서"(13:31 하). 우리는 다시 한 번 느헤미야의 사명감을 보게 된다. 그는 자신의 일에 내포된 신성함과 중요성을 놓치지 않았다.

## 상상 이상의 것

느헤미야처럼 우리는 성취해야 할 사명을 갖고 있다. 하나님께서 신성한 의미로 가득한 기회와 책임을 우리 앞에 두셨다. 하나님께서는 그분의 나라를 위해 사용하기 원하시는 은사, 재능 그리고 관계를 우리에게 주셨다. 우리는 소망하는 미래에 대한 다면체 그림을 머릿속에 갖고 있다. 우리는 비전을 갖고 있다.

그러나 느헤미야의 이야기가 예증하듯이, 이루어질 수 있는 일과 이루어져야 할 일을 실현하기 위해서는 상상과 열정 그 이상이 필요하다. 비전에는 하나님과의 개별적 만남 이상의 것이 필요하다. 하나님께서는 분명히 우리 마음속에 아이디어가 샘솟게 하시는 경험도, 비전이 성취되는 데 필요한 도구나 힘도 우리에게 제공하시지 않기 때문이다. 이 책의 열여덟 장에서 그 점이 충분히 드러났으면 하는 바람이다.

비저니어링은 인내, 조사 그리고 계획이 필요하다. 비저니어링은 배후에서 일하시는 하나님의 능력에 대한 믿음이 요구된다. 그분께서 시작하신 것을 이루시리라는 확신이 요구된다.

비저니어링은 위험 감수와 희생이 요구된다. 우리는 우리의 비전을 다른 사람들에게 도전할 필요가 있다. 그들에게 비전을 공개하는 순간, 우리는 이루어질 수 있고 이루어져야 한다고 우리가 믿고 있는 것에 얼마나 헌신하고 있는지 깨닫게 될 것이다.

상황은 우리가 기대하는 대로만 돌아가지 않는다. 우리의 계획을 하나님의 비전과 혼동하지 않도록 주의하라. 기억하라. 계획은 대개 수정된다. 주변 환경이 바뀔 때 전략을 변경하는 것을 두려워하지 말라.

느헤미야를 비방했던 것처럼 비방하는 자들이 있을 것이다. 어떤 이들은 우리의 비전이 위협적이라는 것을 알게 될 것이다. 변화에 불안해할 수도 있다. 기도로 비난에 대응하라. 기도는 비전의 원천에 계속 집중하도록 우리를 돕는다.

때때로 우리는 우리의 인격을 타협하고 싶은 유혹을 받을 것이다. 저항하라. 도덕적인 권위를 유지하라. 도덕적인 권위는 우리를 따를 가치가 있는 지도자로 만들어준다. 도덕적인 권위를 버려야 한다면 먼저 비전을 버리라. 핵심 신조와 행동을 개발하여 당신의 도덕적인 권위와 팀의 도덕적인 권위를 보호하라. 그 경계 안에서 생활하고 일하는 것이 당신의 진보를 방해하더라도 그 안에서 하라. 이렇게 해야 당신은 축복받을 자격을 유지하게 된다.

진보하지 못하고 있다고 느껴지는 시간이 있을 것이다. 그 순간에는 혼란에 빠지기 쉽다. 그때가 바로 우리가 느헤미야와 합류하여 이렇게 선언할 때다. "나는 위대한 일을 하고 있으니 내려가지 못하겠노라." 비전은 계속적인 주의가 필요하다. 집중력을 잃지 말라.

하나님께서 우리 마음속에 품게 하신 모든 것에는 거룩함이 잠재되어 있음을 반드시 기억하라. 하나님께서 계획하신 비전의 목적은 하나님이시다. 하나님의 영광이 바로 그분의 궁극적인 계획이다. 하나님의 영광을 위해 당신이 좇고 있는 비전을 그분이 사용하실 수 있도록 하라.

## 출발과 마무리

7월 4일마다 5천 명 이상의 주자들이 피치트리 로드 레이스에 참가하려고 레녹스 스퀘어 몰에 집결한다. 이 유명한 10킬로미터 코스는 애틀랜타의 심장부를 통과한다. 매년 3월에 〈애틀랜타 저널〉은 레이스 참가 신청서를 발행한다. 완성된 서식을 애틀랜타 트랙 클럽에 보낸 선착순 50만 명만이 레이스에 참가할 수 있다. 보통 신청서가 발행된 다음 날 마감된다.

어느 해인가 나는 그 레이스에 참가하기로 마음먹었다. 나는 신청서와 수표를 우송했다. 그런데 몇 주 후에 되돌아오고 말았다. 그때 나는 신문의 잉크가 채 마르기도 전에 신청서를 보내야 한다는 사실을 깨달았다. 덕분에 지난 6년간 한 번도 빠짐없이 참가할 수 있었다.

첫해에 나는 중요한 교훈을 배운 것이다. 의외로 나와 같은 실수를 범하는 사람들이 많다. 때문에 레이스 시기가 돌아올 때, 애틀랜타 트랙 클럽과 아무 관계가 없거나 우체국 옆에 살지 않는 우리 같은 사람들이 구할 수 있는 등번호도 남게 되는 것이다. 어느 해인가 나는 남에게 줄 수도 없는 번호를 두 개나 갖게 되었다.

펜과 우표를 갖고 있는 사람이라면 누구나 피치트리 로드 레이스 참가 신청을 할 수 있다. 그러나 그 모두가 10킬로미터를 완주할 수는 없다. 레이스에 대비하여 대가를 지불하는 사람만이 달릴 수 있다.

모든 사람은 자신의 인생에 대한 이루어질 수 있고 또 이루어져야 하는 일을 머릿속에 그린다. 그러나 그것을 실현하기 위해 모두가 대가를 지불하지는 않는다. 만일 당신이 현재의 상황과 비전 사이의 긴장에 사로잡혀 있다면, 또한 감정적으로 혼란스럽고, 좌절되며, 심지어 화가 나 있는 자신을 발견하게 된다면 그리고 당신의 고통 뒤에 하나님이 계시다는 사실을 믿는다면, 당신의 바로 앞에는 신성한 무언가가 놓이게 될 것이다. 그것은 너무나 중요해서 결코 피할 수 없을 것이다.

대가를 지불하라.

비전을 품으라.

결국 모든 사람은 인생의 어느 지점에서 멈춘다.

당신은 인생의 목표를 이룬 지점에서 멈출 수 있다.